영적 도약의
경험

Experiencing Spiritual Breakthroughs

Originally published in English under the title:
Experiencing Spiritual Breakthroughs by Bruce Wilkinson
Copyright © 1999 by Bruce Wilkinson
Published by Multnomah Books
an imprint of The Crown Publishing Group
a division of Random House, Inc.
12265 Oracle Boulevard, Suite 200
Colorado Springs, Colorado 80921 USA

International rights are contracted through:
Gospel Literature International
P.O. Box 4060, Ontario, California 91761-1003 USA

This translation published by arrangement with
Multnomah Books, an imprint of The Crown Publishing Group,
a division of Random House, Inc.

All rights reserved.

Korean Translation Copyright © 2010 by Timothy Publishing House, Inc.,
Seoul, Republic of Korea

이 책의 한국어판 저작권은 Multnomah Books와 독점 계약한 (주)도서출판 디모데에 있습니다.
신 저작권법에 의하여 한국 내에서 보호를 받는 저작물이므로 무단 전재와 무단 복제를 금합니다.

※ 본문의 성경은 한글개역개정을 사용하였습니다.

영적 도약의 경험

정체된 신앙을 극복하고 도약으로
인도하는 세 의자의 원리

브루스 윌킨슨 지음 | 김진선 옮김

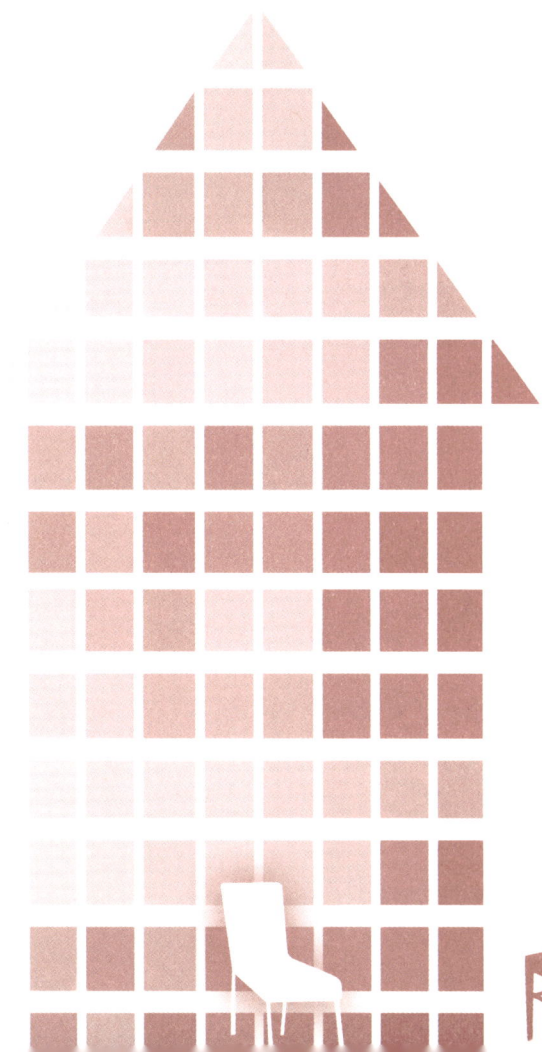

C.O.N.T.E.N.T.S.

헌사 • 6
감사의 말 • 8
머리말 • 10

1부 | 영적 도약을 경험하라

1장. 운명의 순간 • 15
영적 도약의 진실

2장. 세 의자의 비밀 • 29
당신과 가족은 어느 의자에?

3장. 가운데 사람이 겪는 고통 • 59
둘째 의자의 삶 자세히 들여다보기

2부 | 하나님과의 관계에서 영적 도약을 경험하라

4장. 깊은 바다 속에서의 결단 • 89
모든 장애물을 넘어서서 하나님을 섬기기

5장. 차고 속의 괴물 • 115
정결한 마음을 향한 도약

6장. 속이는 습관 • 135
자유를 향한 도약

3부 | 결혼 생활에서 영적 도약을 경험하라

7장. 아내의 마음을 여는 열쇠 · 161
사랑과 리더십을 향한 도약

8장. 가정을 가정 되게 하는 아내 · 183
내조와 복종을 향한 도약

9장. 배신하지 말라 · 211
충성을 향한 도약

4부 | 자녀 양육에서 영적 도약을 경험하라

10장. 부모를 위한 하나님의 놀라운 계획 · 241
다음 세대를 향한 도약

11장. 명품 만들기 · 263
경건한 자녀 양육을 위한 도약

12장. 자녀의 숨겨진 상처 · 289
용서와 치유를 향한 도약

맺음말 · 317

헌사

이 책을 쓰면서 스스로에게 한 가지 질문을 던져보았다.

"내가 아는 사람들 가운데 내가 언제나 첫째 의자의 삶을 추구하도록 도와주었을 뿐만 아니라, 그 자신 또한 첫째 의자의 삶을 산 사람은 누구인가?"

이 질문에 대답하는 것은 전혀 어렵지 않았다. 30여 년이 넘도록 주 예수 그리스도에 대한 거룩함과 열정으로 내게 모범을 보여준 한 사람이 있었기 때문이다.

그는 내가 조금씩 예수 그리스도의 참된 제자로 성숙하는 데 그 누구보다 큰 도전과 용기를 준 사람이다. 그의 사랑과 기도, 아낌없는 격려가 없었다면 이 책은 결코 이 세상에 나오지 못했을 것이다. 그가 아니었다면 이 책에 담긴 진리를 눈으로 직접 확인할 수도 없었고, 내 스스로 그 진리를 경험하기 위해 대가를 치를 수도 없었을 것이다. 그는 바로 나의 아내, 달린 M. 윌킨슨(Darlen M. Wilkinson)이다.

인생의 순례길을 함께 걸어가는 동행이자 영혼의 동반자이고, 영적 전사이며, 가장 가까운 친구인 아내에게 기쁜 마음으로 이 책을 바친다.

감사의 말

이 책이 나오기까지 수많은 사람들의 격려와 아낌없는 지원이 있었다. 먼저, 좋은 친구인 존 반 디에스트(John Van Diest)를 꼽지 않을 수 없다. 20년간 이어져온 그의 변함없는 우정에 대해 이 자리를 빌어 감사의 인사를 전한다. 이 자료가 설교와 테이프로 끝나지 않고 책으로 나올 수 있도록 끝까지 독려해준 것에 대해 깊이 감사를 드린다. 그가 아니었다면 이 책은 하나의 생각에 그치고 말았을 것이다.

그리고 약속을 지키는 사람들(Promise Keepers, 미국의 남성 신앙 재무장 운동 – 편집자 주)의 빌 맥커트니(Bill McCartney)에 감사한다. 그는 이 메시지를 수십만의 청중에게 전하고 도전하도록 자리를 마련하고 격려하는 수고를 아끼지 않았다.

또한 세 의자의 원리 비디오 시리즈를 수정하도록 조언해준 라이프웨이 리소스(LifeWay Resources)의 진 밈스(Gene Mims)에게 감사하고 싶다.

수년 동안 지치지 않고 기쁘게 이 작업을 계속할 수 있도록 도와준

WTB(Walk Thru the Bible)의 간사들과 이사들에게 감사를 드린다. 이 책을 통해 우리의 사역이 전 세계로 더욱 확대되기를 기도한다.

이 책의 출판을 위해 처음부터 땀을 흘리며 수고를 아끼지 않은 칩 맥그리거(Chip MacGregor)에게 감사하고 싶다. 돈 제이콥슨(Don Jacobson)과 멀트노마(Multnomah) 팀에게 감사를 드린다. 복음과 사역에 그토록 헌신적인 형제들과 함께 일하게 되어 얼마나 기뻤는지 모른다.

그리고 편집을 맡아준 데이빗 콥(David Kopp)과 헤더 콥(Heather Kopp)에게 감사하고 싶다. 하나님이 주신 그들의 놀라운 재능에 함께 할 수 있는 특권을 누리게 되어 정말 기쁘다. 그들은 자신들의 비범한 언어적 재능으로 이 책에 나온 개념들이 지면에서 아름답게 자리잡을 수 있도록 다듬어주었고, 이 책이 내용에서뿐만 아니라 정서적으로 깊은 공감을 끌어낼 수 있도록 해주었다. 세계 곳곳에서 그리스도를 위해 이 책이 사용될 때 그 수고의 결실에 대해 함께 기뻐할 수 있었으면 좋겠다.

마지막으로, 이 책이 나오는 것을 누구보다 기뻐할 우리 가족에게 감사한다. 그들의 인내와 이해, 격려와 사랑에 늘 빚지고 있음을 다시 한번 고백한다.

머리말

영적 도약을 소망하라

대단히 많은 그리스도인들이 내게 영적 도약의 경험에서 좌절을 맛보았다고 털어놓았다. "온갖 노력을 다 했지만 아무 효과가 없었습니다. 아마 나 같은 평범한 사람이 아닌 초인적 영웅에게나 가능한 걸 기대했나봅니다"라고 그들은 하소연한다.

낙심하지 말라. 당신이 소망하는 것은 이루어질 수 있다. 하나님은 이 순간을 기다려오셨다. 그분은 당신의 간절한 요구를 평생 들어주겠다고 약속하신다. "너희가 온 마음으로 나를 구하면 나를 찾을 것이요 나를 만나리라 이것은 여호와의 말씀이니라"(렘 29:13-14).

지속적인 삶의 변화를 위해 행동할 준비가 되어 있는가? 이 책은 바로 그런 당신을 위해 쓴 것이다. 영적으로 성장하고, 변화하기를 간절히 바라는 사람이라면, 이 책을 통해 하나님이 당신에게 베푸시는 축복을 직접 체험하게 될 것이다.

이 책 외에도 도움이 될 여러 보조 자료들을 소개한다. 「영적 도약의 갈망」, 「영적 도약의 기쁨(Thirty days to Experiencing Spiritual Breakthroughs, 이상 도서출판 디모데)」은 엄선한 성경 교사와 저자들의 글을 모은 매일 묵상집이다. 매일 읽을 묵상 내용에는 이 책에서 다룰 핵심 주제들이 소개되어 있다. WTB의 뛰어난 출판물, 오디오 자료와 비디오 자료들은 개인과 단체가 영적 도약을 체험하고, 배우며, 완성하는 데 도움을 줄 것이다.

영적 순례의 여정 중에 당신이 지금 어디쯤 와 있든 간에, 바로 앞에는 가슴 벅찬 광경이 펼쳐져 있다. 길을 막는 장애물을 제거하고, 낡고 파괴적인 습관을 버린다면, 즉시 심오한 변화를 경험하게 될 것이다. 하나님의 놀라운 계획들이 당신과 당신의 주변에서 펼쳐지기 시작할 것이다! 이 책을 내려놓을 때쯤이면 아마 당신은 전혀 다른 사람이 되어 있을 것이다. 당신을 사랑하시는 하나님이 당신을 위해 준비해놓으신 놀라운 영적 도약을 구체적으로 경험했기 때문이다.

하나님의 축복이 당신의 여정에 함께하시길 기도한다.

1부

영적 도약을 경험하라

1장. 운명의 순간
2장. 세 의자의 비밀
3장. 가운데 사람이 겪는 고통

1
운명의 순간
영적 도약의 진실

도약의 순간이 왔다. 정신이 번쩍 들고 눈앞이 환해지며, 공포가 엄습했다. 여기서 살아 나갈 수 있을지 자신이 없었다.

물론 함께 등반 중인 세 동료에게는 이런 말을 하지 않았다. 이 등반은 간부들을 대상으로 한 산악 훈련 프로그램으로서 서로간의 끈끈한 결속과 자신감 회복을 목적으로 실시한 극기 훈련 프로그램의 하나이다. 일주일간 강행군으로 진행되기 때문에 여간 강인한 사람이 아니면 지원할 엄두를 내지 못했다.

나는 이글거리는 태양을 올려다보며 물었다. "이봐, 우리가 무슨 생각으로 이 훈련에 지원한 거지?"

우리의 머리 위로는 50미터나 되는 가파른 암벽이 버티고 서 있었다. 우리의 목표는 단순했다. 세 사람 모두 그 암벽을 오르는 것이었다. 암벽 위에서 내려온 로프가 또아리를 튼 뱀처럼 우리 발을 노리며 위협하는 듯했다.

이 구간을 통과하여 이미 정상에 오른 여러 동료들이 힘내라고 응원하고 있었지만 귀에 들어오지 않았다. 동료 앨(Al)이 두려움을 잊으려고 허세를 부리는 것도 귀에 거슬리기만 했다.

"50미터면 15층 정도의 건물 높이인 셈인데, 아래로 떨어지는 데 6초쯤 걸리겠군. 그 속도로 바닥에 떨어지면 아마 뼈도 못 추릴 걸."

나는 그의 말을 가로막았다. "앨, 그만하고 제프한테 로프나 줘."

다리가 후들거렸다. 제프가 다음 순서로 정해져 있어 그나마 다행이었다. 나는 제프가 안전 장치 매는 것을 도와주었다.

정상을 향한 도전

이 암벽 타기 훈련의 목적은 두려움과 맞서 싸우는 것이었다. 장비에 몸을 맡기는 것뿐만 아니라 팀원을 신뢰하는 것을 배우고, 그것을 기초로 한 차원 더 높은 자신감과 단결력을 이루어야 했다.

"여러분이 발을 뗄 때마다 한 걸음도 놓치지 않고 위에서 로프를 잡고 있는 사람이 보조를 맞출 겁니다. 로프와 안전 장치는 최고급이고 안전합니다. 아래만 내려다보지 않는다면 절대 문제 없습니다." 등반 훈련 교관이 우리를 안심시켰다.

안전 장치 착용을 마친 제프가 위를 올려다보며 소리를 질렀다.

"준비됐어! 그런데 내 로프를 잡아줄 사람이 누구지? 내 목숨이 그 사람 손에 달렸다구!"

"빈스야!"

위에서 소리쳤다.

순간 제프는 그 자리에 얼어붙었다. 그리고 뒤로 주춤주춤 물러나더니 안전 장치를 풀어버렸다. 움직이지 않으려는 게 분명했다. 그는 위에 있는 팀원들을 향해 두 손을 저으며 고개를 흔들었다. "빈스가 내 로프를 잡는 다면 한 발짝도 움직이지 않을 거야! 다른 사람으로 바꿔줘!" 그가 소리를 질렀다.

일순간 분위기가 싸늘해졌다. 가파른 암벽에 대한 두려움과는 다른, 속이 미식거리는 듯한 뭔가 불쾌한 기분이 감돌았다. 위에 있는 빈스는 분명히 큰 충격을 받았을 것이다. 동료로부터 믿을 수 없는 인간이라고 정면으로 거부당했으니 말이다. 며칠 동안 힘들게 쌓아온 동료애가 한순간에 무너져내렸다는 생각에 속이 쓰렸다.

우리 세 사람은 위를 올려다보았다. 위에 있는 팀원들도 우리를 내려다보고 있었다. 어떻게 해야 할지 다들 망연자실한 얼굴이었다.

그때 앨이 갑자기 앞으로 나섰다. 딸각 하는 소리가 들렸다. 앨이 공중에 매달린 안전 장치를 자신의 몸에 매고 있었다. 잠시 후 앨은 로프를 잡고 소리쳤다.

"빈스!"

"왜?"

"준비됐나?"

"준비됐어!"

"그럼 올라간다!"

앨은 암벽을 기어오르기 시작했다.

앨이 암벽을 오르기 시작한 지 얼마 지나지 않아 내게 또다시 '도약'의 순간이 왔다. 무릎은 여전히 떨리고 있었지만 처음처럼 호흡이 가쁘지는 않았다. "괜찮을 거야." 마음속에서 작은 음성이 들렸다. "무사히 암벽을 올라갈 수 있어. 꼭대기까지 올라갈 수 있어."

그날 해가 질 무렵 나는 결국 해내고 말았다.

더 높은 곳을 향하여

이 책은 영적 도약에 대해 다루고 있다. 장애물 때문에 그 자리에 얼어붙어 한 발짝도 나아갈 수 없을지라도, 아니 무엇보다도 바로 그때, 우리는 발걸음을 내딛어야 한다. 이 책은 당신이 삶을 완전히 바꾸는 변화를 향해 위험을 무릅쓰고자 할 때 용기를 북돋아줄 것이다.

당신은 분명 인생의 중요한 시점에서 하나님께 돌파구를 열어주시도록 구하고 있을 것이다. 지금 이 책을 읽고 있다는 것이 그것을 증명하지 않는가? 지금까지 살아온 길을 되돌아보는 중이거나, 결혼 생활과 자녀들로 인해 심각하게 고민 중일지도 모른다. 그리고 그것에 깊은 실망이나 좌절을 느끼고 있을지도 모른다.

아니면 하나님과 동행하는 삶에서 새로운 차원의 헌신으로 올라서야 할 때라고 느꼈을 수도 있다. 그 자리에 멈추어 있거나 뒷걸음질치는 모습은 생각조차 하기 싫다. 당신은 헌신적인 영적 등반가이다. 성숙한 삶을 위해, 하나님이 우리를 위해 준비하신 가장 좋은 것을 온전히 누리기 위해, 계속 전진하는 등반가다.

> 나는 수많은 사람들의 얼굴에서 개인적이고도 영적인 변화를 이루고자 하는 깊은 갈망을 읽을 수 있었다.

지금 당신은 까마득히 높은 암벽을 올려다보고 있다. '하나님, 제가 여기 있습니다. 저는 변화되고 싶습니다. 하나님이 주시는 가장 좋은 것을 누리고 싶습니다. 이 암벽을 올라갈 수 있게 도와주소서.'

30년간 사역을 해오면서 나는 수많은 사람들의 얼굴에서 개인적이고도 영적인 변화를 이루고자 하는 깊은 갈망을 읽을 수 있었다. 변화를 간절히 바라는 사람들의 열기로 달아오른 강당에서 설교한 적도 있었고, 간절한 소망을 가진 사람들과 일대일로 상담한 적도 있었다. 그런데 이런 사람들이 던지는 질문은 놀라울 정도로 비슷하다.

나는 지금 뭔가를 놓치고 있지는 않는가?
내 삶과 가족을 위해 하나님이 준비하신 풍성하고 가장 좋은 것은 무엇인가? 어떻게 하면 그것을 경험할 수 있는가?
치러야 할 대가는 무엇인가?
내가 이번에 실패하지 않으리라는 것을 어떻게 확신할 수 있는가?
어디서 시작해야 하는가?
어떻게 하면 이러한 소중한 신앙 경험을 자녀들에게 물려줄 수 있는가?

당신도 이런 사람들을 만나보았을 것이다. 아니 당신이 바로 이런 사람들 가운데 하나인지도 모른다. 이들은 교회에 다니고, 특별 집회에 참석하며, 최신 자기 계발서를 열심히 읽는다. 새롭게 헌신을 다짐한다. 그런데 그때 '변화'라는 거대한 암벽이 그들을 가로막는다. '절대 정상에 올라가지 못할 것 같다'는 두려움이 찾아온다. 결국 당신은 힘이 빠져 비틀거리다가 안전하다고 생각되는 곳으로 뒷걸음질을 치고 만다.

그러면 이들에게 무슨 일이 일어나는가? 이들의 신앙 생활이 표류하기 시작한다. 관계들이 삐걱거린다. 자녀들이 탈선하기 시작한다.

그러나 하나님이 계획하신 그리스도인의 삶은 이런 모습이 아니다. 하나님은 말씀을 통해 단순하면서도 강력한 삶의 원리를 우리에게 주셨다. 그 원리대로 행할 때 우리는 삶의 중요한 영역에서 의미 있고 지속적인 도약을 할 수 있다.

이 책은 하나님이 당신에게 바라시는 변화가 필요한 삶의 영역이 무엇인지 보여줄 뿐만 아니라, 그 방법을 알려주는 최초의 책이 아닐까 한다. 내가 그 점을 자신 있게 말할 수 있는 이유는 바로 당신과 같은 수많은 사람들이 변화되고 회복되는 성공 사례를 보아왔기 때문이다. 하나님의 도우심으로 당신은 이 책을 읽으면서 생각지도 못한 수많은 깨달음의 순간을 맞이할 것이며, 그때마다 탄성을 지르게 될 것이다.

변화의 땅

인생에는 안전하고 평화로운 때도 있고, 불안하고 혼란한 때도 있다. 그런 식의 경험이 반복된다. 인생은 꾸준한 상승세만 있는 것도, 끝없는 정체 상태만 지속되는 것도 아니다. 다시 말해 우리는 변화가 많고 불안정한 땅을 여행하고 있는 것이다. 평평한 초원을 지날 때는 현재의 위치가 만족스럽다. 그러나 난데없이 거친 땅과 가파른 암벽이 나타나면 당신은 비틀거리며 뒷걸음질친다. 조금 전의 편안했던 초원으로 돌아가기도 하고, 심지어 암벽에서 멀리 떨어진 안전한 거리만큼 뒤로 물러나기까지 한다. 하지만 어떤 사람은 그 기회를 도약의 기회로 삼고 그 암벽을 오르기 시작한다. 그리고 마침내 두려움과 한계를 극복하고 정상에 선다. 이제 또 다른 초원을 가로질러 더 넓은 땅으로 나아가는 여정이 그를 기다린다.

예측이 불가능한 땅에서 영적 등반가인 당신이 중대한 선택을 해야 하는 지점은 어디인가? 손은 로프를 잡고 있고, 시선은 위를 향해 있다. 맥박이 빨라진다. '그래. 한번 해보는 거야. 이런 절벽에 겁먹을 이유가 없어.'

지금 처한 상황이 아무리 두렵고 혼란스러워도 실제로 당신은 아주 멋진 기회 앞에 서 있음을 기억하라. 하나님은 우리 앞에 커다란 장벽을 두시고 극복하고 변화하고 말겠다는 강인한 의지를 불태울 수 있는 그러한 극적 도약의 자리로 우리를 끌고 가길 좋아하신다.

당시의 암벽 등반을 회상해보면 그 일로 우리 모두에게 얼마나 많은 변화가 일어났는지 새삼 깨닫게 된다. 우리는 신뢰와 서로간의 협력과 위험을 무릅쓰는 일이 얼마나 중요한 것인지에 대해 큰 교훈을 얻었다. 이전에는 겁이 나서 하지 않았을 일도 담대히 시도할 수 있는 자신감을 얻었다. 가파른 암벽을 안전하게 올라 빈스와 승리의 하이 파이브를 나누었을 때 내 앞에는 말 그대로 새로운 삶의 평원이 펼쳐졌다.

내가 경험했던 것 같은 그러한 인생의 전환점이 얼마나 쉽게 오는 기회

> 장애물을 정면 돌파함으로
> 도약한 이런 경험들은
> 내 인생의 모든
> 영역에 지배적인
> 영향을 미치고 있다.

가 아닌지 알고 있는가? 대부분의 사람들에게 그런 기회는 평생에 열 번도 채 오지 않는다. 하지만 우리는 이러한 전환점을 기준으로 자신의 삶을 평가한다. 이러한 기회들이 없었다면 현재의 우리도 없다고 확신하기 때문이다.

장애물을 정면 돌파함으로 도약한 이런 경험들은 내 인생의 모든 영역에 지배적인 영향을 미치고 있다. 그리고 내가 거대한 암벽을 올려다보며 무력감에 빠져 외로워할 때마다 누군가가 손을 내밀어 나를 도와주었다. 그런 사람이 있었다는 사실이 얼마나 감사한지 모른다.

양쪽 끝이 있는 로프

그날 제프가 안전 장치를 풀고 뒤로 물러선 이유가 무엇인지 알고 있는가? 그럴 수밖에 없는 사연이 있다. 과거에 제프는 빈스와 사업상의 거래를 한 적이 있었다. 그런데 그때 빈스가 제프와 맺은 약속을 일방적으로 어겼다. 제프는 최근까지 그 사건을 모두 잊었다고 생각했다. 하지만 안전 장치를 맨 순간 자신의 로프를 잡은 사람이 빈스임을 알게 되었을 때 문제는 달라졌다. 갑자기 빈스에게 자기 목숨을 맡겨야 하는 상황이 되자 제프는 그를 믿을 수 없었다.

상황이 어떻게 전개될지 지켜볼 수밖에 없었기에 그 순간은 상당히 괴로웠다. 앨이 암벽을 타고 올라가는 동안 제프의 말이 귓가에 쟁쟁했다. "내 로프를 잡아줄 사람이 누구지? 내 목숨이 그 사람 손에 달렸다구!" 제프는 자신의 '불신'을 극복하고 상대를 신뢰할 수 있을까? 또 빈스는 자신이 믿을 만하다는 사실을 증명할 수 있을까?

기쁘게도 그날 두 사람은 각자의 거대한 장벽을 극복하고 도약을 이룰 수 있었다. 앨이 안전하게 정상까지 올라간 후 빈스는 아래를 내려다보며 제프를 불렀다.

"이봐, 제프!" 잠시 침묵이 흘렀다. 우리는 모두 숨을 죽였다.

"왜?"

아래에서 대답이 들렸다. 그러자 빈스가 큰 소리로 말했다.

"난 더 이상 그때의 빈스가 아니야! 그때 약속을 지키지 못하고 자네를 배신해서 미안해. 하지만 앞으로는 절대 그런 일 없을 거야. 날 용서해주겠나? 이 로프를 다른 사람이 잡도록 하고 싶지 않아. 날 믿어줘. 너뿐만이 아니라 내 목숨도 네 손에 달렸어!" 그리고 빈스는 로프를 아래로 던졌다.

이번에는 제프도 전혀 주저하지 않았다. 마침내 제프는 로프를 잡고 암벽을 올랐다. 제프가 한 걸음씩 기어오르고 빈스가 위에서 조금씩 로프를 당겼다. 그러는 동안 두 사람의 과거는 저만치 뒤로 밀려나 있었다.

이 이야기를 하는 이유는 결과에 대한 확신 없이 변화를 향해 나아갈 사람은 없다는 것을 알려주고 싶어서이다. 당신은 과거의 실패와 상처, 현재의 두려움 때문에 주저할 수 있다. 하지만 당신은 그리스도의 제자이다. 하나님의 선하신 뜻과 당신의 삶에서 그 뜻을 이루실 하나님의 능력을 전혀 의심하지 않고 신뢰하는 것이 마땅하다.

그리스도인의 성장을 양 끝이 있는 로프라고 생각해보자. 로프의 양 끝 사이에는 50미터의 절벽이 버티고 있다. 로프의 한쪽 끝에는 당신이 있다. 당신은 가능성을 붙잡고, 온 힘을 다해 성숙을 향해 기어 올라가지만 실패와 불안, 반대, 또는 예상치 못한 돌발 상황 때문에 두려울 뿐이다. 머리는 핑 돌고 무릎은 후들거린다. 그러나 놀라운 소식이 있다. 당신 혼자 암벽을 올라갈 필요가 없다는 것이다. 하나님이 항상 로프의 반대편을 잡고 계신다. 위에서 끌어올려주시는 그분을 온전히 신뢰한다면 당신은 변화의 암벽을 올라갈 수 있다!

사실, 우리의 삶에는 이미 엄청난 능력이 흘러넘치고 있다.

설명하자면 다음과 같다. 즉, 영적 도약에서 가장 중요한 사실 중 하나는 그 일이 하나님의 일이기도 하다는 것이다. 바울은 빌립보 성도들에게 다음과 같이 편지했다. "내가 너희를 생각할 때마다 나의 하나님께 감사하며… 너희 안에서 착한 일을 시작하신 이가 그리스도 예수의 날까지 이루실 줄을 우리는 확신하노라"(빌 1:3, 6).

> 당신 혼자 암벽을 올라갈 필요가 없다. 하나님이 항상 로프의 반대편을 잡고 계신다. 위에서 끌어올려주시는 그분을 온전히 신뢰한다면 당신은 변화의 암벽을 올라갈 수 있다!

이것은 일반 교육으로는 절대 불가능한 인격적인 변화를 말한 것이다. '영성'이 지금처럼 대중적인 인기를 끈 적은 없었다. 심지어 세속 기관에서도 인기 있는 화두이다. 하지만 정작 중요한 하나님과 그분의 말씀에 대한 관심은 더욱 줄어들고, 인간 중심의 기교와 노력에만 초점을 맞추고 있다. 이런 접근법들은 영적 등반가가 혼자 힘으로 거대한 암벽을 타야 한다는 심각한 문제를 그럴 듯하게 포장하고 있다.

기독교에서 말하는 영성은 이런 영성과 판이하게 다르다. 즉, 영적 도약을 향해 나가도록 우리를 적극 격려하고 계신 분은 바로 하나님 그분이신 것이다. 바울은 같은 빌립보서에서 "그러므로 나의 사랑하는 자들아 너희가 나 있을 때뿐 아니라 더욱 지금 나 없을 때에도 항상 복종하여 두렵고 떨림으로 너희 구원을 이루라 너희 안에서 행하시는 이는 하나님이시니 자기의 기쁘신 뜻을 위하여 너희에게 소원을 두고 행하게 하시나니"(빌 2:12-13)라고 권면한다.

영적 암벽을 등반할 때 우리를 붙잡아주고 힘을 주시며 격려를 아끼지 않으시는 분은 바로 하나님이시다. 그러므로 우리는 그분께 우리의 인생을 맡길 수 있다.

세 의자의 원리

간혹 사람들에게 폭발적 관심을 불러일으킬 아이디어가 떠오를 때가 있다. 세 의자의 예화도 그중 하나이다. 다음 장에서는 세 의자의 원리라 불리는 가상 모델을 소개할 것이다. 이것은 이 책 전반에서 인용될 모델이다. 나는 하나님이 이 원리에 담긴 진리들을 이용해 전 세계의 수많은 사람들이 그분의 이끄심에 반응하고, 새로운 진로를 선택하며, 의미 있고 지속적인 변화를 경험하도록 도우시는 것을 보아왔다.

여기서 세 의자는 각각 다른 유형의 사람과 믿음을 의미하며, 하나님에 대한 세 가지 수준의 헌신을 의미한다. 그리스도인이라면 인생을 살아오면서 그 세 의자에 모두 앉아보았을 것이다. 지금 당신이 어느 의자에 앉아 있는지, 그 의자들이 당신의 삶의 거의 모든 부분과 어떤 관련이 있는지 알아보는 작업은 그리 많은 시간이 필요하지 않다. 당신은 그 작업을 통해 자신의 삶을 바라보는 놀라운 통찰력을 발견하고, 지금처럼 사고하고 행동하게 된 이유를 이해하게 될 것이다. 당신의 부모에 대해, 그리고 그들이 당신에게 미친 영향에 대해 새로운 시각으로 이해하게 될 것이다. 그리고 당신이 현재 앉아 있는 의자에 대해 살펴보면서 그 의자를 선택한 결과가 당신의 자녀들과 손자들의 영적 생활에 얼마나 엄청난 영향을 미치는지 알고 충격을 받을 것이다.

이 책의 목적은 당신과 가족이 현재 어떤 의자에 앉아 있는지 파악하도록 돕는 데 있다. 나는 당신이 진정으로 원하는 의자로 옮기기 위해 필수적으로 거쳐야 하는 도약을 이루며, 나아가 그 의자에 계속 앉아 있도록 도울 것이다.

앞으로 우리는 이 의자들이 삶의 중요한 세 영역(결혼 생활, 가정, 당신과 하나님과의 관계)과 어떤 관련이 있는지 살펴볼 것이다. 그리고 각 영역에서 하나님의 인도하심과 도움으로 영적 장애를 극복하고 도약하기 위해 어떻게 해야 하는지 살펴볼 것이다. 그 세 영역은 다음과 같다.

- 결혼 생활
- 가정
- 당신과 하나님과의 관계

각 장은 앞에 나온 세 영역 중 구체적인 부분에서 극적인 변화가 필요한 부분이 어디인지 진단하는 데 주안점을 두었다. 책을 읽으면서 당신은 개인적 성장은 물론, 성숙과 축복으로 인도하시는 하나님의 초대에 응하게 될 것이다.

정상에서 본 장면

최근에 대규모 국영 기업의 최고 경영자와 만난 적이 있다. 겉으로 보기에 그는 남 부러울 것이 없는 성공한 사람이었다. 그러나 그의 내면을 들여다보면 절벽 아래에 꼼짝 못하고 서서 인생의 중요한 갈림길에 직면해 하나님과 씨름하고 있는 상태였다. 우리는 장시간 대화를 나누고, 함께 기도하며, 눈물을 흘렸다. 대화가 끝날 때쯤, 그는 다른 사람이 되어 있었다. 사무실을 떠나면서 그는 말했다. "브루스 박사님, 오늘을 절대 잊지 못할 것 같습니다. 이제 두 번 다시는 이전과 같은 모습으로 살지 않을 겁니다."

도약이란 바로 이런 것이다. 뒤를 돌아볼 때의 인생과 앞을 바라볼 때의 인생이 완전히 다른 것이다. 모든 것이 변했고 모든 것이 나아졌다.

우리는 하나님의 사랑하는 자녀이다. 그러기에 우리는 결코 절벽 아래서 맥없이 주저앉아 있을 이유가 없다. 하나님은 우리로 하여금 마음껏 주신 사명을 이루며 그분의 영광을 위해 섬기는 삶을 살도록 우리를 지으셨다. 하나님의 도우심으로 지금 당신은 그분이 시작하신 착한 일을 이루기 위해 힘차게 발걸음을 내딛기 시작했다. 그 일은 하나님의 약속으로 보장되어 있다.

이제 로프를 잡아야 할 때이다.

2
세 의자의 비밀
당신과 가족은 어느 의자에?

강연을 마치고 회의장을 걸어 나가고 있을 때의 일이었다. 그곳의 책임자가 내게 다가오더니 내 강연에 대해 진심 어린 감사의 인사를 전했다. 그때 나는 이 책의 내용으로 강의를 하고 있었다. 참석한 사람들의 반응이 대단히 놀라웠다는 데 우리 두 사람의 의견이 일치했다. 그때 그는 내게 평생 잊지 못할 말을 해주었다.

"윌킨슨 박사님, 아시다시피 저는 이런 강의 사역을 도운 지 꽤 되었습니다. 그동안 모셨던 강사들은 모두 훌륭한 분들이셨지요. 강사들은 크게 세 부류로 나눠지더군요. 어떤 사람들은 감동을 주고, 어떤 사람들은 가르치려고 합니다. 그런데 박사님은 세 번째 범주에 해당하시는 것 같습니다. 바로 삶의 변화를 불러일으키는 분이시거든요."

그는 잠시 말을 멈추고 지나가는 사람에게 인사한 후 다음과 같이 말했다. "저 사람들은 집으로 돌아가면 완전히 다른 삶을 살게 될 겁니다."

이것은 내게 세상을 뒤흔들 능력이 있다는 말이 아니었다. 지속적인 삶의 변화는 우리가 하나님의 진리와 대면하고 그 진리에 반응할 때 일어나기 때문이다. 우리는 다시 이전과 같이 살지 않을 것이다. 장애를 뛰어넘어 앞으로 나가든지 그렇지 않으면 뒤로 물러설 뿐이다. 중간 지대는 없다.

이 장에서 세 의자의 원리를 깨닫는다면 당신도 달라질 것이다. 자신의 영적인 상태를 새롭고 분명하게 알게 된 사람은 하나님의 요구에 순종하며 결단할 수밖에 없기 때문이다.

단순한 그림 하나가 어떻게 그런 엄청난 영적 폭발력을 가질 수 있는지, 또 그것을 어떻게 확신할 수 있는지 의심스러운가? 수십만 명에 달하는 사람들의 삶을 통해 직접 목격했기 때문이다. 더 구체적으로 말하면 다음과 같다.

- 세 의자의 원리는 당신이 내린 선택들이 인생의 핵심적인 가치관과 관계에 어떤 영향을 미쳤는지 알도록 도와줄 것이다.
- 세 의자는 하나님이 당신을 위해 예비하신 최고의 것이 무엇인지 놀라우리만큼 분명하게 보여줄 것이다.
- 세 의자는 과거와 현재의 선택에 따라 앞으로 당신과 당신의 가족이 어떻게 달라질 것인지 예측하도록 도와줄 것이다.
- 당신이 지금 어느 의자에 앉아 있는지 알면 영적으로 성장하고

싶을 때 무엇을 해야 하는지 파악하는 데 도움이 될 것이다.

이 장에서 설명하는 모든 원리는 이 책에서 가장 중요하고도 도전적인 부분이다. 동시에 앞으로 나오는 모든 원리의 기초가 된다. 성령님이 당신의 마음을 열어주셔서 각각의 진리를 깨닫게 하시길 간절히 바란다.

믿음의 의자

환한 무대 위에 세 개의 의자가 있다고 생각해보라. 각 의자는 하나님에 대한 개인의 영적 상태를 가리킨다. 왼쪽 의자를 첫째 의자, 가운데 의자를 둘째 의자, 오른쪽 의자를 셋째 의자라 하자. 그리고 이 세 의자를 믿음의 의자라고 부르자. 이 의자들은 세상 모든 사람이 하나님께 반응하는 태도를 정확하게 보여준다.

첫째 의자에 앉은 사람은 구원을 받았을 뿐 아니라, 그리스도의 권위와 인도하심에 흔쾌히 순종한다. 이런 사람은 예수님을 친구와 구세주로 알고, 자신과 자신의 가족을 위해 예수님과 의미 있고 지속적으로 성장하는 관계를 맺고 있다. 사도 바울은 이런 모습을 '신령한 상태'라고 부른다.

마음속으로, 오래되어 빤질빤질하게 윤이 나는 첫째 의자에 '헌신'이라는 단어를 새겨넣으라.

변화산 경험이나, 심각한 위기 덕분에 오히려 감사하는 마음과 선한 뜻을 품게 된 사람이 있다. 이렇게 해서 파도에 떠밀리듯 순식간에 첫째 의자에 올랐다고 그들은 스스로를 첫째 의자에 앉은 그리스도인이라고 생각한다. 그러나 이런 사람들은 그 뜨거운 체험과 강렬한 감정의 파도가 물러가면 그들의 진짜 상태가 드러난다. 물론 이런 경험들도 의미가 있다. 하지만 첫째 의자의 삶은 한 개인의 온전한 지성과 감정과 의지에 기초한다.

> 첫째 의자의 삶은 한 개인의 온전한 지성과 감정과 의지에 기초한다.

첫째 의자의 사람은 영적 성숙을 향한 여정을 평생 동안 계속해서 내디딘다. 한결 같은 순종과 변함없는 인생 목적을 가지고 있다. 성령은 이런 첫째 의자의 사람을 인도하셔서 하나님이 자신의 자녀들을 위해 계획하신 복과 성취와 열매 맺는 삶의 자리로 인도해주신다.

둘째 의자는 그리스도 안에서 새 생명을 받았지만 어디까지 그분을 따를지 결단하지 못한 사람을 나타낸다. 첫째 의자의 사람처럼 성경의 진리를 믿는다고 주장하고 외형적으로는 많은 부분에서 기독교적 '생활 방식'을 따른다. 또한 이런 부류는 대개 누구 못지않게 선한 의지를 갖고 있다.

하지만 그 길은 불안정하고, 말과 행동의 불일치를 특징으로 한다. 삶을 뒤흔들어놓을 거룩한 파도가 없으면 둘째 의자의 사람은 금방 내적 힘이 고갈된다. 근본적인 헌신이 결여되어 있기 때문이다. 둘째 의자의 사람은 시간이 갈수록 첫째 의자의 사람에게서 멀어지고 셋째 의자의 사람과 더 친해지는 경향이 있다. 결국 세월이 흐르면 그들의 생활 방식은 그리스도를 구주로 알지 못하는 사람들과 전혀 구별되지 않는 상태로 전락할 수 있다. 바울은 이런 상태를 '육신에 속한 상태'라고 부른다.

이 의자에 '타협'이라는 단어를 새겨넣으라.

타협이라는 단어 속에는 하나의 중요한 진리가 있다. 다리 밑의 괴물처럼 그 이면에 또 다른 경쟁적 헌신이 숨어 있는 것이다. 첫째 의자를 묘사할 때 사용한 헌신이라는 단어를 별 다른 주저함 없이 둘째 의자를 설명할 때 사용하는 이유가 이 때문이다.

타협의 근저에는 자아에 대한 깊은 헌신 혹은 집착이 자리 잡고 있다. 둘째 의자의 사람은 입으로는 하나님을 말하지만 마음의 왕좌에는 자신을 앉혀놓고 있다. 근본적인 헌신 대상이 변하지 않는 한 영적 도약을 위해 아무리 노력해도 결코 지속적인 효과를 내지 못한다.

셋째 의자는 하나님께 인격적으로 반응한 적이 없는 사람을 나타낸다. 셋째 의자의 사람은 자신이 그리스도인이 아님을 평소에 알고 있다. 또는 의식적으로 하나님을 거부했을 수도 있고, 자신의 영적 상태에 대해 무관심하거나 잘못 알고 있다. 특히 그가 기독교 가정에서 성장해서 신앙적인 대화에 익숙하고 '교회 종교(churchianity)'에 젖어 있는 사람이라면 거의 기독교인처럼 행동하고 느끼며 사고할 것이다. 그러나 그와 하나님 사이에는 죄와 반역이라는 건너지 못할 틈이 자리 잡고 있다. 그런 사람은 십자가 앞에 무릎 꿇기 전까지 창조주와 불화하며 자신에 대한 하나님의 뜻을 거부할 것이다.

이 의자에 대립이라는 단어를 새겨넣으라.

어떤 면에서 셋째 의자의 사람은 다른 두 의자의 사람들보다 더 쉽고 단순하게 살 것이다. 하나님이 없는 것처럼 살겠다고 결심했을지도 모른다. 순종해야 할 더 높은 권위도 없고, 어느 길로 가야 할지 치열하게 싸울 필요도 없다. 오직 자신의 욕망을 쫓아 결정한다.

셋째 의자의 사람은 그리스도를 구주로 영접한 적이 한 번도 없다. 그렇기 때문에 영적 도약을 위해 아무리 노력해도 좌절과 실패로 끝난다. 이런 사람은 바울이 말한 '자연적인 상태'에 여전히 머물러 있다(고린도전서

> 다행스러운 소식이 있다. 이런 상태에 있는 사람이 언제라도 가장 중요한 영적 도약의 주인공이 될 수 있다는 점이다.

2-3장을 참고하라). 그는 아직 영적으로 거듭나지 않았다. 그렇기 때문에 그의 삶에서 성령의 사역이 제한될 수밖에 없다.

그러나 다행스러운 소식이 있다. 이런 상태에 있는 사람이 언제라도 가장 중요한 영적 도약의 주인공이 될 수 있다는 점이다. 예수 그리스도께 믿음으로 반응하며 용서와 새 생명을 주시도록 간구하면 셋째 의자에 앉은 사람이라도 지금 당장 하나님의 가족이 될 수 있다.

우리는 누구나 세 개의 의자 그림과 세 가지 영적 상태 가운데 어느 하나에 속해 있다. 예외는 없다. 누구나 이 중 한 가지와 관련이 있다. 아마 나처럼 개인적 경험을 통해 각각의 의자가 어떤 것인지 알고 있는 사람도 있을 것이다.

지금까지 살펴본 내용을 요약하면 다음과 같다.

인간의 영적 상태		
첫째 의자	둘째 의자	셋째 의자
헌신	타협	대립
구원받음	구원받음	구원받지 못함
신령한 상태	육신에 속한 상태	자연적인 상태

이제 세 의자가 실생활 속에서 어떤 모습으로 나타나는지 살펴보자. 세 의자의 영적 상태를 가장 먼저 발견한 곳은 구약 성경이었다. 여호수아 끝부분부터 사사기 첫부분에 이르는 곳에서 세 가지 영적 상태가 나타나는

것을 볼 수 있었다. 세 가지 영적 상태는 각각 같은 시간의 주기에 따라, 여러 세대에 걸쳐 세밀하고 극적인 모습으로 전개되고 있었다.

장군 이야기

여호수아는 오랜 기간 동안 살면서 애굽의 노예 생활과 모세의 시종, 가나안의 정탐꾼으로 활동했고 가나안 정복기에는 이스라엘의 장군이자 지도자로 우뚝 선 입지전적 인물이다. 여호수아 23, 24장을 보면 여호수아는 자신의 죽음이 가까웠음을 직감한다. 그때는 역사적인 가나안 땅 정복을 거의 마무리하는 시점이었다. 이스라엘은 승리의 열매를 누릴 준비가 되어 있었다.

노장군은 지도자들을 한 자리에 소집하고 그들에게 말한다. "너희의 하나님 여호와께서 너희를 위하여 이 모든 나라에 행하신 일을 너희가 다 보았거니와… 너희 중 한 사람이 천 명을 쫓으리니 이는 너희의 하나님 여호와 그가 너희에게 말씀하신 것 같이 너희를 위하여 싸우심이라"(수 23:3, 10).

여호수아는 이스라엘에게 베푸신 하나님의 선하심을 돌아본 후 그의 평생에 가장 큰 도전을 한다. "너희가 섬길 자를 오늘 택하라 오직 나와 내 집은 여호와를 섬기겠노라"(수 24:15).

여호수아의 파란만장한 일생은 이제 중대한 영적 도약의 순간과 마주하고 있었다. 그 질문은 의심할 여지 없이 하나님의 백성에게 가장 중요한 것이었다. "택하라. 너희는 누구를 섬길 것이냐?"

> 그 질문은 의심할 여지 없이 하나님의 백성에게 가장 중요한 것이었다.

그날 이스라엘 족장들은 한 치의 망설임도 없이 여호수아의 질문에 대답했다. 그들은 두 번에 걸쳐 여호와를 따르겠다고 대답했고, 어떤 대가를 치르더라도 여호수아의 모범을 따르기로 서약했다.

그후 그들은 자신들의 말을 지켰다. 지도자들, 혹은 성경의 호칭을 따르면 장로들은 다른 신들에게 관심을 돌리지 않았다. "이스라엘이 여호수아가 사는 날 동안과 여호수아 뒤에 생존한 장로들 곧 여호와께서 이스라엘을 위하여 행하신 모든 일을 아는 자들이 사는 날 동안 여호와를 섬겼더라"(수 24:31).

여기까지는 아주 좋았다. 그러나 장로들의 행적을 추적해보면 그들이 부분적으로, 그것도 자신에게 이익이 될 때만 여호와를 섬겼다는 증거를 수없이 찾을 수 있다. 예를 들어 여호수아가 죽은 후 이스라엘에게 맡겨진 유일한 군사적 과제는 남아 있는 이방인 세력을 몰아내고 우상 숭배를 근절하는 일이었다. 하지만 무슨 일이 일어났는지 보라.

> "므낫세가 벧스안과… 주민들을 쫓아내지 못하매… 에브라임이 게셀에 거주하는 가나안 족속을 쫓아내지 못하매… 스불론은 기드론 주민과 나할롤 주민을 쫓아내지 못하였으므로…"(삿 1:27-30).

여호수아는 온전히 하나님께 헌신한 반면 장로들의 헌신은 부분적이었다. 가나안 족속을 몰아내기가 쉬운 일이 아님을 알자 장로들은 전쟁을 취소했다. 그리고 그들에게 조공을 받는 쪽으로 정책 방향을 선회했다. 분명히 이런 계획은 더할 나위 없는 훌륭한 계획으로 보였을 것이다. 더 이상 피 흘리며 싸우거나 죽을 위험이 없고, 게다가 엄청난 돈이 굴러 들어오는 일이었다. 휴전 협정을 체결하자 이스라엘 백성들과 이방 족속들은 곧 우호적인 관계를 맺게 되었고, 통혼 합의를 통해 서로 사돈 관계가 되었다.

이처럼 타협하며 사는 삶이 그들에게는 현명하고 새로우며 안정적으로 보였다. 그러나 이러한 삶에 다시 변화가 생겼다. 장로들의 자손들인 이스라엘의 다음 세대는 헌신적인 태도를 잃어버렸다. 심지어 반쯤 타협한 상태도 아니었다. 무슨 일이 일어났는지 읽어보자.

> "그 후에 일어난 다른 세대는 여호와를 알지 못하며… 이스라엘 자손이 여호와의 목전에 악을 행하여 바알들을 섬기며… 그들의 조상들의 하나님 여호와를 버리고 다른 신들 곧 그들의 주위에 있는 백성의 신들을 따라… 여호와를 진노하시게 하였으되… 그들의 조상들보다 더욱 타락하여… 그들의 행위와 패역한 길을 그치지 아니하였으므로"(삿 2:10-12, 19).

하나님을 대적한 백성들의 모습이 조금도 가감 없이 묘사되어 있다. 아마 그들은 홍해의 기적 사건을 증조부로부터 들었을 것이다. "누구를 섬길지 선택하라"는 여호수아의 간절한 도전에 대해서도 듣고 기억하고 있었을 것이다. 그러나 그들은 안정되고 풍요로운 삶을 살았던 부모 밑에서 자랐기 때문에 부모로부터 배운 하나님에 대한 이해 역시 타협적이었다.

이 셋째 부류의 사람들은 어떤 삶을 살았을까? 그들은 허울뿐인 하나님의 백성으로 살았다. 오늘의 시각으로 본다면 불신자라고 하는 편이 더 정확할 것이다. 그들은 하나님과 영적으로 분리되어 있었고 하나님을 대적했다.

이제 여호수아의 후손들이 각각 어느 의자에 앉았는지 분명해졌다. 그렇다면 그들이 어떻게 해서, 왜 그런 삶을 살게 되었는지 살펴보자.

3세대의 영적 상태		
여호수아	장로들	장로들의 자손들
첫째 의자	둘째 의자	셋째 의자
헌신	타협	대립

세 그룹의 이력을 간략히 살펴보면 영적 도약이 가장 절실한 곳이 어디인지 쉽게 드러난다. 그러나 이 세 의자 모델이 훨씬 더 많은 것을 말해준다. 이를테면, 다음과 같은 질문을 이용할 수 있다.

- 의자 하나, 곧 한 세대가 하나의 영적 상태를 가리킨다면 각각의 의자에 앉은 개인의 삶은 어떠하며, 어떻게 다른가?
- 각각의 경우, 핵심적으로 돌파해야 할 영적 장애물은 무엇인가?
- 각각의 의자에서 선택한 삶은 장기적으로 어떤 결과를 가져오는가?

앞에 나온 질문에 대답하기 위해, 성경 시대에서 눈을 돌려 세 의자의 원리가 오늘 우리의 삶 속에서 구체적으로 어떻게 적용되는지 보여주고자 한다. 먼저 우리가 앉아 있는 헌신의 자리가 세 가지 핵심 부분, 즉 하나님과의 관계, 세상과의 관계나 가치관, 가족과의 관계에 어떤 영향을 미치는지 살펴보자.

이해를 쉽게 하기 위해 각각의 의자에 특정한 가상 인물이 앉아 있다고 설정해보자.

- **첫째** 의자에는 35세의 줄리아가 앉아 있다. 그녀는 뉴저지에 살며, 남편과 이혼하고 두 아이를 키우고 있다.
- **둘째** 의자에는 48세의 어니가 앉아 있다. 그는 피닉스의 기독교 라디오 방송국에서 근무한다. 그와 아내와의 사이에는 십대인 세 자녀가 있다.
- **셋째** 의자에는 27세의 케이트가 앉아 있다. 그녀는 미니애폴리스에 살며, 소프트웨어 프로그래머로 일하고 있다. 현재 가장 열정을 쏟는 일은 토요일마다 도심 빈민들을 위해 무료 급식소에서 자원봉사를 하는 것이다.

세 사람의 상황에 대해 간략하게 소개했다. 앞으로 구체적인 서술 내용을 들으면, 이들 가운데 자신과 동질감이 느껴지는 사람이 있을 것이다. 이들의 생각이나 꿈과 우선순위, 고민들이 당신의 문제처럼 느껴질 것이다. 실제로, 이 장이 마무리될 때쯤이면 당신은 자신이 세 의자 가운데 어디에 속하는지 분명하게 알게 될 것이다.

세 의자와 하나님과의 관계

하나님과 첫째 의자. 줄리아는 하나님을 친밀하고 사랑이 많으신 아버지라고 생각한다. 자신의 아버지는 매우 차갑고 냉정한 분이었지만, 혼자 아이를 키우면서 하나님의 변함 없는 돌보심에서 큰 위로를 얻기 때문에 하나님에 대한 이 사실은 그녀에게 매우 중요한 의미가 있다.

하나님과의 관계에 대해 물으면 흔쾌히 입을 연다. "그분과 함께할 시간이 필요해요." "나한테 그분이 이렇게 이야기해주셨어요." "최근 내 신앙이 슬럼프에 빠졌어요." 과거 사랑하는 남편과의 결혼 생활에 대해 이야기할 때도 그랬을지 모르겠다. 실제로 그녀는 일과 중에도 하나님과 자주 대화를 나누고 그분의 말씀에 귀를 기울인다. 정식으로 시간을 정해 기도를 드리기도 하고, 교통 체증으로 차가 막혀 움직이지 않을 때도 하나님께 이야기하고 그분의 말씀을 듣는 시간을 갖는다. 그녀에게 이러한 관계에 대해 그림을 그려보라고 부탁하면, 두 사람이 뒷마당의 베란다에 앉아 자녀들의 뛰노는 모습을 바라보는 그림을 보여줄 것이다. 두 사람은 깊은 대화를 나누고 있다. 그녀는 이 그림을 다음과 같이 설명할 것이다. "왼쪽에 커피 잔을 든 사람이 저이고, 오른쪽에 있는 분이 예수님이세요."

> "왼쪽에 커피 잔을 든 사람이 저이고, 오른쪽에 있는 분이 예수님이세요."

친구들은 때로 그녀를 너무 종교적이라고 놀린다. 하지만 줄리아 자신은 한 번도 자신을 종교적이라고 생각해본 적이 없다. 종교는 어떤 의식(儀式)과 계율, 신성한 건물을 연상시킨다고 그녀는 말한다. 그녀가 누리는 것은 친밀한 관계다. 그 관계는 자신의 영적 생활의 근원이자 결과로서 영적 성숙을 더욱 사모하도록 만든다.

줄리아는 '순종'이란 단어를 자주 사용하지는 않는다. 하지만 하나님과 그녀의 관계에 있어서 순종은 무언의 전제 조건이다. 그녀는 "하나님, 오늘 제가 어떻게 하길 원하시나요?"라는 질문을 즐겨한다. 하나님을 사랑하며 헌신한다면 순종은 별로 무거운 짐이 아니다. 줄리아가 로봇처럼 무조건 명령에 따라 행동한다는 의미가 아니다. 그녀는 상상력이 풍부하고 예술가적인 자질이 뛰어난 여성이다. 하지만 하나님이 항상 그녀보다 우선이며, 그녀를 주관하신다.

하나님과 둘째 의자. 어니는 하나님과 성경에 대해 교회의 그 누구보다 지식이 풍부하고 기독교계의 상황도 훤하게 꿰뚫고 있다. 종말론에 대한 여러 학설에 대해서는 종말론 전문가들과 토론해도 뒤지지 않을 정도로 해박하다.

중학교 시절에 예수님을 구세주로 영접한 이후 공개적인 기도뿐 아니라 개인 기도 생활도 꾸준히 지켜왔다. 하지만 그는 하나님을 혼란스러운 세상을 다스리는 강력한 지도자처럼 바라보는 경향이 있다. 실제로 그는 하나님과 충분한 거리를 유지해야만 하나님의 음성을 올바로 듣고, 그분의 뜻을 해석할 수 있다고 생각한다. 물론 그리스도의 삶과 죽음, 부활, 영생에 대한 약속을 매우 감사히 여긴다. 예수님에 대해서도 신학적 지식이 많은 사람이다. 하지만 정직하게 예수님과의 우정의 정도를 표현하라고 한다면 '인격적 관계(relationship)'보다는 '아는 사이(acquaintance)'라는 단어를 선택할 것이다.

기도할 때 어니는 때로 자신이 휘황찬란한 궁전에 서 있는 별 볼일 없는 사람이라는 생각이 든다. 그는 왕이 자신의 청을 들어주길 바란다. 하지만 왕의 보좌는 멀리 있고, 궁정은 자신보다 더 중요한 사람들로 붐비고 소란스럽기 때문에 간청이 응답될지 자신이 없다. 그는 같은 내용의 기도를 몇 번이고 중얼거린다. 대개 자신이 성공하도록 해주시고, 가족과 자신의 안전을 지켜주시며, 소득이 배가 되도록 기도하고, "이 음식을 먹고 육신이 힘을 얻게 하소서"라는 내용으로 기도한다.

그리스도인으로 사는 것은 어니에게 중요하다. 그는 씩 웃으며 이렇게 말한다. "신앙은 좋은 거지요. 단 지나치지만 않는다면 말입니다." 어쨌든, 교회에 다니는 가정이 더 화목한 것 같고, 교인들과 사귀는 것이 더 편하다. 그는 교회에 꾸준히 출석하는 것을 교인의 중요한 의무라고 생각한다. 죄책감을 느끼는 것을 싫어한다. 기독교 방송국에서 일하기 때문에 교인들과의 인맥은 그가 담당하는 오후 토크 쇼에 광고를 유치하는 데에도 도움이 된다.

"순종?" 어니에게 '순종'이란 말은 1950년대 교회에나 어울리는 말이다. 부모 세대들이나 웅얼거렸던 고리타분한 표현일 뿐이다. 그는 순종이라는 말이 쓸데없이 지나치게 강조되는 말로 여겨진다. 사실은 목사들이 "더 많이 헌금하시오", "잠보앙가(Zamboanga, 필리핀 만다나오에 있는 마을)의 선교사가 되시오"라고 말할 때 암호처럼 사용하는 단어라고 여긴다. 어니는 '영적 민감성'과 같은 단어에 더 호감이 간다. 하나님은 합리적으로 판단할 수 있는 이성을 주셨으므로 십계명과 충돌하지 않는 이상 그 본성을 따라야 한다고 믿는다. 우선순위를 매긴다면 자신이 먼저이고 하나님은 그다음이다. 이 말을 오해하지 말라. 그는 정말로 하나님이 원하시는 것에 관심을 갖는다. 하지만 실제로 그는, 자신이 원하는 대로 행동할 뿐이다.

하나님과 셋째 의자. 케이트는 어린 시절 할머니에게서 배운 성경 이야기를 대부분 잊어버렸다. 하지만 하나님의 존재에 대해 강렬한 인상을 갖고 있다. 때로 오자크스(Ozarks, 미주리, 아칸소, 오클라호마 세 주에 걸쳐져 있는 산지)에서 캠핑을 할 때면 '어머니 지구(Mother Earth)'와 일체감을 느끼기도 한다. 달라이 라마와 스테판 제이 굴드(Stephen Jay Gould, 하버드 대학교 지질학, 고생물학 교수로서 유명한 진화론자)의 글에 한동안 관심을 가졌지만 최근에는 역사적 예수 연구에 흥미를 느낀다. 하지만 그녀에게 가장 중요한 의미를 갖는 것은 노숙자 무료 급식소에서 자원봉사하는 것이다.

하나님의 존재를 가까이서 느끼기 위해 케이트는 거대한 바다에 숨어 있는 미생물에 관심을 가지기도 한다. 드물지만 하나님이 자신에게 더 많은 것을 요구하신다는 내적 확신이 찾아올 때도 있다. 하지만 그녀는 몸을 사리며 그 속삭임을 거부한다. "하나님은 모든 만물에 깃들어 있고 어디에나 있다"는 자각만으로 위안을 삼는다. 이것으로 충분하다. 하나님은 중력과 같은 존재다. 중력은 우리가 우주로 떨어져 나가지 않게 붙잡아주는 힘이지만 구태여 깊이 생각해야 할 사유 대상은 아니다.

그녀는 언젠가 교회에서 아름다운 결혼식을 올릴 날을 꿈꾼다. 하지만 그녀에게 종교, 특히 기독교는 전 세계 사람들을 억압하는 구시대적 제도로 각인되어 있다. 그녀가 볼 때 텔레비전 부흥사들은 돈에 눈이 먼 장사꾼들이고, '예수 그리스도와의 인격적 관계' 운운하는 것은 돈을 갈취하기 위해 사용하는 구호에 지나지 않았다.

케이트는 패기 넘치고 똑똑한 전문직 여성이다. 그녀는 결정할 일이 있을 때 자신의 경력에 가장 유리한 것이 무엇인지를 판단 기준으로 삼는다.

내면의 자아와 대면하기 위해 명상과 심리학에 심취한 적도 있다. 그녀에게 가장 중요한 것은 하나님이 아니라 자신의 계몽된 자아이다. 그녀는 자신의 참된 자아를 더 깊이 이해하고 따를수록 자신의 운명에 더 많이 충실할 수 있다고 믿는다.

지금까지 살펴본 내용을 정리하면 다음과 같다.

세 의자와 하나님과의 관계			
	첫째 의자	둘째 의자	셋째 의자
특징	헌신	타협	대립
사례	줄리아	어니	케이트
하나님과의 친밀도	가까운 친구	아는 사이	개념적으로 의식하는 정도
하나님과의 관계	인격적 관계	책임 관계	한 종교의 신
우선순위	하나님이 먼저 나는 나중	내가 먼저 하나님은 나중	나밖에 모름

세 의자와 세상과의 관계

세상과 첫째 의자. 줄리아는 사람들을 사랑하지만 주위 세상에 종종 이질감을 느낀다. 자신이나 두 어린 자녀를 위해 결정을 내려야 할 때 성경을 의지해 인도하심을 받고자 한다. 그녀가 이렇게 하는 이유는 무엇인가? 자신에 대한 최선이 무엇인지 아시는 하나님의 지혜와 선하심, 그리고 그 일을 이루실 하나님의 능력에 대해 흔들림 없는 믿음이 있기 때문이다. 10년 전 그날 드디어 온갖 불신과 의심을 넘어 하나님께 자신의 꿈과 소망을 온전히 맡기는 영적 도약을 이루었다. 그리고 그날 이후, 어려운 선택을 내려야 할 상황이 되어도 별로 힘들거나 어렵지 않게 바른 결정을 내려왔다.

예를 들어 가정의 우선순위를 정하거나 어떤 영화를 보고 무슨 옷을 입을지, 이성과 어떻게 만나야 하며, 얼마나 저축하고 지출할 것인가 하는 문제의 가치를 판단할 때 줄리아는 하나님의 말씀을 꼼꼼하게 따져보고 결정을 내린다. 때로는 삶에 대한 하나님의 규범이 인기가 없고 힘들며, 심지어 고통스러운 대가를 요구하는 것처럼 보인다. 그러나 직접적인 실천으로 이 원리들을 시험해본 결과 그녀는 흔들림 없는 확신이라는 귀중한 보물을 얻었다. 그 가운데 하나가 하나님은 전적으로 신뢰할 만한 분이시라는 점이다. 줄리아에게 하나님의 계명은 인생에서 너무나 중요하다. 그래서 규칙적으로 성경을 공부하고 가족과 자신을 향한 하나님의 뜻에 귀 기울이는 시간이 너무나 즐겁고 행복하다.

현 시점에서 중요한 일은 자녀들을 위해 행복한 가정을 꾸리고, 자녀들이 하나님을 사랑하고 섬기는 사람들로 자라게 돕는 것이라고 생각한다. "아이를 키우는 것이 하나님이 제게 주신 소명이지요. 그것이 현재 하나님이 제게 원하시는 가장 중요한 일이랍니다"라고 그녀는 말한다. 얼마 되지 않는 자녀 양육비로 생활하다보니 부모님 소유의 작은 집에 살면서 짬을 내어 시간제 아르바이트를 한다. 아이들이 좀 더 자라면 직업 훈련도 받고 정식 직장을 구할 예정이다.

어떤 상황이든, 케이트는 하나님을 전적으로 신뢰한다. 자신의 필요를 채워주는 것은 직장이 아니라 하나님이시라는 굳은 믿음이 있다. 한번은 다음과 같은 말을 해서 예수님을 믿지 않는 아버지를 놀라게 한 적도 있다.

"제 일은 하나님의 부르심에 순종하는 거예요. 설령 그것이 당시에는 매우 힘든 일일지라도 말이에요." 어떤 일이든 그 직업이란 하나님이 자신을 통해 다른 사람들에게 다가가시려는 하나님의 또 다른 수단에 불과함을 알고 있기 때문에 그녀는 거기서 큰 만족감을 누린다.

세상과 둘째 의자. 얼핏 볼 때 어니와 줄리아는 삶의 방식을 선택할 때 세상적인 영향력에 대해 유사한 우려를 갖고 있는 듯하다. 어니는 도덕성과 가치의 핵심 쟁점에 대한 성경적인 가르침을 잘 알고 있다. 하지만 줄리아와 달리 그는 성경을 한 시대의 기록에 불과하다고 생각한다. 그는 성경을 그것이 기록될 당시 사회에나 맞는 문서라고 생각한다. 그는 친구들에게도 이렇게 말한다. "현대 사회에서 그리스도인답게 사는 법을 알고 싶다면 일반 상식의 차원에서 성경을 읽어야 해."

삶에서 중요한 가치에 대한 어니의 가치관은 대부분 부모에게서 물려받은 것이다. 기독교 방송국에서 일하는 덕분인지 그가 선택한 생활 방식도 대부분 피닉스(Phoenix) 기독교인 사회에서 무엇이 유행하는지에 따라 변한다. "모난 돌이 되지 말자"는 것이 어니의 신조이다. 최근 그의 라디오 방송 청취자들 중 새 신자들과 신앙이 그리 깊지 않은 그리스도인들의 비중이 훨씬 높아졌다. 그래서 그의 기독교적 가치관도 느슨해져서 좀 더 넓은 범위까지 포용하게 되었다. 그리스도인이라는 사실이 밝혀져도 옛날처럼 창피하거나 부담스럽지 않기 때문에 때로는 이런 상황이 자신에게 진보로 느껴지기도 한다. 이전에는 아주 불쾌하게 생각했던 영화들을 지금은 아내와 십대 자녀들과 함께 본다. 다행스러운 점은 아이들이 여전히 주일학교 예배에 잘 나가고 있다는 점이다.

어니는 자신의 일을 사랑한다. 지금의 일이 천직인 것 같다고 자랑스럽게 말한다. 그러나 그 일이 정말 하나님의 소명인가? 아니다. '소명'이란 선교사들에게나 해당되는 말이다. 자신의 일에서 전문가로서 성공하게 해달라는 그의 기도를 하나님이 들어주셨을 뿐이다. 그는 세일즈를 열심히 하고 방송 일에 전력을 다한다. 그에게 일은 가족들을 부양할 수 있는 도구일 뿐이다.

> 삶에서 중요한 가치에 대한 어니의 가치관은 대부분 부모에게서 물려받은 것이다.

세상과 셋째 의자. 세상에 대해 이질감을 느끼는가? 케이트는 이런 질문을 어떻게 이해해야 하는지 알 수 없다. "물 속에 있는 물고기가 물에 대해 거부감을 느끼는 게 정상인가?"라고 그녀는 반문한다. 사실 케이트에게 세상은 인색하기도 하고 위험한 곳이다. 하지만 세상에서 일어나는 사회적 변혁과 새로운 가능성들은 늘 그녀를 흥분시킨다. 그녀는 신기술을 익히고 경험하길 좋아한다. 그녀가 만족스러운 결정을 내리기 위해 사용하는 방법은 간단하다. 자신이 원하는 것과 사회가 제공하는 것을 잘 비교해보는 것이다. 그러면 자신에게 가장 이득이 되는 거래가 무엇인지 쉽게 분별할 수 있다.

케이트는 사회적 현안에 대해 자신의 생각이 분명하다. 낙태에 대해서는 반대하고, 동성간의 결혼은 찬성하며, 안락사에 대해서는 유보적인 입장이다. 그녀의 견해는 나름대로 합리적인 판단과 고심 끝에 나온 결론이다. 진리와 도덕성은 상대적인 개념이지만 정말 중요한 것은 누구나 자신의 견해를 가질 권리가 있다는 점이라고 그녀는 믿는다.

케이트에게 직장이란 돈과 야심과 지위와 개인적 성취의 승패가 갈라지는 전쟁터와 같다. 한 인간으로서 자신의 가치를 확인받을 수 있는 곳인 셈이다. 또한 관심사가 비슷한 이성을 만날 수 있는 최적의 장소이기도 하다. 케이트는 모든 면에서 성공하기를 원한다.

지금까지 세 사람에 대해 살펴본 내용을 다음과 같이 정리해볼 수 있다.

세 의자와 세상과의 관계			
	첫째 의자	둘째 의자	셋째 의자
특징	헌신	타협	대립
사례	줄리아	어니	케이트
가치의 기준	성경	다른 그리스도인	사회
판단 기준	성경적 확신	신념	자기 견해
직업에 대한 인식	하나님의 소명	하나님이 복 주신 생업	자신의 가치를 확인하는 곳

세 의자와 결혼 생활과 가정과의 관계

결혼 생활과 가정 그리고 첫째 의자. 남편과 이혼하고 줄리아는 스스로에 대한 자신감과 믿음이 심각하게 흔들렸다. 아이들을 잘 키울 수 있을지도 암담하게만 느껴졌다. 하지만 그녀는 그 모든 것을 딛고 일어섰다. 오히려 그 시절의 어려움 덕분에 정말 소중한 것이 무엇인지 분별하게 되었다. 친구들과 교인들의 도움도 큰 역할을 했다. 줄리아는 부모로서 자신에 대한 하나님의 뜻과 기대가 이혼 전과 조금도 달라지지 않았음을 깨달았다. 신앙이 있는 어머니로서 믿음으로 자녀를 양육하는 것이 그녀의 할 일이었다. 하나님은 그녀가 이렇게 하기 원하실 뿐 아니라, 성경적 원리를 지키면 하나님이 이 일을 이루실 것이라는 확신도 생겼다. 그녀가 출석하는 교회의 목사님은 "자매님의 가정이 아무리 깨지고 파괴되었다 해도 성경은 절대적으로 신뢰할 수 있는 해답을 제시하고 있습니다. 믿고 따르기만 하면 하나님이 자매님의 가정에 놀라운 일을 이루어주실 겁니다"라고 격려해주었다. 그녀는 두 자녀에게서 그들의 신앙이 성장해가는 모습을 본다.

남편은 자신을 배신했지만 줄리아는 '죽음이 우리를 갈라놓을 때까지 한 몸'이 되겠다는 결혼 서약을 충실히 지켰다. 그 당시 친구들은 그런 줄리아를 이해할 수 없다고 생각했다. 그러나 요즘 그녀는 죄책감과 두려움이 아니라 기쁨과 자유로움으로 풍요로운 인생을 구가하고 있다. 친구들에게도 "얘들아, 하나님의 방법은 확실해"라고 자신 있게 말할 수 있다. 그녀는 낙심과 외로움이 밀려올 때도 이 진리를 굳게 붙잡는다. 미래가 어떻게 될지 장담할 수 없지만 자신의 미래를 책임져주실 하나님이 그 신실하심대로 이루어주실 것이라고 믿는다.

언젠가 자신의 인생을 뒤돌아볼 때 그녀는 "나와 내 가족은 오직 여호와만 섬기기로 했다!"라고 고백할 수 있기를 소망한다. 그리고 자녀들이 믿음의 가정을 만들기 위해 쏟았던 엄마의 노력을 기억해주길 원한다. 자녀들을 위해 기도하던 엄마의 음성을 커서도 아이들이 잊지 않았으면 하고 바란다. 그녀는 어떤 실패와 일시적인 좌절이 있다 해도, 세상에서 하나님을 위한 사명을 감당하는 자녀들로 키우라는 하나님의 뜻을 반드시 이루겠다고 다짐하며 오늘도 최선을 다한다.

결혼 생활과 가정 그리고 둘째 의자. 어니는 자신의 결혼 생활과 자녀들에 대한 기대감이 높다. 무엇보다 아이들이나 부부 관계가 더 없이 좋고 원만하다. 양가 부모들과도 사이가 좋고, 십대를 위한 훌륭한 프로그램을 운영하는 교회도 있다. 재정적으로도 풍족하다. 십대인 아이들이 집에서 보내는 시간보다 믿지 않는 친구들과 어울리는 시간이 더 많다는 게 다소 우려스럽지만 학교 성적은 상위권을 유지한다. 사람들은 아이들이 착하고 예의 바르다고 칭찬을 아끼지 않는다. 물론 자녀들이 술이나 담배나 포르노에 전혀 손대지 않았다고 자신할 수는 없지만, 요즘 십대들에게 더 이상 무엇을 더 바라겠는가? 아이들이 대학에 갈 때까지 방황하지 않고 학업에 충실하면 바랄 게 없다.

어니의 결혼 생활도 원만해 보이기는 하다. 결혼하고 세월이 흐른 만큼 가슴 설레는 뜨거움은 없지만 부부 사이에 큰 문제는 없다. 아내와 그는 서로 훌륭한 파트너이다. 둘 사이에는 성공을 위한 무언의 계약 같은 것이 성립되어 있는 셈이다. 재정적으로 가정을 잘 관리하는 한 아내는 남편으로서 그를 존중하고 대우해준다. 그녀가 자신을 잘 가꾸는 한 아내에 대한 그의 애정도 변함없을 것이다. 남들이 보기에 그들은 훌륭한 크리스천 부부로서 손색이 없어 보인다.

어니는 다른 사람들이 그의 가정을 볼 때 "어니와 그의 가정은 하나님을 섬기려고 애쓰는 게 보여요"라고 말하길 기대한다. 그는 아이들이 방과 후에 아빠가 그들을 체육관에 데려다준 일이나 캠프에서 배운 신앙에 대한 교훈을 잊지 않기를 바란다. 하지만 그는 자신이 방송국에서 얼마나 많은 시간을 보내는지 아이들이 신경 쓰지 않기를 바란다. 교회 문을 들어설 때는 신앙인다운 모습을 보이지만 집에서는 기독교적 정체성을 거의 찾아볼 수 없다는 것도 아이들이 대수롭지 않게 지나쳐주길 바란다.

결혼 생활과 가정 그리고 셋째 의자. 케이트는 장래가 촉망되는 배우자감이 나타나면 결혼할 생각이다. 하지만 떳떳하게 내세울 만한 경력을 쌓은 후에야 결혼할 것이다. 현재 사귀는 남자 친구와는 서로에 대해 확실히 알기 위해 동거를 고려하고 있다. 서로의 관계가 긍정적이거나 편안하지 않으면 어떻게 할지 고민이다. 한 가지 확실한 것은 자신에게 도움이 되지 않는 관계라면 1분도 유지할 생각이 없다는 것이다.

그녀는 가정을 꾸리고 자녀도 키우고 싶다. 자녀들이 지적이고 사회적으로 앞서 나갈 수 있도록 키우는 방법에 대해서도 이미 계획이 서 있다. 모든 방면에서 '훌륭하며' 뛰어난 아이들로 키울 것이다. 하지만 대부분의 여성 잡지들이 제공하는 육아에 대한 조언은 시대에 따라 달라지는 경향이 있다는 것을 알기 때문에 세부적인 육아 방법에 대해서는 자신감이 없다.

케이트는 자녀들이 자신을 똑똑하고 독립적이며 주도적이고 사려 깊은 여성으로 또한 재미있는 사람으로 기억해주길 바란다. "엄마는 자신이 뭘 원하는지 아시는 분이세요. 그리고 바로 그것을 위해 노력하셨지요." 어떤 부모든 그런 모습은 자녀에게 훌륭한 유산이 될 것이다.

세 의자를 대표하는 줄리아와 어니와 케이트의 삶의 모습을 다음과 같이 요약해볼 수 있다.

세 의자와 결혼 생활 및 가정과의 관계			
	첫째 의자	둘째 의자	셋째 의자
특징	헌신	타협	대립
사례	줄리아	어니	케이트
결혼에 대한 태도	무조건적인 언약	조건적인 계약	합법적인 편의

자녀 양육의 태도	성경의 가르침을 적용한다. 확신에 차 있다.	성경의 가르침에 영향을 받는다. 기대를 갖는다.	자신의 방법을 고수한다. 혼란에 빠진다.
양육의 목표	경건한 자녀 양육	착하고 신앙 생활을 유지하는 자녀	착하고 성공적인 자녀

지금까지 믿음의 의자에 앉은 세 사람에 대해 자세히 살펴보았다. 각각의 의자는 개인의 영적 상태나 하나님께 대한 반응의 수준을 나타낸다. 이것을 바탕으로 각각의 영적 상태의 결과들이 삶의 핵심적인 관계인 하나님과의 관계, 세상과의 관계, 결혼 생활 및 가족과의 관계에서 어떻게 드러나는지 살펴보았다.

이제 당신도 세 의자에 앉은 사람들의 차이가 단순히 정도의 차이가 아니라는 사실을 알았을 것이다. 예를 들면 가령, 줄리아는 어니보다 25퍼센트 더 훌륭한 사람이라는 식으로 말할 수 없다는 것이다. 의자들이 보여주는 것은 다양한 가치관의 차이가 아니라 근본적인 차이의 문제다. 그들의 삶과 선택은 결코 같은 결과를 내지 않는다. 하나님과 가치, 직업, 개인적 관계들을 바라보는 방식에 따라 그들의 삶은 마치 다른 행성에 사는 사람들처럼 달라지기 때문이다.

한 의자에서 다른 의자로 옮겨가기 위해서는 좀 더 근본적이고 철저한 영적 변화가 수반되지 않으면 불가능하다.

어니가 성경을 더 많이 읽고, 십대 자녀들을 더 설득하고자 애쓰며, 더 열심히 교회를 다닐 수는 있다. 그러나 그가 자기 중심적이고, 반항적이며, 타협하는 태도를 근본적으로 버리지 않는다면 아무 변화도 일어나지 않을 것이다.

케이트가 남은 인생 동안 명상을 즐기고, 무료 급식소에서 봉사하며, 종교에 대해 논쟁할 수는 있다. 하지만 존재의 핵심적인 부분에서 영적 도약이 일어나지 않는다면 아무 변화도 일어나지 않을 것이다.

앞으로 줄리아는 하나님과 더 깊고 풍성한 관계를 향해 꾸준히 성장하며 인생에 대한 그의 놀라운 소명을 더 깊이 이해하게 될 것이다. 그리고 그 이유가 무엇인지 당신도 이제 알게 되었을 것이다.

> 세 의자에 앉은 사람들의 차이가 단순히 정도의 차이가 아니라는 사실을 알았을 것이다.

놀라운 발견

세 의자의 원리가 우리에게 얼마나 큰 희망을 주며 동시에 얼마나 고통스러운 통찰을 주는가에 대해서는 제일 마지막에 다루기로 하겠다. 이제 우리는 헌신의 정도를 상징하는 의자 그림을 이용해 인생의 선택들이 어떤 결과로 나타나는지 이해하게 되었다. 이처럼 각각의 의자는 우리의 영적 상태를 스냅 사진처럼 바로 확인할 수 있게 해준다. 이때 세 의자의 원리는 영적 상태를 확인하는 진단 수단의 하나로 사용되는 것이다.

하지만 이 의자 원리는 행동 변화의 모델로도 활용할 수 있다. 다시 말해 이 원리를 통해 한 가정에 여러 세대에 걸쳐 일어나는 일들을 설명할 수 있다는 말이다. 세 의자의 원리를 통해 우리의 부모가 우리에게 어떤 영향을 끼쳤는지 이해할 수 있고, 하나님에 대한 우리의 헌신, 또는 헌신의 부족이 다음 세대와 그 다음 세대에 어떤 영향을 끼칠지 예측할 수 있다.

한 세대의 일원으로서 어느 의자에 앉았는지 우리 위치를 확인해보면, 그 진단 결과에 따라 장기적인 결과도 예측할 수 있다. 그리고 영적 도약에 대한 우리의 동기도 완전히 새로운 차원의 긴박성을 띠게 된다.

세대에 따라 의자들이 어떻게 달라지는지는 성경에서 찾아볼 수 있다. 나는 여호수아와 여호수아 이후 두 세대에 대한 성경의 기록을 읽으면서 이런 경향을 가장 먼저 발견할 수 있었다. 하지만 이후 발견한 놀라운 사실은 아브라함과 아들 이삭, 손자 야곱의 이야기에서도 같은 양상이 나타난다는 것이다. 다윗과 그의 아들 솔로몬, 손자 르호보암의 이야기도 똑같은 경향을 보여준다.

이 세 가지의 다른 사례들이 세 세대간에 걸쳐 하나의 경향을 보여준다는 것인데, 그것을 정리한 내용은 다음과 같다.

각 세대와 믿음의 의자와의 관계		
첫째 의자	둘째 의자	셋째 의자
헌신	타협	대립
여호수아	장로들	장로들의 자녀들
아브라함	아들 이삭	손자 야곱
다윗	아들 솔로몬	손자 르호보암

아마 이런 양상이 우리가 살펴본 세 의자의 모습과 같다는 것을 눈치챘을 것이다. 사실 나는 처음에 그 점을 알지 못했다.

이들은 세대가 흐를수록 믿음이 퇴보하는 양상을 보여주고 있다. 첫째 의자에서 둘째 의자, 그리고 셋째 의자로 갈수록 퇴보하는 경향이 심하고 더 실망스럽다. 그 이동도 한 방향으로만 일어난다. 즉, 첫째 의자의 삶에서 더욱 멀어지고 있다. 이들에 대한 성경 이야기를 기억하고 있다면 이들의 삶이 어떠했는지 대략 알고 있으리라 생각된다.

- 여호수아, 아브라함, 다윗은 첫째 의자의 삶을 살았다. 이들은 하나님을 인격적으로 알았고 삶 속에서 그의 능력을 체험했다. 하나님을 사랑하고 섬기며 이러한 헌신을 통해 얻는 놀라운 축복을 직접 경험했다.
- 그들의 자녀들인 장로들, 이삭, 솔로몬은 부모 세대와는 완전히 다른 특징을 공통적으로 보여준다. 그들은 하나님이 자신의 부모들에게 하신 일을 알았고 또한 그분의 진리에 반응했다. 하지만 그들의 영적 생활을 특징 짓는 단어는 헌신이 아니라 타협이다. 2세대는 둘째 의자에 앉아 그 자리를 떠나지 않는다.
- 그 다음 세대, 즉 사사들과 야곱과 르호보암으로 대표되는 3세대에 이르자 그들의 영적 지표는 대부분 셋째 의자로 이동했다. 그들은 세부적인 상황은 다르지만 전체적으로는 자기 중심적인 결정과 하나님께 대립하는 모습을 보여준다. 그들이 부모로부터 물려받은 유산은 경건으로 이끌 능력을 완전히 상실한 이차적인 뉴스일 뿐이다.

세대가 흐를수록 심화되는 퇴보		
1세대	2세대	3세대
첫째 의자	둘째 의자	셋째 의자

하나님을 안다	하나님에 대해 안다	하나님을 모른다
직접적인 믿음	간접적인 믿음	믿음이 없다
'이적'을 경험했다	'이적'을 보았다	'이적'을 믿지 않는다
성경에 순종한다	성경을 존중한다	성경을 소유한다

하나의 역사적 패턴으로 보기에 이 정보는 충격적일 뿐만 아니라 믿기 어려울 정도이다. 가나안 정복 시대를 살았던 유대인들이 둘째 의자의 삶으로 퇴보했다는 말인가? '하나님의 마음에 합한' 다윗이 솔로몬을 타협자요 믿음의 타협자로 키웠다는 말인가? 구약에서 가장 위대한 믿음의 영웅인 아브라함의 손자 야곱이 인생의 대부분을 하나님을 대적하며 보냈다는 말인가?

불행하게도 이것은 사실이다. 하나님을 추구하는 선한 부모라고 해서 경건한 자녀를 키우라는 하나님의 명령을 저절로 달성할 수 있는 것은 아니다. 하나님과의 관계와 결혼 생활은 첫째 의자에 앉아 있지만 자녀 양육에는 많은 노력에도 불구하고 영적으로 실망스러운 결과를 내는 사람들을 많이 보아왔다.

25년 동안 이것을 가르치면서 나는 몇 가지 놀라운 결론에 도달하게 되었다. 첫째 의자 부모의 자녀들은 그리스도를 자발적으로 신뢰하며 영생을 받아들이는 경우가 압도적으로 많다는 것이다. 반면에 둘째 의자와 셋째 의자 부모의 자녀들은 절대적 다수가 예수 그리스도를 개인의 구주로 받아들이기를 거부하는 것을 확인할 수 있었다.

이런 증거를 보고 지레 겁먹지 말라. 오히려 삶의 모든 영역을 하나님이 주장하시도록 발걸음을 내딛는 계기로 삼기를 바란다. 이제 당신은 자신이 어떤 의자를 선택하느냐에 따라 당신의 인생뿐만 아니라 다음 세대의 운명까지 결정된다는 것을 알았을 것이다.

지금 당신이 앉은 자리가 둘째 의자라고 해도 낙심하지 말라. 첫째 의자로 이동하고 또 그 곳에 계속 앉아 있도록 하는 도약의 기회는 지금도 열려 있다. 당신의 가족 모두 이런 도약을 경험할 수 있다. 어떻게 하면 첫째 의자의 부모가 되고 경건한 자녀를 양육할 수 있는지에 대해서는 나중에 자세히 살펴보겠다.

어떤 의자에 앉을지 선택하라

지금 당신이 앉은 의자는 어떤가? 그 자리가 마음에 드는가? 당신의 선택에 대해 만족하는가? 무엇보다 그 의자에서 남은 평생을 보내고 싶은가?

영적 도약을 이루고자 하는 선택은 각자의 몫이다.

나는 이 메시지를 휴스턴에서 전했는데 강연이 끝난 후, 주차장에서 차를 빼던 나를 한 중년 여성과 열다섯 살 된 아들이 불러세웠다. 그녀는 울고 있는 것 같았다. 그녀는 내게 할 말이 있다며 자신의 지난 삶을 고백하기 시작했다. 그녀는 힘들게 살았고 하나님을 떠난 적도 있다고 말했다. 그러나 그녀는 달라졌고 변했다.

"강연이 끝난 후 저는 아들에게 어려운 질문을 했습니다. '아들아, 너는 엄마가 어느 의자에 앉아 있다고 생각하니?' 아들이 무슨 대답을 할지 궁금해하며 기다리는 동안 저는 숨이 멎을 것 같았어요. 그러나 아들이 불쑥 '엄마, 엄마는 분명히 첫째 의자에 앉아 있어요. 엄마가 하나님을 사랑한다는 건 분명해요'라고 말해주었을 때 얼마나 안도했는지 모릅니다." 그녀의 얼굴에는 과거의 실패나 습관에 얽매어 좌절하지 않고 믿음의 싸움에서 승리한 사람의 미소가 가득 번졌다.

나는 아들에게 어느 의자에 앉아 있는지 물어보았다. 그는 어머니를 쳐다보며 잠시 생각하더니 이렇게 대답했다. "어릴 때는 엄마 무릎에 아무 생각 없이 앉아 있었어요. 하지만 2년 전에 저는 큰 어려움을 겪었죠. 그 일로 하나님을 진정으로 알게 되었고 저 자신을 그분께 드렸어요. 지금은 엄마 바로 옆에 나란히 앉아 있다고 생각해요. 엄마와 저는 둘 다 정말 신나는 자리에 앉아 있는 거죠!"

하나님은 당신과 당신 자녀들의 삶에 극적이며 영속적인 변화가 나타나기를 원하신다. 세 의자는 놀라운 비밀을 가지고 있다. 하나님은 모든 신령한 능력으로 당신과 당신 가족이 성숙과 축복의 길로 전진하게 하는 하늘의 모든 영적 권세와 능력을 예비하고 계신다는 것이다. 지금 당신의 영적 상태가 어떠하든, 하나님은 당신에게 최선의 것을 주기 위해 일하실 것이다.

당신이 지금 둘째 의자에 앉아 있는 것은 아닌지 의심이 가는가? 또는 그런 상태에 있다고 확신하는가? 그렇다면 당신은 영적으로 2류 인생을 살 수밖에 없는 자신의 운명을 한탄할지 모른다. 영적인 도약을 체험할 수 없는 이유가 무엇인지 전혀 이해가 되지 않을 수도 있다. 다음 장에서는 내가 아는 사람들 중에서 정말 멋지고 '지혜롭지만' 하나님의 놀라운 축복을 경험하지 못하는 사례에 대해 소개하고 그 이유를 살펴볼 것이다.

3
가운데 사람이 겪는 고통

둘째 의자의 삶 자세히 들여다보기

대규모 기독교 집회가 열리고 있었다. 나는 룸메이트를 놓치지 않으려고 북적거리는 사람들 틈을 비집고 다녔다. 그 친구의 이름을 빌이라고 부르겠다. 세미나가 한꺼번에 끝나서인지 중앙 로비는 명단을 확인하고 다음 강의 시간에 맞추어 들어가려는 사람들로 북새통을 이루었다. 갑자기 빌이 로비 건너편에서 익숙한 얼굴을 발견하고는 따라오던 나를 남겨둔 채 그쪽으로 달려갔다.

간신히 빌을 따라잡았을 때 그는 친구와 이미 안부 인사를 나눈 후였다. 반갑게 인사를 나누었지만 두 사람 사이에는 어색한 침묵이 감돌았다. 주변의 떠들썩한 소리와는 대조적으로 두 사람은 뻣뻣한 표정으로 서로를 바라보고 있을 뿐이었다.

"브루스, 이쪽은 월리네. 같은 사무실에서 바로 내 옆자리에 근무하는 동료라네"라고 빌이 그를 소개했다.

"그래? 멋지군." 나는 월리와 악수를 나누며 말했다. 그리고 대화를 나누어보려다가 그만두었다. 두 사람은 무엇 때문인지 서로 충격을 받은 듯했다. 아마 사무실에서 서로 좋지 않은 일이 있었는지도 모른다.

마침내 빌이 입을 열었다. "월리, 자네를 여기서 만날 거라고는 생각도 못했어." 그리고 다시 어색한 침묵이 흘렀다. "내 말은 자네가 크리스천인 줄 몰랐다는 거야. 자네는 크리스천이 아닌 걸로 아는데, 그렇지 않나?"

"난 크리스천이야. 그런데 자네는?"

"물론 나도 크리스천이지. 믿은 지 30년이나 되었는 걸." 빌이 당혹스러운 표정으로 대답했다. 그러고나서 두 사람은 약속이라도 한 듯 큰 소리로 웃으며 마치 오래된 이산 가족을 만난 듯이 서로를 껴안았다.

다음 세미나를 들으러 가는 길에 빌은 오래도록 잊지 못할 말을 했다. "도저히 믿기지가 않아. 월리와 일한 지 20년이나 되었는데 오늘에서야 그가 크리스천이라는 걸 알았다니! 우리는 둘 다 잠복근무 중이었나봐." 빌은 이렇게 말하고는 겸연쩍은 듯 크게 웃었다.

그날 하루 종일 두 사람의 대화가 머리 속을 떠나지 않았다. 대화 내용을 생각할수록 더 슬퍼졌다. 두 사람의 당황하던 모습과 어색한 침묵이 계속 생각났다. 빌과 월리도 방금 일어난 일이 어딘가 크게 잘못된 것임을 마음 한구석에 느꼈을 것이다.

다음 네 가지 질문에 '예' 또는 '아니오'로 대답해보라. 이것을 '빌과 월리의 퀴즈'라고 하자.

- 국가의 공식 대사(大使)가 신분을 숨긴다는 말을 들어본 적이 있는가?
- 색깔이 없는 무지개를 본 적이 있는가?
- 현재 누리고 있는 지위가 모두 부친의 지위와 재산과 권력 때문임에도 불구하고, 한 공간에 사는 두 왕자가 왕인 부친에 대해 단 한 번도 거론하지 않는 경우를 상상할 수 있는가?
- '모든 것을 다 가진' 부자가 누더기를 걸치고 구걸하며 살 수 있는가?

당신은 어떻게 답했는가? 첫 세 질문은 '아니요'라고 대답했을 것이다. '신분을 숨기는 대사'와 '색깔이 없는 무지개'는 서로 모순되는 말이다. 한 궁전에 사는 두 왕자가 왕인 부친에 대해 한 번도 언급하지 않는 경우는 어떤가? 이 역시 거의 있을 수 없는 일이다.

그렇다면 네 번째 질문은 어떤가? 부자가 누더기를 걸치고 구걸하며 살 수 있는가? 정답을 들으면 놀라기도 하고 슬프기도 할 것이다. 정답은 이렇다. "예, 사실 이런 일은 항상 일어나고 있습니다!"

이번 장에서는 둘째 의자의 삶을 사는 그리스도인들에 대해 더 구체적으로 살펴보고자 한다. 나는 이들을 잘 안다. 나도 한때 그들 중 하나였기 때문이다. 둘째 의자 그리스도인들은 나쁜 사람들이 아니다. 하나님의 블랙 리스트에 올라 있는 사람들도 아니다. 사실, 이들은 빌과 윌리처럼 열심을 갖고 집회와 세미나에 참석한다. 교회에 다닌 지 수십 년이 된 사람도 있다. 같은 사무실에서 말쑥하게 차려입고 일을 하고 있는 당신의 동료가 그 가운데 한 사람일 수도 있다.

그러나 외관상으로 아무리 성공적인 사람으로 보일지라도 결국 둘째 의자에 앉아 있는 그리스도인은 전형적인 실패작에 지나지 않는다. 시간만 낭비한 셈이다. 얼핏 보아 그들은 시샘이 날 정도로 성공적이고 남부러울 것이 없어 보인다. 하지만 그들의 내면을 들여다보면 온갖 의심과 불만에 싸여 있다.

둘째 의자에 앉아 있는 그리스도인에 대해 다룬 이 장의 제목을 '가운데 사람이 겪는 고통'이라고 붙인 이유가 이 때문이다. 둘째 의자는 고통스러운 자리이다. 둘째 의자의 그리스도인은 무절제하고 죄 때문에 마음이 완고해진 이방인은 아니지만, 그렇다고 죄로부터 자유한 그리스도인이라 할 수도 없다. 그들은 스스로 중간 지대(회색 지대)에 갇혀 있기를 선택했다. 전심으로 하나님을 따르는 기쁨을 비즈니스에서 사용하는 '지혜'와 맞바꾸었다. 그래서 결국 자신도 모르게 왕의 후계자이지만 거지처럼 살다가 끝나버리는 처지로 전락한 것이다.

> 외관상으로 아무리 성공적인 사람으로 보일지라도 결국 둘째 의자에 앉아 있는 그리스도인은 전형적인 실패작에 지나지 않는다.

장담하건대, 빌과 윌리는 애초에 첫째 의자의 그리스도인이 아니었다. 이런 판단을 내리는 타당한 근거가 있는가? 그들이 정말 첫째 의자에 앉은 그리스도인이었다면 매일의 삶 속에서 하나님을 믿는 삶이 우선순위였을 것이다. 그들의 가치관과 확신, 간증, 기도, 열정, 우선순위가 직장 곳곳에서 자연스럽게 그대로 표현되었을 것이다. "잠복근무였다고?" 이것은 하나님을 모시는 기쁨이 넘치는 헌신된 그리스도인은 물론이고, 내성적이고 수줍음이 많은 그리스도인에게도 절대로 해당되지 않는 말이다.

둘째 의자의 삶을 서술하는 데 슬픔이나 고통과 같은 단어를 왜 들먹이는지 여전히 궁금한 사람들도 있을 것이다. 그런 삶은 자신뿐만 아니라 하나님의 일에도 심각한 타격을 준다. 대다수가 둘째 의자의 삶에서 생을 마치기 때문이다. 오늘날 교회 출석 중인 교인들 가운데도 바로 이 둘째 의자의 삶을 사는 사람들이 많을 것이다.

구속받은 하나님의 자녀가 그분이 자녀들에게 약속해주신, 기쁨으로 충만하고 풍성하며 승리하는 삶을 살지 못하는 이유는 무엇인가? 혹시 당신도 그런 사람은 아닌가? 그렇다면 어떻게 해서 그런 지경에 이르렀다고 생각하는가?

이 중간 지대에 속한 사람들에 대해 더 자세히 살펴보기로 하자.

서랍장

앞장에서 우리는 매력적이지만 둘째 의자라는 잘못된 삶을 선택한 어니를 소개하면서 다음과 같은 단어들을 사용했다.

- 구원받았다.
- 타협적이다.
- 자기 중심적이다.
- 쉽게 죄를 짓는다.

- 교회 활동과 본질적인 신앙 체험을 혼동하는 경향이 있다.
- 내면적인 삶과 외형적인 삶이 일치하지 않는다.
- 비그리스도인과 생활 방식이 다를 게 없다.

여기에 한 가지를 더 추가하고 싶다.

- 삶의 영역을 따로 구획한다.

문화적으로 우리는 삶을 서랍장처럼 바라보는 경향이 있다. 그 서랍장에는 서로 다른 관심이나 가치관이나 오락거리들이 담긴 서랍이 따로 있는 것처럼 생각한다. 직장 일의 용도로 쓰이는 공간, 레크리에이션의 용도로 쓰이는 공간, 주유소에서 '진짜 자신'을 두는 용도로 쓰이는 공간, 동창회나 학부모 모임에서 '진짜 모습'을 숨기는 용도로 쓰이는 공간 등 용도가 다 따로 있다. 교회용 간편한 서랍들도 몇 개 갖고 있다. 목사님과 함께 있을 때 연출하는 모습이 다르고, 예배 후 주차장에 서 있을 때 드러내는 모습이 다르다. 각 서랍마다 그 용도에 맞게 가치관과 사용하는 언어를 넣어 깔끔하게 보관한다.

바로 이런 의미에서 '**구획한다**'라는 표현을 쓴 것이다. 전체 삶을 유기적으로 통합된 것으로 생각하지 않고, 각각 나눠서 겹치지 않도록 분리한다는 말이다.

둘째 의자의 삶을 사는 사람들은 효율적인 삶의 관리가 가능하도록 항상 서랍들을 사용한다. 이것은 놀라운 일이 아니다. 타협적이고 자기 중심적이며 표리부동한 태도에서 이미 그들의 인생을 움직이는 원리들이 무엇인지 드러나 있기 때문이다. 그들은 새로운 상황을 대면할 때마다 완벽한 효용성과 안전성을 보장해줄 서랍을 새로 추가하는 경향이 있다. 일관되고 통합적인 인격을 유지하는 것이 아니라 마치 배우처럼 각 상황에 맞는 인격을 만들어 연출하는 것이다.

물론 사람들은 상황에 따라 어느 정도 다른 모습을 보이기도 하고 재능과 관심사가 변하기도 한다. 하지만 내가 지적하는 것은 한 개인의 다양한 면모나 성인(成人)이라면 감당할 수밖에 없는 역할과 책임에 따른 처신을 두고 하는 말이 아니다. 좋든 나쁘든 모든 상황에서 자신의 본연의 모습이 일관되지 못하고 언제든지 돌변하는 모습을 지적하는 것이다.

융통성은 있으되 어디에도 얽매이고 싶지 않고, 심지어 익명의 인간으로 살고 싶다면 '구획 나누기'가 상당히 효과가 있을 것이다. 두려움 속에 살고 있다면 그것은 더없이 편리하다. 하나님이 창조하신 진정한 자기 자신이 존재한다는 소망을 모두 잃어버렸다면 '구획 나누기'가 안성맞춤처럼 적합할 것이다.

그러나 당신을 위해 하나님이 예비해주신 최고의 것들을 모두 누리고 싶다면 '구획 나누기'는 돌파와 도약의 청사진이 아니라 몰락의 청사진이다. 이중적이거나 여러 모습의 생활에 길든 나머지, 나중에는 진정으로 자신이 하나님과 긴밀한 관계를 원하는지조차도 확신하지 못하는 혼돈에 빠질 수 있기 때문이다. 교회용 인격과 골프장용 인격이 하나님의 영광에 대해 서로 의견이 충돌한다면 어떤 일이 생기겠는가?

21세기에 사는 우리는 상황에 맞게 가면을 바꾸며 사는 데 익숙하다. 한번 생각해보자. 우리는 이웃에 누가 살고 있는지 잘 알지 못한다. 동네 교회가 아닌 수 킬로미터나 떨어진 교회에 출석하고, 때로는 거의 익명의 그리스도인으로 교회를 드나든다. 일하는 사람이나 기도하고 어울려 노는 대상이 다 다르다. 이처럼 자신을 위장할 수 있는 소소한 기회는 거의 무한하다. 다른 상황에서는 어떤 모습인지 서로 모르기 때문에 상황마다 다른 자신을 연출할 수 있다.

어느 한 역할의 성공은 그의 다른 모습들과는 전혀 무관하다는 것이 사회의 통념이다. 미국의 목사들은 거듭된 이혼에도 불구하고 설교를 잘한다는 이유로 목회를 계속할 수 있다. 정치가들은 도덕성에 큰 문제가 있음에도 불구하고 시민들의 지지율을 그대로 유지할 수 있다. 경제 안정을 추구하는 심리나 정당을 따르는 유권자들의 투표 성향 때문이다.

그러나 하나님은 우리를 보실 때 상황에 따른 역할이나 각 역할에 대한 성공적인 수행 능력으로 판단하지 않으신다고 분명히 선언하셨다. 그분은 우리의 전인(全人)을 보신다. 아무도 보지 않는 곳에 있을 때의 모습과 사람들이 다 보고 있을 때의 모습이 한결같아야 한다. 그분은 자신의 백성들이 온전하고 정직하게 살기를 요구하신다.

우리가 삶을 전체적으로 다루고 삶의 모든 영역을 첫째 의자로 이끄는 데 집중하는 것도 이 때문이다. 그리스도인은 상황에 맞게 자신을 연출하며 안일하게 살아서는 안 된다. 그리고 이런 생활 방식은 실패할 수밖에 없다. 이것은 위선의 모래 위에 세워진 지혜일 뿐이다. 둘째 의자의 인간은 모두 성공의 탄탄대로를 달릴 것처럼 출발하지만(하나님의 계시된 뜻에도 아랑곳하지 않고), 결국 처절한 개인적 실패로 끝나고 만다는 것을 조만간 깨달을 것이다. 거짓이 늘수록 인간 관계는 비틀거리기 시작한다. 꿈은 산산조각이 난다. 영혼은 시들고 결국 패배를 인정하고 파산한다.

나의 개인적인 경험으로 볼 때 세상에서 가장 불행하고, 절망적이며, 심각한 스트레스와 환멸감에 시달리는 사람들은 일반적인 예상과 달리 비그리스도인들이 아니다. 오히려 그리스도를 알지만 수년 또는 심지어 수십 년 동안 하나님과 그분의 인도하심을 거부하는 둘째 의자의 사람들이다.

그들이 이러한 고통을 겪는 이유가 무엇인가? 타협한 그리스도인이 하나님에게서 멀어져 죄와 거래할 때 성령님이 그들을 돌이키게 하시려고 죄를 깨닫게 하시고 그들을 징계하시기 때문이다. 성령님이 그들을 포기하시지 않는 이유는 그들이 구원받는 순간 하나님의 영원한 보살핌에 자신을 맡겨드렸기 때문이다. 그런데 그들이 인생의 일부만 하나님의 뜻대로 살겠다고 한다면(다시 말해서 모든 '서랍'이 그분의 뜻과 인도하심을 받아들이도록 하지 않는다면) 그들을 기다리는 것은 좌절과 실패뿐이다. 하나님은 우리를 한 뜻과 한 마음과 한 영혼을 가진 존재로 지으셨다. 우리를 파괴시켜 무력하게 만드는 것은 사탄의 거짓말이다.

> 세상에서 가장 불행하고, 절망적이며, 심각한 스트레스와 환멸감에 시달리는 사람들은 일반적인 예상과 달리 비그리스도인들이 아니다.

당신을 파편화된 생활 방식으로 몰고 가는 것은 무엇인가? 무엇보다도 그것은 하나님이 주신 모든 기회와 은사를 오직 이기적인 목적으로만 사용하고자 하는 뿌리 깊은 집착이다. 당신이 둘째 의자에 앉아 있을 때 가장 큰 이익을 얻으려면 서로 다른 역할을 한꺼번에 수행해야만 가능하다. 둘째 의자의 그리스도인들에게 다음과 같은 간단한 질문을 해보면 이런 경향은 분명해진다.

"나는 누구를, 무엇을 가장 사랑하는가?"

자기 자신이 둘째 의자의 삶에 매여 있는지 확인하고 싶다면 스스로에게 자신의 본심을 확실히 알 수 있는 질문을 해보아야 한다. "내가 가장 사랑하는 대상과 사람은 누구인가?" 여기서 사랑이란 단순히 누군가에 대한 로맨틱한 감정이 아니라 뜨거운 열심과 일상적인 동기, 일관된 관심사와 우선순위를 의미한다.

이 질문은 겉으로는 단순해 보인다. 그러나 어떤 대답을 하느냐에 따라 비슷해 보이는 듯한 그리스도인들이 둘로 완전히 나뉜다. 예를 들어 양쪽 모두 하나님을 따르고 섬긴다고 고백한다. 그러나 이 차이는 그랜드 캐니언의 갈라진 틈처럼 질적으로 다르다.

당신을 앞으로 나아가게 하는 사랑의 대상은 무엇인가? 지난 한 달, 또는 일주일 동안에 했던 일을 돌아보라. 당신은 무엇을 이루고자 노력했는가? 무엇을 꿈꾸었는가? 친구들은 당신에 대해 무엇이라 평가하는가? 인생에 대해 현재 무엇을 투자하고 있는가? 당신이 반사적으로 하는 대답을 그대로 믿지 말라. 선한 의도였다는 자신의 핑계를 그대로 믿지 말라. 사실을 직시하라.

어떤 의자에 앉았느냐에 따라 이 질문에 대한 그리스도인들의 대답도 달라진다. 첫째 의자의 그리스도인들은 주변 사람들을 사랑하고 다른 사람들에게 가장 관심이 많다. 하지만 둘째 의자의 그리스도인들은 사람 외의 대상을 사랑하고 그 대상에게 가장 관심이 많다.

사람을 사랑하는 사람

정말 그렇다. 첫째 의자의 그리스도인들과 함께 있으면 사람들을 배려하고 사랑하는 마음을 확연히 느낄 수 있다. 내향적이든, 외향적이든, 조용하든, 활달하든, 유머 감각이 있든, 진지하든 간에 이들은 항상 다른 사람의 필요를 돌볼 방법을 찾기 위해 애를 쓴다. 다른 사람들을 자신의 가정에 초청하고 어디서나 도움이 필요한 사람이 있으면 외면하지 않는다. 이웃을 섬기고 돕는 것이 삶의 중요한 일이다.

초대 교회는 그리스도의 이름을 자신들의 정체성의 지표로 삼는 순간 이 우선순위를 이해했다. 함께 모일 때 모든 것을 공유했다(행 2:44-47). 필요하다면 자신들의 소유를 팔아 서로를 돌보았다. 어려움을 겪는 교회가 있으면 아낌없이 도움을 베풀었고, 복음을 전하는 바울과 다른 복음 전도자들을 이해타산을 따지지 않고 지원했다. 자신들의 필요를 돌보기보다 남을 먼저 생각했다. 그런 과정에서 그들의 필요는 또 다른 사람들에 의해 채워졌다. 그들은 서로를 깊이 사랑했다. 이것은 달콤하고 아름다운 향기처럼 퍼져 다른 사람들을 사랑의 가정으로 이끌었다(고후 2:14-16). 서로를 겸손히 섬기며 자발적으로 돌아보는 그들의 모습은 외부인들마저 감동을 받고 사랑의 하나님을 알게 만들었다.

우리는 하나님께 헌신할 때 그분이 헌신하신 일에 헌신하게 된다. 첫째 의자의 그리스도인들이 다른 사람들을 사랑하고 섬기는 데 우선순위를 두는 이유가 이 때문이다.

하나님이 에덴 동산을 찾으신 목적이 최상품인 포도나무를 돌보시기 위해서였는가? 느릅나무 그늘에서 산책하기 위해서였는가? 둘 다 아니었다.

그분의 자녀들인 아담과 하와를 돌보시고, 그들과 함께 산책하며 대화하는 기쁨을 나누시기 위해서였다.

그리스도가 오신 목적도 마찬가지이다. 그분은 사업의 거래를 성사시키고, 공공 건물을 세우며, 퇴직금을 늘리고, 걸작 문학 작품을 쓰거나, 학교에서 위원장이 되려고 세상에 오신 것이 아니었다. 그분은 잃어버린 사람들(자신의 형상으로 만든 경이로운 존재)을 구원하려 오셨다. 그래서 그분과 우리가 영원한 관계를 누릴 수 있게 하기 위해 오셨다.

그런 헌신이 그분에게 얼마나 중요한 의미였는가? 아마 우리 대부분은 다음의 성경 구절을 어릴 때부터 들어 알고 있을 것이다.

> "하나님이 세상을 이처럼 사랑하사 독생자를 주셨으니 이는 그를 믿는 자마다 멸망하지 않고 영생을 얻게 하려 하심이라 하나님이 그 아들을 세상에 보내신 것은 세상을 심판하려 하심이 아니요 그로 말미암아 세상이 구원을 받게 하려 하심이라"(요 3:16-17).

예수님은 세상에 오신 목적을 말씀하시면서 "인자가 온 것은 섬김을 받으려 함이 아니라 도리어 섬기려 하고 자기 목숨을 많은 사람의 대속물로 주려 함이니라"(막 10:45)고 말씀하셨다. 그분은 아무리 누추하고 보잘것없는 사람들이 찾아와도 늘 그들을 위해 시간을 내셨다. 복음서를 보면 예수님은 언제나 모든 인종, 모든 부류의 사람들을 먼저 돌보시고 사랑하셨음을 확인할 수 있다. 그분은 인종을 가리지 않으셨고, 빈부귀천을 따지지 않으셨으며, 천대받는 사람이든 어린아이나 여성이든 온몸이 짓무른 나병환자든 따지지 않으셨다.

우리는 아이들에게 "예수님은 어린아이를 사랑하신다네, 온 세상의 아이들을 모두 사랑하신다네"라는 노래를 가르친다. 그러나 아이들에게는 황금처럼 빛나는 이 교훈을 가르치면서 정작 자신은 행위와 업적과 재물의 녹물에 찌들어 산다.

첫째 의자의 그리스도인들에게 가장 중요한 대상은 무엇인가? 오직 한 가지밖에 없다. 당신이 예수님을 전적으로 섬기고 그분께 헌신한다면 다른 사람들에 대한 그분의 사랑도 받아들이게 된다.

재물과 쾌락과 권력과 명성을 사랑하는 사람

"사람들을 사랑하는 게 제일 중요하다고요? 말은 그럴듯하지요." 둘째 의자에 앉은 논리적이고 세심한 사람은 이렇게 말한다. "하지만 실제 생활이 되면 그럴 자신이 없습니다. 그건 목사님이나 사회 사업가들이 하는 일이 아닙니까?"

지속적으로 이웃에게 두어야 할 자리에 다른 것이 있지는 않은가? 무엇보다 우리는 의식적이든 무의식적이든 간에 자신이 중요하다고 생각하고, 마음에 끌리는 것을 추구하기 마련이다. 우리의 마음을 매료시키는 것일수록 그것에 대한 열정과 관심도가 높아진다. 생각과 시간과 에너지 역시 그것을 얻는 데 더욱더 쏟게 된다.

둘째 의자의 삶을 살면, 이웃을 사랑하라는 하나님의 우선순위 역시 외면한다. 하지만 누가 우리를 비난할 수 있겠는가? 우리는 인생의 주도권을 자신의 손에 움켜쥔다. 성공을 위해 노력하고, 영리한 선택을 하며, 자신이 가진 자원과 시간으로 최대한 많은 것을 성취하려고 애쓴다. 이런 상태에서 자신의 이익을 취하는 데만 급급하다.

사실, 둘째 의자의 사람들이 다른 사람을 우선으로 하는 가치를 실천한다 하더라도 성공, 쾌락, 지위와 같은 다른 우선순위들을 성취하도록 돕는 일 외에는 마땅히 사람들을 도울 일이 없다. 사람들의 필요를 돕는 일은 그 자체로 가치 있고 하나님의 우선순위를 존중하는 의미도 있다. 하지만 그 자체로는 장기간 그 일에 매진할 만큼 강력한 동기로 작동하지 않는다. 얼마 지나지 않아 사람들의 필요를 돕는 일은 뒷전으로 밀리고 만다.

"당신은 누구를, 무엇을 가장 사랑하는가?" 둘째 의자에 앉은 사람의 경우, 사람이 들어설 자리에 새로 생긴 우선순위들이 들어선다. 그 사람의 주된 관심사는 다음과 같다.

- 소유에 대한 욕구
- 개인적인 쾌락에 대한 욕구
- 권력과 명성에 대한 욕구

그러나 둘째 의자에 앉은 사람에게 승리의 티켓으로 보이는 것이 실제로는 파멸의 원인이 된다. 이 말이 믿어지지 않는다면 주변에 불행한 둘째 의자의 그리스도인들을 한 번 둘러보라. 세상의 모든 것을 가졌지만 인생과 타협하고 파멸과 절망으로 떨어져버린 성경의 한 인물을 보라.

당신과 나처럼 그도 원래는 어리석은 사람이 아니었다. 오히려 세상에서 가장 지혜로운 사람이었다.

둘째 의자에 앉은 사람의 일기

그의 이름은 솔로몬이다. 그는 맏아들이 아니었지만 다윗 왕가의 치열한 권력 다툼 속에서 부친의 총애를 받은 왕자였다. 어머니 밧세바는 궁중의 온갖 암투와 모략에도 결국 아들을 왕으로 만든 아름답고 강인한 여성이었다. 아버지는 이미 전설적인 인물로 백성의 존경을 받고 있었다. 아마 성경에서 주도적인 첫째 의자의 사람들 가운데 하나로 다윗을 선택하는 것에 대해 그 누구도 주저함이 없을 것이다.

솔로몬 왕자는 용모가 수려하고, 재능이 뛰어나며, 부유하고, 학식이 높지만 초기의 모든 기록들은 그가 겸손하고 성실한 사람이었다고 말한다. 우리 시대에 탤런트나 영화 배우로 성공할 가능성이 가장 높은 사람을 구약에서 한 사람 꼽으라면 나는 솔로몬을 꼽을 것이다. 그는 회사 경영진으로 고용하고 싶은 사람이자, 공직에 출마하라고 권유하거나 설교자로 초빙하고 싶은 사람으로 꼽힐 것이다. 친구나 참모로 삼고 싶은 사람일 수도 있다.

> 젊었을 때의 솔로몬보다 영적으로나 육적으로 성공할 가능성이 높은 사람을 상상할 수 있겠는가?

솔로몬이 왕이 되었을 때 하나님은 꿈에 나타나셔서 "내가 네게 무엇을 줄꼬 너는 구하라"라고 말씀하셨다. 솔로몬의 대답은 그가 가졌던 첫째 의자의 가치관을 보여준다.

"누가 주의 이 많은 백성을 재판할 수 있사오리이까 듣는 마음을 종에게 주사 주의 백성을 재판하여 선악을 분별하게 하옵소서 솔로몬이 이것을 구하매 그 말씀이 주의 마음에 든지라 이에 하나님이 그에게 이르시되 네가 이것을 구하도다 자기를 위하여 장수하기를 구하지 아니하며 부도 구하지 아니하며 자기 원수의 생명을 멸하기도 구하지 아니하고 오직 송사를 듣고 분별하는 지혜를 구하였으니 내가 네 말대로 하여 네게 지혜롭고 총명한 마음을 주노니 네 앞에도 너와 같은 자가 없었거니와 네 뒤에도 너와 같은 자가 일어남이 없으리라 내가 또 네가 구하지 아니한 부귀와 영광도 네게 주노니 네 평생에 왕들 중에 너와 같은 자가 없을 것이라"(왕상 3:9-13).

젊었을 때의 솔로몬보다 영적으로나 육적으로 성공할 가능성이 높은 사람을 상상할 수 있겠는가? 하나님을 향한 그의 아버지 다윗의 마음은 익히 전설처럼 회자될 정도였다. 하나님은 솔로몬에게 역사상 그 누구보다 많은 지혜와 분별력을 주셨다. 그가 물려받은 나라는 평화와 번영의 전성기로 진입하고 있었다.

이런 상황에서 잘못될 일이 무엇이 있겠는가?

하지만 무엇인가 잘못되어가고 있었다. 성경은 그것이 무엇인지 잘 보여준다.

"솔로몬의 나이가 많을 때에… 왕의 마음이 그의 아버지 다윗의 마음과 같지 아니하여 그의 하나님 여호와 앞에 온전하지 못하였으니 이는 시돈 사람의 여신 아스다롯을 따르고 암몬 사람의 가증한 밀곰을 따름이라 솔로몬이 여호와의 눈앞에서 악을 행하여 그의 아버지 다윗이 여호와를 온전히 따름 같이 따르지 아니하고 모압의 가증한 그모스를 위하여 예루살렘 앞 산에 산당을 지었고 또 암몬 자손의 가증한 몰록을 위하여 그와 같이 하였으며… 솔로몬이 마음을 돌려 이스라엘의 하나님 여호와를 떠나므로 여호와께서 그에게 진노하시니라"(왕상 11:4-9).

솔로몬은 무엇 때문에 첫째 의자의 삶이 주는 보장에서 멀어져 이방 신들과 우상을 섬기는 인생으로 전락했는가? 나는 재물과 쾌락과 권력이 그의 인생을 지배했기 때문이라고 단언한다. 솔로몬은 자신의 지혜를 과신하고 다음과 같은 다윗 왕의 마지막 유언을 무시했다.

"내가 이제 세상 모든 사람이 가는 길로 가게 되었노니 너는 힘써 대장부가 되고 네 하나님 여호와의 명령을 지켜 그 길로 행하여 그 법률과 계명과 율례와 증거를 모세의 율법에 기록된 대로 지키라 그리하면 네가 무엇을 하든지 어디로 가든지 형통할지라"(왕상 2:2-3).

모세의 율법은 솔로몬의 타락을 내다보기라도 한 듯 이스라엘 왕들이 금해야 할 세 가지를 섬뜩할 정도로 구체적으로 열거하고 있다(신 17:14-20을 보라).

- 왕은 자신을 위하여 많은 재물을 축적해서는 안 된다(그렇지 않으면 개인적인 이득을 위해 직위를 남용하게 될 것이기 때문이다).

- 왕은 아내를 많이 두어서는 안 된다(마음이 미혹되지 않기 위해서이다).
- 왕은 스스로를 위해 말을 많이 두어서는 안 된다(역사적으로 좋은 말의 산지인 애굽을 의지할 수 있기 때문이다).

그러나 솔로몬은 이 세 가지 규범을 모두 무시했다.

솔로몬은 재물에 우선순위를 두었다. 역대하 9장 13절을 보면 "솔로몬의 세입금의 무게가 금 육백육십육 달란트요"라고 말한다. 이것을 오늘날의 시세로 따지면 무려 5조 원에 이른다.

문제는 솔로몬이 자신을 위해 재물을 축적했다는 것이었다. 자신을 위해 재물을 축적하는 사람은 덫에 빠지게 되고 결국은 둘째 의자로 밀려나게 된다. 하나님께 초점을 맞추는 대신 자신에게 초점을 맞추게 된다. 영적 생활에 위험이 닥치는 것은 너무나 당연하다.

솔로몬은 개인적 쾌락에 우선순위를 두었다. 열왕기상 11장 1, 2절은 이렇게 말한다. "솔로몬 왕이 바로의 딸 외에 이방의 많은 여인을 사랑하였으니 곧 모압과 암몬과 에돔과 시돈과 헷 여인이라 여호와께서 일찍이 이 여러 백성에 대하여 이스라엘 자손에게 말씀하시기를 너희는 그들과 서로 통혼하지 말며 그들도 너희와 서로 통혼하게 하지 말라 그들이 반드시 너희의 마음을 돌려 그들의 신들을 따르게 하리라 하셨으나 솔로몬이 그들을 사랑하였더라." 결국 솔로몬은 700명의 후궁과 300명의 첩을 두었다.

냉정하게 말하면 그가 이러한 개인적인 쾌락을 추구했기 때문에 결국 이방 신들을 섬기게 되었고, 아내들에게 우상을 섬길 신전과 산당을 지어 주는 패악마저 저지르게 된 것이다. 왕인 솔로몬이 이렇게 하자 온 나라가 우상 숭배에 빠졌다. 왕의 권한을 남용하여 쾌락을 추구한 결과는 온 백성이 하나님에 대해 반역하는 것으로 나타나고 말았다.

솔로몬은 권력과 명성에 우선순위를 두었다. 열왕기상 4장 26절을 보면 "솔로몬의 병거의 말 외양간이 사만이요 마병이 만 이천 명이며"라고 기록한다. 10장 28-29절에서도 "솔로몬의 말들은 애굽에서 들여왔으니… 헷 사람의 모든 왕과 아람 왕들에게 그것들을 되팔기도 하였더라"라고 기록하고 있다. 하나님이 말을 좋아하지 않으셨다는 의미가 아니다. 하나님은 왕이 자신을 섬기는 일보다 권력과 지위를 추구하는 모습을 좋아하지 않으신다는 말이다.

사도 요한은 모든 사람이 이 세상에 살면서 싸워야 할 자아의 세 가지 욕망에 대해 지적하고 있다. 그것은 권력과 쾌락과 재물이다.

"이 세상이나 세상에 있는 것들을 사랑하지 말라 누구든지 세상을 사랑하면 아버지의 사랑이 그 안에 있지 아니하니 이는 세상에 있는 모든 것이 육신의 정욕과 안목의 정욕과 이생의 자랑이니 다 아버지께로부터 온 것이 아니요 세상으로부터 온 것이라"(요일 2:15-16).

에덴동산에서 뱀은 지혜와 맛있는 음식과 먹음직스러워 보이는 과일, 즉 권력과 쾌락과 재물을 주겠다고 유혹했다. 광야에서 예수님을 시험할 때 사탄은 하나님을 배신하면 음식과 재물과 권력을 주겠다고 속삭였다. 예수님은 그 제안을 단호히 거부하셨다.

하지만 둘째 의자에 앉은 솔로몬은 똑같은 제안을 "예"라고 덥석 받아들였다. 거절하기에는 대단히 달콤한 제안이었기 때문이다.

그 제안을 받아들인 순간부터 그리고 뒤이은 수많은 결정의 순간을 거치면서 솔로몬은 점점 더 첫째 의자에서 멀어졌다. 왜 그런 일이 생겼을까? "당신은 누구를, 무엇을 가장 사랑하는가?"란 질문에 대해 '하나님과 이웃' 외에 다른 대답을 했기 때문이다. 그것이 어떤 대답이더라도 하나님 중심이 아니면 당신은 둘째 의자의 삶으로 추락한다. 물론 자신의 선택이 정상적이고 논리적이며 심지어 절대 안전한 것처럼 보일 것이다. 솔로몬 역시 그랬으리라 생각한다. 하지만 어긋난 하나의 선택은 다른 선택들에 영향을 미치고 결국 모든 선택이 잘못된 방향으로 흘러가는 것이다.

솔로몬의 잘못된 선택이 솔로몬 개인은 물론이고 이스라엘 전체에 끼친 결과는 말 그대로 비참했다. 솔로몬은 이방 신 숭배자로 생을 마감했다. 이스라엘에서는 다시 우상 숭배가 횡행하게 되었다. 솔로몬의 아들들은 하나님의 백성들의 지도자로 선택된 역사적인 다윗 왕조의 왕자였지만 아무 소명 의식도, 확고한 정체감도 없이 살았다. 백성들은 왕의 향락을 위해 부과된 무거운 세금에 짓눌리며 신음했다. 솔로몬은 하나님이 주신 온갖 지혜에도 불구하고 결국 어리석은 길을 택한 것이다. 늙은 왕은 후에 환멸과 후회를 이기지 못하고 고통스러워하며 전도서에 자신의 비참한 심경을 글로 기록했다.

둘째 의자에 앉아 있는 사람의 고통에 귀를 기울여보라.

"전도자가 이르되 헛되고 헛되며 헛되고 헛되니 모든 것이 헛되도다… 나 전도자는 예루살렘에서 이스라엘 왕이 되어 마음을 다하며 지혜를 써서 하늘 아래에서 행하는 모든 일을 연구하며 살핀즉 이는 괴로운 것이니 하나님이 인생들에게 주사 수고하게 하신 것이라 내가 해 아래에서 행하는 모든 일을 보았노라 보라 모두 다 헛되어 바람을 잡으려는 것이로다"(전 1:2, 12-14).

어떻게 이런 처지로 전락했단 말인가?

첫째 의자의 삶이 그토록 멋지고 둘째 의자의 삶의 결국이 그토록 비참하고 고통스럽다면 사람들이 도대체 왜 둘째 의자의 삶을 선택하며, 또 그런 사람들이 그토록 많은 이유는 무엇인가?

나는 이 의문을 해결하고자 오랫동안 고민했다. 주의 깊게 살펴보면 대다수는 두 가지 유형의 그리스도인으로 분류할 수 있다.

첫째 유형. 첫째 유형은 첫째 의자에서 출발했지만 그리스도와의 지속적인 관계가 없어 성장이 정체된 경우다. 이들은 대체로 이전의 회심에 대한 기억에 의존해 신앙 생활을 유지하다가 점차 타협의 길로 들어선다.

앞에서 우리는 솔로몬의 타락 과정을 살펴보았다. 하지만 사사기의 열두 지파 이야기에도 동일한 양상이 반복되고 있다. 이스라엘 열두 지파는 승리를 얻고 약속의 땅을 받았다. 각자에게 주어진 땅에서 가나안 정복을 완성할 준비가 되어 있었다. 그들이 해야 할 일은 남은 저항 세력과 우상 숭배를 몰아내는 것이었다. 하지만 2장에서 살펴보았듯이 그 일은 실패로 끝나고 말았다.

그런 패배의 이야기는 베냐민 지파, 아셀, 납달리, 단 지파까지 계속 이어졌고 그 결과는 예측했던 그대로이다. "그러므로 이스라엘 자손은 가나안 족속과 헷 족속과 아모리 족속과 브리스 족속과 히위 족속과 여부스 족속 가운데에 거주하면서 그들의 딸들을 맞아 아내로 삼으며 자기 딸들을 그들의 아들들에게 주고 또 그들의 신들을 섬겼더라"(삿 3:5-6).

도대체 무슨 일이 있었던 것일까?

이스라엘 열두 지파는 헌신하고 주어진 임무를 완수하는 데 매진하는 대신 쉬운 길을 택하기로 결정했다. 땅의 대부분은 이미 정복된 상태였다. 누구라도 그렇겠지만 그들은 싸우는 데 지쳐 있었다. 게다가 가나안 거민들은 매우 좋은 사람들인 것 같았다. 그래서 이 장 처음에 소개한 윌리와 빌처럼, 이스라엘 백성들도 양쪽 세계의 좋은 점만 취하겠다고 결정했다. '경계선을 탄력성 있게 운용하자', '현실적으로 합리적이라 생각하는 대로 행동하자', '필요하다면 정체를 숨기자.' 하지만 그 모든 선택은 불순종의 선택일 뿐이었다.

둘째 유형. 둘째 유형은 첫째 의자의 사람에 기대어 성장했다가 그 사람으로부터 벗어나는 경우이다.

이들은 어릴 때부터 부모의 헌신적인 모습을 보고 자랐고 그들의 삶을 이어받았다. 하지만 영적 성장과 축복을 실제로 경험하기 위해서는 부모의 신앙이 자신의 신앙이 되어야 한다. 부모가 뜻하지 않게 신앙에서 이탈하거나, 당신이 그들의 영향력에서 점차 멀어지다가 벗어나버리면 결국 믿음의 열정은 식고 만다.

이스라엘 열두 지파의 이야기를 다시 한 번 살펴보라. 여호수아와 장로들은 어떻게 달랐는가?

- 여호수아는 하나님을 의뢰했다(첫째 의자).
- 장로들은 하나님을 의뢰한 여호수아를 의지했다(둘째 의자).

장로들은 하나님을 알고 있었으며, 그분이 행하신 놀라운 역사도 모두 알고 있었다. 그러나 그들은 온전한 헌신을 거부했다. 사실상 하나님과 그들을 향한 하나님의 뜻을 거부한 것이다. 그들은 남은 이방 족속들을 몰아내는 대신 이방 족속들과 동맹을 맺었다. 거짓 신들의 제단을 허물라는 명령을 받았으나 순종하지 않았다.

첫째 의자의 믿음은 헌신이 우리의 힘으로 어렵다는 것을 알고 전능하신 하나님을 바라보고 도움을 요청한다. 하지만 둘째 의자의 믿음은 헌신의 어려움을 볼 때 현실적인 해결 방법이 무엇인지 궁리한다. 둘째 의자의 믿음으로는 다윗처럼 거인을 쓰러뜨리거나 산을 옮기지 못한다.

> 영적 성장과 축복을 실제로 경험하기 위해서는 부모의 신앙이 자신의 신앙이 되어야 한다.

결국 타협하는 그리스도인은 셋째 의자로 기울어져 있음을 알 수 있다. 윌리와 빌과 솔로몬 왕의 경우가 여기에 해당한다. 제3자의 눈에는 그 차이가 구분되지 않을 것이다.

다행스런 점은 이것으로 이야기의 끝이 아니라는 것이다. 특히 당신의 경우는 더욱 그렇다.

가운데 의자 벗어나기

당신은 아마 윌리나 빌에게서 자신의 모습을 발견했을 것이다. 당신의 삶은 여러 관심사와 욕망과 필요들을 조율하기 위해 세밀하게 고안된 틀임을 깨닫는다(당신의 믿음은 이것들 가운데 하나일 뿐이다). 그리고 영역별로 편리하게 가면을 쓰는 삶이 거짓 됨을 알게 되었다. 이제 당신은 온전하고 순결한 삶을 회복하고 하나님 중심의 삶을 살고 싶다.

아마 당신은 솔로몬처럼, 부모로부터 물려받은 첫째 의자의 삶을 버리고 표류하다가 황폐한 둘째 의자로 밀려난 경우일지 모른다. 내 인생이 더 중요하다는 그럴 듯한 이유가 있었다. 당신은 자신의 본능을 신뢰했다. 그리고 최선을 다해 노력했다. 하지만 결국 영적 가시덤불에 갇혀 어쩔 줄을 모른다. 자기 중심적인 생활의 고통스러운 결과들이 시시각각 당신을 위협한다.

그러나 당신에게도 희망의 메시지가 있다. 지금까지 당신이 어떤 인생을 살아왔건 상관없이, 지금 이 순간 당신은 그 모든 것을 극복할 수 있는 도약의 출발점에 서 있다는 것이다. 진실하고 정직하게, 회개하면서 하나님께 나아간다면 하나님은 지금 모습 그대로 당신을 만나주실 것이다.

영적 도약을 위해 다음의 세 가지 질문에 답해주기를 바란다.

당신은 하나님에 대한 진리를 배우고 대면할 용기가 있는가?

당신은 진리를 믿겠다는 간절함과 의지가 있는가?

당신은 알고 믿은 바를 기꺼이 행동으로 실천하겠는가? 다시 말해 배우고 믿은 것을 습관처럼 익숙하게 만들고 훈련하겠는가?

그렇다면 당신은 둘째 의자를 떠날 준비가 된 것이다. 앞으로 소개할 도약을 받아들일 준비가 된 것이다.

1장의 첫머리에 나왔던 이야기를 기억하는가? 당신은 태양 빛에 눈을 찡그리며 어떻게 하면 눈앞의 깎아지른 암벽을 오를 수 있을지 궁리하고 있었다. 다음에 소개할 개인적 변화를 위한 단계들은 영적 등반가들의 도약을 돕는 장비라 할 수 있다. 앞으로 도약의 기회가 생길 때, 다음의 지침을 활용하면 자신의 현재 위치를 알고 다음 단계에 무엇이 필요한지 파악하는 데 도움이 될 것이다. 책을 읽다가 필요할 때 쉽게 찾을 수 있도록 이 페이지를 표시해두는 것도 좋을 것이다.

첫째, 자신의 상황이나 문제를 진단하라. 다음 질문에 답하여 자신의 어떤 부분에 도약이 필요한지 알아보라.

- 바꾸고 싶지만 내 힘으로는 도저히 바뀌지 않을 것 같은 부분이 있는가?
- 마음이 냉랭하고 정체된 상태인가?
- 계속해서 같은 죄를 짓고 있는가?
- 하나님이 내게 변화가 필요한 부분을 계속 환기시켜주시는가?
- 사람들로부터 변화되었으면 좋겠다는 지적을 받았는가?
- 나는 진정으로 변화를 바라며 변화되고자 하는 마음이 있는가?

둘째, 도약의 목표를 구체적으로 정하라. 그 부분에 도약이 이루어지면 어떤 모습으로 나타나겠는가? 당신의 생각은 어떻게 달라지겠는가? 행동이나 생활이 어떻게 달라지겠는가? 당신의 새로운 수준의 삶이 다른 사람들에게는 어떻게 보이겠는가?

셋째, 자신이 직면한 장애물을 확인해보라. 당신의 길을 가로막고 있는 것은 무엇인가? 사람인가? 의무나 습관, 두려움, 재물, 일정 혹은 태도인가? 아니면 놓쳐버린 기회나 유익들인가? 장애물을 살펴보면서 어떤 것이 진짜 장애물이고 어떤 것이 그렇지 않은지 보여주시도록 구하라. 영적 도약의 장애물은 실제로 진실을 위장한 거짓일 때가 대부분이다.

> 당신은 대부분 여전히 미련을 버리지 못한 것이 있기 때문에 바람직하지 못한 행동을 완전히 극복하지 못하고 힘들어한다.

넷째, 진리를 분별하라. 이 문제에 대해 성경은 무엇이라고 말하는가? 예수님은 진리가 우리를 자유롭게 한다고 말씀하셨다. 성경이나 성령이나 믿음의 친구를 통해 깨달음을 얻은 후 영적 도약을 이루는 경우가 많은 것은 결코 우연이 아니다. 하나님께 지혜를 구하고 받을 것으로 기대하라(약 1:5).

다섯째, 회개한 후 끝까지 이겨내겠다고 결심하라. 당신은 대부분 여전히 미련을 버리지 못한 것이 있기 때문에 바람직하지 못한 행동을 완전히 극복하지 못하고 힘들어한다. 쾌락을 추구하는 습관이나 행동, 이기적 태도, 잘못된 욕구, 안일한 인식이 바로 그 예다. 이런 것들을 기꺼이 포기할 의사가 있는가? 스스로를 깨뜨릴 준비가 되어 있는가? 잘못을 버리고 나로 인한 손해를 보상해주며 새로운 방향으로 나갈 준비가 되어 있는가? 그렇다면 하나님이 사랑과 자비와 능력으로 당신에게 필요한 도약을 이루시리라 믿고 안심하고 쉴 수 있다.

여섯째, 확실한 도약을 위해 필요한 것을 하라. 확실한 도약을 위해 가장 중요한 것은 즉각적인 실천이다. 베드로는 밖으로 뛰쳐나가 이전과 정반대의 행동을 했다. 예수님을 부인했던 그가 수천 명이 넘는 사람들 앞에서 공개적으로 그분을 선포한 것이다(사도행전 2장을 보라). 당신의 도약을 확실히 하려면 기회가 생기는 그 즉시 행동으로 옮겨야 한다. 바로 지금 도약의 목표를 실행하라. 당신을 사로잡고 있던 거짓을 단호히 거부하며, 지속적으로 회개하면서 새로운 삶으로 나아가라.

상속자에게 주는 메시지

당신과 해가 맑고 화창한 날 공원 벤치에 앉아 도란도란 이야기를 나눌 수 있다면 얼마나 좋을까? 대화는 아마 자녀들에 대한 근황을 나누거나 날씨에 대한 소감을 이야기하는 것으로 시작될 것이다. 당신이 삶에서 무엇을 원하는지 이야기할 수도 있고, 요즘 가지고 있는 고민을 이야기할 수도 있을 것이다. 그러나 곧 나는 당신의 얼굴을 바라보며 이렇게 말할 것이다.

"당신은 왕의 자녀입니다. 당신은 사랑받고 있습니다."

아버지이신 하나님이 당신 옆에 지금 앉아 계신다면 그분이 가장 하시고 싶은 말씀이 바로 이것이 아닐까 생각한다. 그분은 당신의 갈등, 실망, 어리석고 습관적인 실패에 가려진 당신의 진짜 신분, 즉 장차 당신이 그 나라를 물려받을 왕자나 공주라는 사실을 상기시켜주려 하실 것이다.

하나님은 당신이 스스로의 영적 문제로 전전긍긍하느라 왕의 상속자라는, 당신에 대해 하나님이 보증하신 불변의 사실을 망각해버리기를 결코 바라지 않으신다.

당신은 왕의 자녀이다. 당신은 사랑받고 있다.

당신도 갈등과 문제 속에 허우적거리고 있는가? 그렇다면 당신은 마음이나 기억 속에 하나님은 신뢰할 만한 분이 아니라는 마음을 품은 채 살아가는 상처 입은 왕자나 공주이다. 당신은 하나님이 사랑의 하나님도 아니고 능력의 하나님도 아니라고 주장한다. 치유되지 않은 상처나 낙심, 지워지지 않는 실패의 기억, 마음과 생각을 짓누르는 잊을 수 없는 슬픔이 그것을 증거한다.

왕이시며 하늘에 계신 아버지는 당신을 이 자리로, 공원 벤치에서 나누는 이 진지한 대화로 이끌어오셨다. 하나님 아버지가 영원히 믿고 의지할 만한 삶의 주인이 아니라고 믿길 원하는 것은 오직 사탄뿐이다. 영적 성숙은 특별한 영적 은사를 가진 일부 그리스도인에게만 가능한 신비스럽고 대단한 것이라는 거짓말을 믿기 원하는 것도 사탄뿐이다.

하나님은 자신을 따르는 사람들을 흠 없고 온전한 사랑의 길로 인도해주신다. 성령님도 따뜻하지만 분명하게 하나님께 최우선순위를 두는 선택의 기회들로 당신을 인도해주실 것이다. 이것은 운명의 순간들이다. 어떤 선택을 하느냐에 따라 당신이 첫째 의자의 삶으로 나아갈지, 그렇지 않으면 둘째 의자의 삶에 주저앉게 될지 결정되기 때문이다.

내 경험으로 미루어볼 때, 자신의 뜻과 의지를 포기하는 일은 가장 어렵고 힘든 일이다. 하지만 우리 안에 역사하시는 하나님의 놀라운 능력을 의지하며 최선을 다할 때 세상과 타협하는 오랜 생활 방식에서 벗어날 수 있다. 한 번에 한 걸음씩 하나님께로 나아갈 수 있다.

이제 놀라운 하나님 나라의 삶을 시작하라. 당신은 바로 이것을 위해 지음받았다.

2부

하나님과의 관계에서 영적 도약을 경험하라

4장. 깊은 바다 속에서의 결단
5장. 차고 속의 괴물
6장. 속이는 습관

깊은 바다 속에서의 결단
모든 장애물을 넘어서서 하나님을 섬기기

모험은 활주로의 미끈하게 빠진 자가용 비행기에 아들과 함께 타면서 시작되었다. 돈 많은 친구인 조니는 그 다음 이틀간의 휴가를 어떻게 보낼지 이미 계획이 서 있었다. 조니가 한번 계획을 구상하면 그 누구도 말릴 수 없다. 조니의 전용 조종사가 애틀랜타까지 와서 회사 비행기로 우리를 안내한 까닭도 그 때문이었다.

우리는 바다 낚시를 가는 중이었다.

조니는 항상 이런 식으로 일을 처리한다. 그는 키가 훤칠하고, 최고급 옷만 입는다. 누가 봐도 근사해 보인다. 전화 한 통화로 매니저들이 달려온다. 그는 주체하지 못할 정도로 돈이 많다. 그의 말 한 마디에 거래가 성사되기도 하고 깨지기도 한다. 손가락 하나로 온 세상을 주무르는 사람이 있다면 조니가 바로 그런 사람이었다.

비행기에서 내려 대기 중인 호화로운 세단으로 갈아타고 다시 요트로 옮겨 타는 모든 과정은 내가 잔디 깎기 기계 시동을 거는 것보다 더 쉬웠다. 적어도 내게는 그렇게 보였다. 다음 날 이른 아침 조니는 쌍발 엔진 요트를 몰고 부표들을 지나 그가 좋아하는 낚시 장소로 갔다.

"지겨울 정도로 낚시를 할 수 있을 걸세." 최신식 항해 기기에 시선을 고정한 채 그가 말했다.

그의 말이 옳았다. 몇 시간 뒤 나와 아들은 음료수 병 하나 들어올릴 힘도 없었다. 펄떡거리는 큰 물고기들을 끌어당기느라 힘을 다 써버린 것이었다. 낚싯대는 참치와 방어를 낚아 올리느라 쇳소리를 냈고, 우리는 그 녀석들을 갑판에 끌어올리느라 숨 고를 틈도 없었다.

저녁 노을을 뒤로하고 항구로 돌아오는 데에는 상당히 긴 시간이 걸렸다. 그동안 조니와 나는 배의 뒤편 갑판에 서서 이야기를 나누었다. 그는 좋은 친구이다. 그러나 나는 그리스도인으로서 그의 헌신이 타협적이며, 그가 둘째 의자에 앉아 있을 가능성이 높다는 걸 알고 있었다. 우리의 대화는 영적인 문제로 옮겨갔다.

"조니, 자네는 돈을 충분히 벌었다고 생각하나?" 내가 먼저 말을 꺼냈다. 그는 내 질문에 기분 나빠하지는 않았지만 적잖이 놀란 기색이었다.

"글쎄, 그런 건 같긴 하네만 한 번도 그 점에 대해 생각해보지 않았네. 내 말은 내가 돈을 충분히 벌었는지 판단 기준이 무엇이냐는 걸세."

나는 발 밑에서 들리는 엔진 소리에 잠시 귀를 기울였다. 그리고 그에게 직설적으로 말했다. "지금 가진 돈이나 투자한 것만으로도 자네는 지금처럼 평생 살 수 있지 않는가? 굳이 일을 안 해도 말일세."

그는 이런 식의 질문에 대해 한 번도 생각해본 적이 없는 것이 분명했다. 잠시 생각을 하던 그는 이렇게 대답했다. "자네가 그런 식으로 말하니 정말 그런 것 같군. 현재로선 돈이 충분하지."

하나님이 나를 부추기고 계시다는 것을 직감한 나는 정면으로 친구를 바라보며 물었다. "그게 사실이라면, 은행 계좌를 동결하고 지금부터 버는 돈은 모두 하나님의 일에 쓰지 않겠나?"

조니는 마치 불의의 일격을 당한 것 같았다. 휘청거리듯 뒤로 한 걸음 물러서더니 그는 난간에 겨우 기댄 채 이마를 짚었다. "하지만 브루스, 내가 그 모든 걸 포기하면 난 무엇을 위해 살지?"

핵심은 바로 그것이었다. 그가 낚은 월척처럼 진리가 갑판에서 펄떡이고 있었다. 그는 명령 하나로 뭐든 가질 수 있는 사람이지만 실제로는 또 다른 주인에게 꼼짝 못하고 잡혀 있었던 것이다.

노을이 붉게 물들고 집으로 가는 길이 가까워질수록 우리의 대화는 조니의 마음을 더욱 뒤흔들었다. 난생 처음으로 조니는 여호수아의 도전에 직면하게 된 것이다. "너희가 섬길 자를 오늘 택하라."

조니는 지금까지 자신이 돈을 섬겼으며 돈만 좇아 살았다는 것을 인정했다. 그의 신(神)은 그의 시간과 에너지와 땀과 생각을 요구했다. 그가 아무리 성공하고 자신의 환경을 스스로 좌우하는 사람처럼 보인다 해도, 그의 신은 만족이라는 것을 몰랐다. 따라서 조니가 하나님과 더 깊고 의미 있는 관계를 경험할 가능성은 전혀 없었다.

그후 수년이 지났다. 그때의 바다 낚시 여행을 떠올리면 크고 미끄러운 물고기가 갑판에서 퍼덕거리던 소리, 얼얼한 팔의 통증, 그리고 노을을 등지고 내 곁에 선 채 다른 주인을 섬기던 친구의 모습이 생각난다.

요즘 조니를 만나면 전혀 몰라볼 것이다. 그는 여전히 탁월한 사업가이다. 하지만 이제 그에게 가장 중요한 일은 하나님을 섬기는 일이다. 어느 주인이 더 깊은 의미와 만족과 가치, 기쁨을 주느냐고 묻는다면 그는 조금도 주저하지 않을 것이다. 웃으면서 당신에게 자리를 권한 후 자신이 가장 좋아하는 낚시 이야기를 할 것이다. 바로 생명의 하나님이 낚싯줄을 드리워 그의 마음을 낚으신 이야기 말이다.

당신의 주인은 누구인가?

그날 조니는 인생의 주인과 관련해 비약적인 도약을 경험했다. 그 경험이 얼마나 철저하고 근본적인 것이었던지 그는 즉시 둘째 의자에서 첫째 의자로 옮겨가는 극적 체험을 했다. 우리 역시 영적 도약을 구할 때 누가 우리의 삶을 주관하며 우리가 실제 섬기고 있는 대상은 누구인지 근본적인 질문과 대면하게 될 것이다.

이 질문에 대면하는 일은 여호수아가 던진 도전의 핵심으로서, 결코 쉬운 일이 아니다. 어떤 사람들은 비록 평생은 아니라 해도 수년 동안 이 문제로 암벽을 오르느라 낑낑거리고 있을 것이다.

당신도 이 장을 읽으면서 턱을 강하게 얻어맞은 듯한 충격을 받았는지 모르겠다. 지금까지 나는 신앙 생활을 내가 원하는 것을 얻기 위해 하나님께 도움을 받는 것이라고 생각해왔다. 이웃집 불신자보다 더 행복하고 안전한 삶을 살도록 하나님이 도와주시는 것이 신앙 생활의 핵심이라 생각했다. 그런데 갑자기 인생의 주인을 정하지 못해 아직도 암벽에서 허우적대는 나 자신을 깨닫게 된 것이다.

> 우리 역시 영적 도약을 구할 때 누가 우리의 삶을 주관하며 우리가 실제 섬기고 있는 대상은 누구인지 근본적인 질문과 대면하게 될 것이다.

하나님께 헌신한 관계의 핵심은 바로 "누가 주인이고 누가 종이 될 것이냐?"의 문제이다. 달리 말해 "하나님을 내 삶에서 진짜 하나님이 되도록 할 것인가?"의 문제이다.

하나님을 섬기는 이 진리는 사실 시장의 소비자들에게는 인기가 없다. 오락적인 가치가 별로 없고 부각시킬 매력적인 부분도 없다. 솔직히 우리는 하나님을 섬기는 일에 완전히 복종하며 순종해야 한다. 이것은 아메리칸 드림을 쫓는 사람들의 욕망과는 서로 맞지 않는다.

그러나 하나님과의 관계에서 영적 도약은 바로 여기에서 시작된다. 조니에게 그랬듯 우리에게도 마찬가지이다.

베드로의 이야기를 기억하는가? 베드로는 양다리를 걸치려고 발버둥치다가 비참한 실패를 맛보았다(이것이 바로 둘째 의자의 문제점이다. 신앙 생활도 개인 생활도 어느 하나 성공하지 못하는 것이다. 신앙이 타협하면 항상 개인 생활도 망가진다). 베드로는 예수님을 하나님으로 불렀지만 정작 그가 섬긴 주인은 자신의 충동적 본능이었다.

그러나 베드로는 둘째 의자에 그대로 주저앉지 않았다. 인생 말년에 그는 예수님을 메시아와 주님으로 선포하고 있었다.

사도들의 편지들을 보면 그들 모두 하나같이 여호수아의 도전에 직면해 그리스도 앞에 무릎을 꿇었다는 것을 알 수 있다. 이들도 이전에는 둘째 의자의 신자였다. 그러나 이제는 세상을 뒤흔든 운동의 존경받는 지도자가 되었다. 이들은 자신들을 소개하기 위해 한 가지 핵심 단어를 선택했다.

"예수 그리스도의 종 바울은…"(롬 1:1).

"하나님과 주 예수 그리스도의 종 야고보는…"(약 1:1).

"예수 그리스도의 종과 사도인 시몬 베드로는…"(벧후 1:1).

일단 인생의 주인이 누구인지에 대한 문제가 해결되면 하나님께 어떻게 나아가며, 그분과 어떤 관계를 가져야 하는지는 아주 분명해진다. 바로 종으로 그분께 나아가며 관계를 맺는 것이다. 이는 우리가 하나님께 나아가 도약을 구할 때 권력을 그대로 움켜쥐고 있거나, 계략을 꾸미거나, 원하는 것을 흥정하려 한다면 아무것도 얻지 못한다는 뜻이다.

우리 각자에게 "누가 주인이냐"의 문제는 마치 거대한 만리장성처럼 우리의 영적 성장을 가로막을 것이다. 우리가 그 문제를 정면으로 대면하고 하나님이 요구하시는 대로 결단하지 않으면 이 장벽은 결코 무너지지 않을 것이다. 영적 도약을 이루는 방식은 각자 다를 수 있다. 기도로, 이웃을 섬김으로, 지식으로 도약을 경험할 수 있다. 하지만 둘째 의자에서 첫째 의자로 옮겨가는 도약은 하나님을 주인으로 섬기겠다는 우리의 결단에 달려 있다.

하나님을 섬기는 일은 외적인 행동 그 이상을 요구한다. 여기에는 내적인 태도, 즉 하나님을 기쁘시게 해드리겠다는 온전한 마음과 생각이 요구된다.

다행히 하나님의 자녀인 우리에게 예수님은 그분을 주인으로 섬기며 그분의 뜻만을 따르는 것이 어떤 의미인지 쉽게 기억할 수 있도록 한 마디로 가르쳐주셨다. 이 영적 도약에 대한 문장은 물 속의 다이아몬드처럼, 자랑스러운 월척처럼, 예수님의 설교 한 편에 살며시 숨어 보일듯 말듯 영롱한 아름다움을 뽐내고 있다.

바다 밑의 비밀

조니가 어떻게 해서 엄청난 월척을 낚는지 그 비결을 말해준다는 걸 깜빡했다. 어떤 일을 하든 조니는 일단 처음부터 이기는 방법을 택한다. 플로리다 해안에서 멀리 떨어진 바다 낚시만 해도 그랬다. 그와 그의 친구들은 독특한 비법을 가지고 있었다. 그날 아침 우리가 낚시를 나갔을 때, 조니는 이 비법을 말해주었다.

우선 그들은 해안 근처의 얕은 모래톱을 찾아낸다. 그리고 시간이 흘러 그곳이 일종의 쓰레기 투기장처럼 변하는 것을 기다린다. 그들은 그곳에 갈 때마다 버려진 차들이나, 낡은 기구나, 갖가지 산업용 구조물들을 싣고 나온다. 그러고나서 위성 항해 장비를 이용해 전에 왔던 장소로 되돌아와 싣고 온 물건들을 바다에 던진다. 시간이 지나면서 이것들은 일종의 산호초 역할을 하고, 온갖 바다 생물과 이들을 먹고사는 큰 물고기들의 완벽한 아파트가 되는 것이다.

이 방법은 정말 효과가 있었다. 조니는 고기가 자신의 배 가까이 오길 바라면서 바다를 무작정 헤매고 다닐 필요가 없었다. 곧바로 자신이 준비해둔 곳으로, 자신이 찾고 있는 그곳으로 갔다.

성장하는 그리스도인이 있는 훌륭한 낚시터를 소개하고자 한다. 바로 마태복음 6장 33절이다. 너무나 많은 구도자들이 영적 성장에 대한 놀라운 비결이나 강한 말씀의 동기를 찾아 성경의 바다를 헤매고 다닌다. 그들은 자신이 변화되길 바란다. 하지만 하나님을 섬기는 방법을 찾지 못하며, 결국 그것이 약속하는 영적 도약도 이루지 못한다. 그 비법은 모든 사람들의 마음에 있다. 예수님은 "너희는 먼저 그의 나라와 그의 의를 구하라 그리하면 이 모든 것을 너희에게 더하시리라"라고 말씀하셨다.

이 구절에 있는 단어나 구를 하나하나 살펴보고 하나님을 어떻게 섬겨야 하는지 좀 더 세밀하게 찾아보도록 하자.

"구하다"라는 단어부터 살펴보자. "구하다"는 행동을 나타내는 동사로 당신이 하는 구체적인 행동을 가리킨다. 이 말은 "가서 찾다, 찾으려고 애쓰다, 손에 넣기 위해 애쓰다"라는 뜻이다. 조니는 바다 낚시를 갈 때 목표물이 분명하다. 그의 모든 관심은 월척을 낚는 데 있다. 그리고 그것을 어디서 찾아야 하는지 알고 있다. 마찬가지로 우리는 하나님이 계실 만한 곳에서 하나님을 찾는다. 성경이나 다른 사람들의 간증이나 기도가 그런 곳이다. 실제로 하나님은 우리가 구하면 그분을 찾을 수 있다고 약속해주셨다.

"먼저"라는 단어는 구하는 이 행동의 주체가 염두에 두어야 할 우선순위를 규정한다. 최우선순위를 차지한다는 것은 최고의 서열과 최고의 위치를 차지한다는 뜻이다. 우리는 우선순위를 정할 때 가장 중요한 것에 우선권을 부여한다. 따라서 우선순위가 잘못되면 우리는 하나님이 아닌 다른 대상이나 사람을 섬기게 되며, 둘째 의자의 삶으로 밀려나고 말 것이다.

"그의 나라"는 무엇을 구하고 이루고자 힘써야 하는지 알려준다. 여기서는 혼돈의 여지가 없다. 그의 나라를 왕이신 하나님의 일이라고 생각하면 된다.

그룹별 과제에 참가했는데 제대로 된 성과를 내지 못하고 실패한 경험이 있는가? 문제의 원인은 자신이 그룹의 목표를 위해 노력한다고 말은 하지만 행동이나 관심사를 보면 자신의 목표나 개인적인 욕심을 이루고자 하는 사람에게 있다.

"그의 나라"를 구하는 사람은 하나님이 이 땅에서 이루고자 하시는 일에 자신의 삶을 투자한다.

예수님은 우리가 하나님의 나라를 구하기 위해 결코 놓치지 말아야 할 중요한 과제 두 가지를 제시하신다(특히 마태복음 28:19-20을 보라).

- 예수 그리스도의 놀라운 복음을 세상에 전해서 사람들이 그를 믿고 구원을 얻도록 하라.
- 세상의 모든 신자들을 제자로 삼아 성경의 모든 가르침에 순종하게 하라. 그런 과정을 통해 예수 그리스도의 형상을 온전히 닮아가게 될 것이다.

우리가 다른 사람들에게 하나님 나라의 진리를 전하면, 하나님을 섬기는 일은 곧 다른 사람들을 위한 일이 되는 것이다.

"그의 의"는 우리가 마땅히 어떤 사람이 되어야 하는지를 규정한다. "그의 의"는 우리의 두 번째 우선순위에 해당한다. 하나님의 나라를 구하라는 명령이 그분의 통치를 강조하는 것이라면, "그의 의"는 그분의 성품을 강조한다. 전자는 하나님을 위해 우리가 이루어야 할 것이고 후자는 하나님 안에서 우리가 갖추어야 할 모습이다. 예수님은 여기서 구원의 선물로서 우리의 허물을 가려준 완벽한 의를 염두에 두신 것이 아니다. 성숙과 성결을 이루고자 애쓰는 성도가 그리스도의 형상을 닮아가야 함을 두고 말씀하신 것이다.

실제로 예수님은 산상 설교의 대부분을 이러한 의의 구체적 행위인 기도, 금식, 헌금 등을 조목조목 설명하는 데 할애하신다. 우리가 삶에서 그분의 자리를 확장시키고자 적극적으로 노력할 때 그분의 성품을 더욱 닮아가게 될 것이다.

이제 하나님을 섬기는 것이 무엇을 뜻하는지 실제적으로 알게 되었다. 그것은 하나님의 형상을 닮아가고자 힘쓰며, 그분의 뜻을 우선순위로 추구하고 실천하는 것이다.

여기까지 보면 아주 간단하게 보이고 별로 어렵지 않아 보인다. 그런데 왜 그렇게 많은 사람들이 허우적대며 힘들어하는가?

> 예수님이 하나님을 섬긴다는 것이 무슨 뜻인지 분명하게 말씀하셨다면, 왜 그렇게 많은 그리스도인들이 믿음의 도약을 하지 못하고 믿음의 길에서 이탈하는가?

십자가 아래 서서 하나님과 그분의 나라만을 최우선적으로 섬기고 구하겠다고 결단하는 그리스도인들이 왜 그렇게 극소수에 불과한가? 나는 이런 상황에 대해 오랫동안 생각해 보았다. 해답을 찾고자 내 삶을 샅샅이 분석하고 살펴보기도 했다. 예수님이 하나님을 섬긴다는 것이 무슨 뜻인지 분명하게 말씀하셨다면, 왜 그렇게 많은 그리스도인들이 믿음의 도약을 하지 못하고 믿음의 길에서 이탈하는가?

내 결론은 우리가 잘못된 환상에 사로잡혀 있다는 것이다.

하나님의 나라에 대한 환상

예수님이 하나님의 나라를 처음 감동적으로 선포하셨을 때 무리들과 제자들은 열광하며 흥분했다. 기억하는가? 압제와 질병으로 시달리며 비탄에 빠진 모든 유대인은 마침내 해답을 발견했다고 믿었다. 그들은 예수님이 이스라엘 나라와 주권을 회복하고 로마의 압제자들을 몰아내실 거라고 생각했다.

그러나 우리가 익히 알듯이 예수님은 그 이후 공개적으로 배척을 당하시기 시작했다.

메시아이신 바로 그분이 이해하기 어려운 가르침을 주셨다. "아무든지 나를 따라오려거든 자기를 부인하고 날마다 제 십자가를 지고…"(눅 9:23).

그런 다음 예수님은 결국 체포되셨고, 수치스러운 재판을 받으셨다. 그리고 마침내 치욕적인 십자가형을 당하셨다.

예수님이 숨을 거두시기 직전 호기심 많던 무리는 이미 집으로 돌아가고 없었다. 피로 얼룩진 희생자의 머리 위에는 "유대인의 왕 예수"라고 쓰인 팻말이 바람에 흔들리고 있었다.

하나님의 나라는 어떻게 되었는가? 분명히 그분의 나라는 신기루처럼 사라져버렸다. 아마 그것은 처음부터 허상에 불과했던 것이었을지 모른다.

온화한 얼굴을 하고 상하고 찢긴 채 죽어가는 사내를 올려다보며 동일한 질문을 하고 있는 영적 순례자의 모습이 상상이 되는가? 그러다가 그 자리를 외면하고 돌아서는 자기 자신의 모습이 상상이 되는가? 나는 충분히 상상이 된다. 만일 내가 그날 그 자리에 있었다면 절대 두 번 다시 속지 않겠다고 다짐하며 돌아섰을 것이다.

나는 수많은 그리스도인들이 바로 그런 일을 저질러왔다고 믿는다. 이런 말을 하는 나 스스로도 매우 고통스럽고 수치스럽다. 2천 년 전의 그 순진한 구도자들처럼 우리 가운데 대다수는 우리가 기대하는 약속과 보상이 지속될 때에만 즐거운 마음으로 그리스도를 따라간다.

우리가 집착하고 붙드는 것은 그분의 나라에 대해 우리가 스스로 만든 환상들이다. 이러한 환상은 실제 하나님의 나라와는 아무 관련이 없다. 그 모든 것은 우리가 찾아 헤매는 허상이자 우리가 고안해낸 방법일 뿐이다.

다음은 이런 허상이 왜 생기는지 보여준다.

1. 우리는 시간에 기만당하고 있다

지금부터 100년 뒤 당신을 천국에서 만난다면 당신은 그곳에서 무엇을 하고 있을까? 당신이 무엇을 하고 있을지 나는 알고 있다. 아래 그 예고편을 소개한다.

> "다시 저주가 없으며 하나님과 그 어린 양의 보좌가 그 가운데에 있으리니 그의 종들이 그를 섬기며 그의 얼굴을 볼 터이요 그의 이름도 그들의 이마에 있으리라 다시 밤이 없겠고 등불과 햇빛이 쓸 데 없으니 이는 주 하나님이 그들에게 비치심이라 그들이 세세토록 왕 노릇 하리로다"(계 22:3-5).

> "이 일 후에 내가 보니 각 나라와 족속과 백성과 방언에서 아무도 능히 셀 수 없는 큰 무리가 나와 흰 옷을 입고 손에 종려 가지를

들고 보좌 앞과 어린 양 앞에 서서 큰 소리로 외쳐 이르되 구원하심이 보좌에 앉으신 우리 하나님과 어린 양에게 있도다 하니… 그러므로 그들이 하나님의 보좌 앞에 있고 또 그의 성전에서 밤낮 하나님을 섬기매 보좌에 앉으신 이가 그들 위에 장막을 치시리니"(계 7:9-10, 15).

나는 이 성경 구절이 정말 좋다. 이 말씀은 우리의 영원한 미래가 사랑과 찬양, 왕을 섬기는 황홀한 기쁨으로 넘칠 것이라고 말한다. 정말 놀랍게도 천국의 새로운 삶에서는 하나님을 "섬기고" 하나님과 더불어 "왕노릇하는 것"이 분리되지 않는다. 그리고 보좌 위에 앉으신 그분이 우리 가운데 거하실 것이다.

> 영원이라는 개념을 놓치면 우리는 철저히 시간에게 농락당하게 된다.

영원이라는 개념을 놓치면 우리는 철저히 시간에게 농락당하게 된다. 우리가 영원한 존재로 창조되었다는 점을 기억하자. 그러나 우리는 실제로 정체성을 저버린 채 살아가고 있다. 하나님의 시간표를 망각하고 있다. 우리가 보는 것은 현재뿐이고, 듣는 것은 지금 째깍거리는 시계 소리뿐이며, 하나님의 나라는 마치 허상처럼 보인다.

그러나 그의 나라는 실재한다. 그의 나라는 시간보다 훨씬 더 실재적이다.

2. 우리가 섬기는 것은 절대 하나님이 아니다

여호수아 24장으로 돌아가보자. 여기서 여호수아는 하나님을 섬기는 데 첫 번째 장애물이 우상 숭배라고 말한다.

그는 "이제 너희 중에 있는 이방 신들을 치워 버리고"(23절)라고 명령한다. 세계 어느 곳을 가든지, 우리는 우상 숭배 때문에 첫째 의자의 삶을 살지 못하는 사람들을 볼 수 있다. 돈과 재물에 대한 사랑도 하나님을 멀리하도록 막는 우상이 되기도 한다. 어떤 사람들에게는 인간관계가 결코 포기할 수 없는 그들의 우상이 된다. 권력을 숭배하는 사람들이 있는가 하면 일주일에 100시간씩 일에 매달리는 사람들도 있다.

당신이 우상을 섬기고 있는지 어떻게 아는가? 스스로에게 이렇게 물어보라. "내 시간과 돈과 재능을 쏟는 대상이 누구이며 무엇인가?"라고 물어보라. 돈인가? 아니면 자녀인가? 당신의 상사인가?

우리의 마음에서 반드시 영적 도약이 일어나야 한다. 그러나 우리의 우상이 파괴되지 않는 한 그 일은 일어나지 않는다. 이러한 도약은 우리가 왕이신 하나님을 진정으로 섬길 때에만 일어난다.

3. 하나님의 선한 뜻을 간과한다

세 번째 허상은 하나님을 섬기면 자신의 삶을 잃을지 모른다는 두려움과 관련이 있다. 우리는 자신의 삶을 그분의 통치에 맡겨드리는 순간 모든 기쁨과 행복이 끝난다고 생각한다. "하나님이 원하시는 뜻대로 무엇이든 순종하겠습니다. 하나님이 가라고 명하시는 곳이면 어디든 가겠습니다"라고 그분께 말씀드리는 순간 하나님은 세상과 완전히 동떨어진 오지로 가는 배 표를 주실 거라고 생각한다. 결국 우리는 세상에서 완전히 잊혀진 채 그곳에서 생을 마감하게 될 것이라고 생각한다.

이런 착각은 하나님이 우리의 삶을 무가치하게 취급하실 것이라는 거짓된 생각에 뿌리를 두고 있다. 그분께 모든 통제권을 내어드리는 순간 그분은 우리를 아무렇게나 취급하고, 결국 우리는 황폐한 광야에서 영원히 배회하며 유리하는 존재가 될 것이라고 생각한다.

이와는 반대로, 우리는 이렇게 생각하기도 한다. 우리가 스스로 운명을 결정 짓고 자기 결정권을 유지할 수만 있다면 가장 가치 있게 살 수 있는 방법을 확실히 알 수 있을 것이라고 말이다. 그러기 위해서는 하나님이 우리의 삶에서 완전히 손을 떼셔야 한다고 주장한다. 물론 주일 아침 예배 시간은 예외라고 덧붙인다.

그러나 예수님의 말씀을 살펴보자. "누구든지 자기 목숨을 구원하고자 하면 잃을 것이요 누구든지 나와 복음을 위하여 자기 목숨을 잃으면 구원하리라 사람이 만일 온 천하를 얻고도 자기 목숨을 잃으면 무엇이 유익하리요"(막 8:35-36).

예수님은 자기 목숨을 구하고자 하는 사람은 결국 잃고 말 것이라는 말씀으로 거짓된 우리의 생각을 무너뜨리신다. 예수님은 오히려 이 사람들이야말로 인생을 허비한 사람들이라고 가르치시고 있다.

이제 예수님이 산상 설교에서 말씀하신 도전적인 질문과 그에 대한 놀라운 대답을 살펴보자. 우리가 하나님의 나라를 섬기는 일에 더 많은 시간과 노력을 쏟아부어야 한다면 우리의 나머지 필요들은 누가 돌봐줄 것인가? 예수님은 먼저 그분의 나라와 그분의 의를 구하는 사람들이 삶에서 이런 문제에 직면하리라는 것을 예상하셨다.

"그러므로 염려하여 이르기를 무엇을 먹을까 무엇을 마실까 무엇을 입을까 하지 말라 이는 다 이방인들이 구하는 것이라 너희 하늘 아버지께서 이 모든 것이 너희에게 있어야 할 줄을 아시느니라 그런즉 너희는 먼저 그의 나라와 그의 의를 구하라 그리하면 이 모든 것을 너희에게 더하시리라"(마 6:31-33).

예수님은 이 두 가지 경우를 분명히 대조하고 계신다. 먼저 그분의 나라를 구하면 하나님이 이 모든 것을 더하실 것이다. 하나님은 당신에게 무엇이 필요한지 다 아시며 또 그것을 주실 것이다. 당신의 목표가 바뀌면 당신의 주인도 바뀐다. 이제 당신의 주인은 당신이 아니라 하나님이다. 하나님은 "영광 가운데 그 풍성한 대로" 당신의 모든 필요를 돌보실 것이다.

다시 말해서 당신의 주인이 바뀔 때 새로운 일이 시작되며, 그로 인해 당신에게 필요한 모든 것이 제공될 것이다.

하나님의 나라를 섬기기 위한 도약대

실제적인 출발점이 필요한가? 결국 도약의 과정에서 가장 중요한 부분은 행동을 취하는 것이다. 머리로만 하나님을 섬긴다고 삶이 바뀌는 것은 아니다. 하나님을 섬기는 것은 행동하는 것이다. 거기에 당신의 모든 열정과 헌신이 집중되어야 한다.

다음은 하나님과 그분의 나라를 위해 깊이 헌신하려 할 때 언제라도 이용할 수 있는 몇 가지 도약판이다.

1. 하나님의 나라를 위해 더 많은 시간을 헌신하라

재정 컨설턴트인 론 블루는 두 권의 작은 책만 보면 그 사람의 가치관을 알 수 있다고 종종 말한다. 하나는 수표책이고 다른 하나는 일정이 기록된 다이어리이다. 그의 말이 맞다. 무엇을 먼저 추구할 것인가의 출발점은 항상 당신의 시간 사용에서 시작된다. 심지어 이익을 창출하는 능력의 출발점도 여기서 시작된다.

일정표에서 우선순위를 바꾸려고 노력하는 사람들이 가장 흔하게 범하는 실수가 있다. 이미 스케줄이 꽉 차 있는 삶에 다른 계획을 억지로 우겨넣으려 하는 것이다. 하지만 이런 접근은 실패를 부추길 뿐이다. 한 시간 정도 시간을 내어 지난 한 주를 어떻게 보냈는지 살펴보라. 한 시간 단위로 나누어 살펴보라. 그러면 과감하게 포기해야 할 일이 무엇인지 알 수 있다. 중요한 것을 끼워넣기 위해서는 덜 중요한 것을 포기해야 하기 때문이다. 그럴 때는 도끼를 들고 필요 없는 부분들을 찍어버리라.

> 무엇을 먼저 추구할 것인가의 출발점은 항상 당신의 시간 사용에서 시작된다.

한 친구가 교회에서 주일 학교 교사를 맡기로 결정했다. 그가 공과를 준비하기 위해 낼 수 있는 시간은 주일 아침 5시부터 8시 30분 사이의 시간뿐이었다. 결국 그는 더 중요한 일을 하기 위해서 덜 중요한 일, 즉 잠을 포기했다. 대신 모자라는 잠을 보충하기 위해 주일 오후에 어김없이 낮잠을 잔다고 했다.

일주일에 한 시간을 하나님의 나라에 직접 투자할 준비가 되어 있는가? 그렇다면 무엇을 할 수 있는지 확실히 정한 후에 변화를 시도하라. 그러면 곧 하나님의 나라를 위해 더 헌신하고 싶다는 마음이 점점 더 강렬해지는 것을 경험하게 될 것이다. 다음은 친구들이 적은 시간이나마 새롭게 헌신해서 큰 성공을 거둔 경우를 소개한 것이다.

- 토요일에 사역에 전념할 수 있도록 주 5일동안 하루 9시간씩 일하기로 회사와 협상했다.
- 큰 집을 팔고 작은 집으로 이사해서 매주 20퍼센트의 일을 줄인 후 남는 시간과 에너지를 하나님을 위해 사용하기로 했다.
- 여름 휴가를 이용해 선교 여행을 다녀왔다.
- 갈 곳이 없는 미혼모를 집에 데려와 돌봐주었다.

당신에게 도전이 되었다면 하나님이 그분의 명령을 실행하는 데 필요한 시간을 찾을 수 있도록 도와주실 것이다. 이제 당신의 삶에 어떤 일이 일어나는지 살펴보자.

2. 하나님의 나라를 위해 더 많은 보물을 드려라

예수님은 보물이 있는 곳에 마음도 있다고 가르치셨다(마 6:21). 이 말씀을 실제적으로 적용하는 방법은 분명하다. 하나님의 나라에 더 깊은 관심을 갖길 원하는가? 그렇다면 적극적으로 당신의 재물을 그분의 나라에 투자하라. 그러면 재물을 투자했기 때문에라도 당신의 마음이 그곳에 더욱 끌릴 것이다. 그러나 여기에는 또 하나의 원리가 적용된다. 보물을 바치며 희생한 만큼, 우리는 보물이 있는 곳에 마음이 끌린다. 드린 보화가 실제로 당신에게 그리 큰 희생이 아니었다면 당신의 마음도 그 보화로 그다지 끌리지 않았을 것이다.

때때로 돈으로 따지면 작은 액수에 불과하지만 우리에게 너무나 소중한 가치가 있는 보물이 있다. 내가 즐겨 소개하는 이야기 중에 그런 보물을 선물한 사람들의 이야기를 몇 가지 소개한다.

- 한 여성이 다른 여성에게 자신이 가장 소중히 여기던 그림을 선물로 주었다.
- 한 가족이 자신들이 가지고 있던 차 한 대를 가난한 모자 가정에게 주었다.
- 한 부부가 퇴직금 전부를 기부했다.
- 한 십대 청소년이 명절에 받은 용돈을 모두 헌금했다.
- 한 사원이 실직을 하고 낙심한 친구에게 아끼던 만년필을 선물했다.

봉제 인형, 가구, 항공 마일리지 포인트, 경연 대회에서 받은 여행 상품권, 결혼식 예물, 죽어가는 누이를 위한 신장 기증 등 이 외에도 우리가 나눌 수 있는 것들은 얼마든지 있다. 내가 만난 일곱 명의 '빡빡머리' 친구들의 이야기를 들려주고 싶다. 그들은 항암 치료 때문에 머리카락이 다 빠진 친구를 응원하기 위해 모두 머리를 밀었다.

하나님의 나라를 추구하는 삶이 얼마나 경이로 가득하고 기쁨으로 충만한지 아는가? 하나님께 대한 이러한 섬김은 우리를 부유하게 한다.

기억할 것이 하나 더 있다. 예수님은 하나님께 바치는 모든 것의 비밀은 단지 액수가 아니라 우리가 감당하는 희생의 정도에 있다고 가르치셨다. 조니처럼 백만장자가 되어야만 많이 바칠 수 있는 것이 아니다. 가난한 과부가 헌금함에 보잘것없는 돈을 넣을 때 예수님은 구경하는 사람들에게 그녀가 다른 어떤 사람보다 더 많이 드렸다는 놀라운 말씀을 하셨다. 그녀는 자신이 가진 전부를 드렸기 때문이다.

3. 하나님의 나라를 위해 더 많은 재능을 드려라

매주 주일이 되면 세계 곳곳에서는 탁월한 재능과 능력을 가진 성인들과 젊은이들이 교회로 몰려든다. 하지만 이상하게도 교회 안에 들어서기만 하면 그들은 대부분 수동적인 방관자가 된다. 그들은 주중에 직장에서 오직 월급 때문에 모든 노력과 기술과 창조력을 동원한다. 하지만 교회 안으로 발을 들여놓으면 갑자기 무기력한 방관자로 변한다. "하지만 난 제대로 하는 게 하나도 없어요"라고 그들은 중얼거린다. 아니면 "그냥 보기만 할래요"라든가 "십일조를 했잖아요. 그러니 제가 발 벗고 나설 필요가 없을 것 같습니다"라고 말한다.

하나님의 나라가 확장되고 발전하는 것을 위해 마음을 쏟고 헌신할수록 우리는 그리스도를 위해 자신의 모든 것과 할 수 있는 모든 것을 더 바치고 싶은 마음이 간절해진다. 그것이 바로 선한 청지기의 자세이다.

잠시 시간을 내어 자신을 살펴보라. 당신을 가장 잘 아는 사람들은 당신이 무엇을 가장 잘한다고 말해줄 것 같은가?

- 나의 가장 큰 장점/ 기술은 _____이다.
- 나의 두 번째 장점/ 기술은 _____이다.
- 나의 세 번째 장점/ 기술은 _____이다.

이제 여기서 개인적인 점검을 한 단계 심화시켜보자. 현재 이 장점과 기술을 하나님의 나라를 확장하는 데 어느 정도 사용하고 있는가? 당신의 시간 가운데 몇 퍼센트를 사용하고 있느냐는 말이 아니다. 재능과 열정, 훈련으로 하나님 나라에 얼마나 실제적으로 기여하고 있는지 묻는 것이다.

당신을 평가하고 기록해보라.

　당신의 마음이 열려 있다면 성령님이 새롭고 의미 있는 기회들이 생각나도록 도와주실 것이다.

4. 하나님의 나라를 섬기기 위한 기술을 개발하고 훈련하라

　잠자는 것과 일하는 것을 제외하면 우리는 훈련받는 데 가장 많은 시간을 쏟는다. 학교와 직업 훈련 프로그램으로 보낸 시간들을 생각해보라. 기술 훈련은 우리가 이루고자 하는 목표를 최대한 이룰 수 있도록 도와준다. WIB 선교회는 지금까지 우리가 자체적으로 개발한 프로그램을 통해 10만 명이 넘는 교사와 목회자들에게 좀 더 효과적인 의사소통을 위한 방법을 교육하고 훈련했다. 그리고 매년 맞춤형 집중 훈련을 하는 능력 개발원을 후원하여 각 팀원의 기술 향상을 도모하기도 했다.

　앞서가는 단체들이 교육에 그렇게 많이 투자하는 이유는 무엇인가? 그것은 생산성 증가, 품질 향상, 양질의 노동력을 통해 조직이 거두는 이익이 몇 배 더 늘어나기 때문이다. 신앙 생활에도 동일한 원리가 적용되어야 한다. 성경은 하나님이 모든 신자들의 삶 속에 선행과 그 열매가 맺히기를 원하신다고 가르친다.

　당신이 하나님을 더 효과적으로, 큰 성취를 이루며 섬기는 데 도움이 되는 구체적인 훈련 기회들을 생각해보라. 기독 서적, 세미나, 카세트 테이프, 비디오나 DVD, 가까운 신학교의 야간 강좌, 인터넷의 수많은 자료 등 의지만 있으면 얼마든지 기회는 많다.

　하나님이 우리를 본향으로 부르실 때까지 평생 배우겠다고 결심하라. 실질적이고도 도전을 주는 목표를 세우고 올해가 가기 전에 구체적으로 어떻게 이룰 것인지 방법을 적어보라.

5. 하나님의 나라를 위해 당신이 감당할 특수 임무에 대한 비전을 가져라

우리에 대한 하나님의 뜻을 강렬하게 자각하고 끊임없이 확인하지 않으면 우리는 대부분 하나님을 섬기는 일에 냉담하고 무관심해진다. 내가 만나본 사람들 중에 뜨거운 열정과 확신으로 하나님을 섬기는 이들은 자신의 인생에 대해 소명 의식이 뚜렷한 사람들이었다. 단 한 번의 기도나 숲속에서의 명상으로 갑자기 툭 떨어진, 한 순간의 뜨거운 체험이나 확신을 말하는 것이 아니다. 오히려 그들은 자신이 인생을 걸고 하고 있는 일이 영원한 의미와 중요성을 가지고 있음을 절대적으로 확신하고 있었다.

> 내가 만나본 사람들 중에 뜨거운 열정과 확신으로 하나님을 섬기는 이들은 자신의 인생에 대해 소명 의식이 뚜렷한 사람들이었다.

확신은 섬김에 집중력과 적극성을 가지도록 해준다. 또한 무엇이 불필요하거나 비생산적인지, 어떻게 목표와 상관없이 빗나갔는지 알려준다. 확신이 있는 사람들은 바울처럼 하나님의 손에 붙들려 있고, 자신들 역시 하나님을 붙들고 있음을 느낀다.

바울은 이 개인적 확신을 하나님께 "잡힌 바" 되었다고 표현했다. 그는 하나님의 붙드심 가운데 살고 있었고, 그 역시 온 힘을 다해 하나님을 붙들고 있었다. 하나님이 그의 인생에 대해 중요하고 특별한 뜻을 품고 계신다는 이런 인식은 바울이 그 누구도 흉내낼 수 없는 에너지로 평생 동안 그리스도를 섬기는 데 강력한 추진력을 공급했다. 바울은 그것을 이렇게 표현하고 있다. "내가 이미 얻었다 함도 아니요 온전히 이루었다 함도 아니라 오직 내가 그리스도 예수께 잡힌 바 된 그것을 잡으려고 달려가노라"(빌 3:12).

그의 말에서 강렬한 힘이 느껴지지 않는가? "오직 내가 그리스도 예수께 잡힌 바 된 그것을 잡으려고 달려가노라!" 하나님은 당신을 붙잡고 계신다. 그리고 당신도 붙잡고 있다. 하나님을 위해 인생을 헌신한 모든 종들의 가슴속에 뜨겁게 타올랐던 소명 의식의 동력이 바로 이것이다.

바울을 붙드신 하나님이 당신도 붙들어주신다. 이것을 항상 가슴에 간직하라. 사명이 무엇인지 깨닫고 확신하며 매일 더 힘을 내서 그 사명을 붙들 수 있도록 하나님께 도움을 요청하라. 당신의 우선순위를 당신이 하나님의 나라에서 맡은 특수 임무를 수행하는 것에 두고 있는가? 그러면 하나님에 대한 당신의 섬김은 활기로 넘칠 것이고 큰 열매를 거둘 것이다.

상급을 바라보라

주인과 종의 문제로 자신을 계속 둘째 의자에 묶어두고 있지는 않았는가? 이 장을 통해 마음에 분명한 확신을 얻게 되길 바란다. 자신의 한계를 절감하고 위대한 사랑의 하나님 앞에 무릎을 꿇거나, 아니면 최소한 그런 마음이라도 품게 되기를 진심으로 기도한다. 이것이 바로 영적 도약이다.

이제 살기 위해 목숨을 내놓아야 한다. 당신이 생명을 버리는 그곳에 영적 도약이 있다.

다른 길은 없다.

하지만 이만큼 큰 상급이 약속된 길도 없다. 바울은 그것을 "부르심의 상"이라고 불렀다. 우리의 동료 어부 베드로는 그것을 하나님을 섬길 때 얻는 "말할 수 없는 영광스러운 즐거움"이라고 표현했다(자세한 내용은 베드로전서 1:1-9을 읽으라).

그러나 잊지 말아야 할 것은 전환하는 과정에서 잠시 허우적거릴 수도 있다는 점이다. 그것은 별로 문제될 것이 없다. 지금까지 살아오면서 자신의 뜻을 우선적으로 섬기고 살아왔는가? 그렇다면 당신은 완전히 '나' 중심으로 살아온 셈이다. 하나님과 그분의 뜻 앞에서 당신에게 우선순위였던 것들이 소멸되면 지금의 생활이 이전처럼 재미있지도 않고 무의미하게 느껴지는 과도기적 시기가 찾아올 수 있다. 그러면 다시 옛 생활로 돌아가고 싶은 유혹을 느낄 수도 있을 것이다.

그러나 이런 경험을 잘못 해석해서는 안 된다. 자기 중심적 인생이라는 마약을 끊는 데 따르는 일시적인 현상일 뿐이다. 성령님께 이 과도기적 광야 시기를 무사히 통과할 수 있도록 구하라. 그리고 건너편에 있는 약속의 땅에 온전히 들어갈 수 있게 해달라고 기도하라. 당신의 시선을 하나님께 다시 고정하라. 그분은 늘 바로 당신 옆에 계시며, 믿음의 발걸음을 내딛도록 격려하며 응원해주신다.

끝까지 포기하지 않고 하나님을 구할 때 그분은 기뻐하신다. 계속해서 넘어지고 실패할지라도, 의심에 빠지더라도 하나님은 당신 안에 역사하고 계시다는 것을 잊지 말라. 하나님의 마음은 늘 우리를 향해 있고, 우리를 향한 매우 구체적인 목적들을 영원 전에 이미 정해 놓으셨다. 당신의 온 마음과 시간과 은사를 다 바쳐 하나님을 섬기는 것이 곧 영적 도약이 되는 이유가 바로 이 때문이다.

그 도약은 당신이 지금까지 찾기에 갈망해온 것, 즉 소명의 길로 당신을 인도할 것이다.

푸른 물결 위로 무엇인가 떠오르는 것이 보인다. 거대하다. 손에 쥔 줄에 팽팽한 힘이 느껴진다. 팔이 아플 지경이다. 등에서 땀이 비오듯 흐른다. 그러나 포기하지 말라. 조니가 응원을 보내고 있다. 베드로가 웃으며 "꼭 잡아!"라고 소리치고 있다.

이제 수면 위로 그것이 떠오른다. 인생의 상급, 바로 당신의 것이다.

5
차고 속의 괴물
정결한 마음을 향한 도약

몇 주 전 주말이었다. 마침내 나는 인내심의 한계를 느끼고 말았다. 아내도 오래전부터 같은 생각이었다. 우리 집 강아지도 그곳만 보면 으르렁거리기 시작했다.

그 주인공은 바로 우리 집 차고의 괴물이었다.

내가 심각성을 깨달은 것은 그 날 집으로 와서 차고 문을 열었을 때였다. 차고 문을 열어본 나는 차를 집 밖에 세워놓아야 할 판이라는 생각이 들었다. 그것도 영원히 말이다.

내 앞에 거대한 몸집을 드러낸 것은 언제라도 무너질 듯 쌓아놓은 상자

더미, 반쯤 쓰다 남은 페인트통들, 바람 빠진 타이어에 먼지를 뒤집어 쓴 자전거들, 재활용 수거통, 볼트가 풀린 채 수리하다 던져놓은 물건들, 다락방으로 치웠어야 할 성탄절 장식품, 지난 가을에 떨어진 낙엽들, 녹색 물총으로 난장판이 된, 그야말로 차고의 괴물이었다. 이웃집 아이 둘이 미로 같은 이곳에 들어왔다가 흔적도 없이 사라졌다는 흉흉한 소문이 돌까 무서웠다. 거기에다 쥐들까지 들어와 살고 있었다.

이제 주차시킬 데가 없어 자동차를 뺄 수밖에 없는 지경까지 이르렀다.

결국 나는 두 팔을 걷어붙일 수밖에 없었다. 크게 심호흡을 하고 나는 차고 안을 치우는 일에 착수했다. 물건을 분류하고, 버릴 것을 버리고, 보관할 물건을 따로 정리했다. 잡동사니들을 정리하자 차고가 금방 달라져 보였다.

남의 이야기가 아니라고? 도대체 우리는 잡동사니들을 왜 이렇게 정리하지 않고 쌓아두는가? 아마 당시에는 없어선 안 될 것 같이 보이기 때문일 것이다. 아니면 게을렀거나 시간이 없어 제대로 정리하지 못했을 것이다. 하지만 그 결과 우리는 괴물을 키우게 되고 급기야는 쫓겨나는 신세가 되고 만다.

우리의 죄도 이와 같다. 이기적인 결정을 하거나 우선순위를 잘못 정하거나 불순종할 때마다 크든 작든 간에 죄는 하나씩 쌓인다. 그리고 그 죄들은 우리를 에워싸고 위협할 정도로 쌓인다. 그 과정에서 우리와 하나님과의 관계는 멀어지고 그분의 음성도 점점 희미하고 낯설어진다.

당신은 책임감 있고 사려 깊으며 하나님의 뜻을 추구하는 사람이다. 그런 당신에게도 죄의 문제가 있는가? 물론이다.

신학교를 졸업한 성경 교사이며 애틀랜타 브레이브스(미국의 명문 프로

야구 팀 – 역주)의 팬인 나도 죄인인가? 물론이다.

당신도 대다수의 그리스도인들과 다르지 않다면 바로 이 순간 과거에 지은 죄로 신앙 생활이 위협을 받고 있을지 모른다. 아니면 지속적으로, 또는 가끔씩 죄를 짓지만 그 죄를 처리할 수 없어 결국 그 문제와 맞서는 일조차 포기해버렸을 수도 있다. 어쩌면 가구나 벽지처럼 그 죄가 당신의 삶에 장식물이 되도록 마지 못해 허용했을 수도 있다.

앞장에서 우리는 하나님을 섬긴다는 것이 무슨 뜻인지 살펴보았다. 당신이 하나님과 하나님의 나라를 먼저 구하는 헌신의 도약을 경험했길 바란다. 만일 아직 그런 도약을 경험하지 못했다면, 무엇인가가 당신을 붙잡고 앞으로 나아가는 것을 막고 있다면, 거기에는 죄가 개입되어 있을 것이다. 실제로 그리스도인들이 난관을 헤치고 하나님을 섬기거나 그와 의미 있는 관계를 누리지 못하는 이유로, 지금까지 지은 죄들이 얼마나 큰 비중을 차지하느냐고 물어보라. 나는 '거의 100퍼센트'라고 확신한다.

지금 하나님을 섬기며 믿음의 첫째 의자에 앉아 있는가? 그럴지라도 이 장을 꼭 읽어보라. 해결되지 않고 축적된 죄는 우리를 첫째 의자에서 끌어내려 둘째 의자에 단단히 묶어버린다. 여호수아는 여호와를 섬길지 선택하라고 이스라엘 백성들에게 도전하면서 "너희 중에 있는 이방 신들을 치워버리라"고 말했다. 여호수아는 이들에게 하나님 외에 섬기거나 숭배하고 있는 다른 대상이 있는지 다시 살펴보라고 요구한 것이었다. 그의 뜻과 길에 위배되는 것은 모두 버려라. 다시 말해서 모든 죄를 버리라는 것이다.

하나님은 "우리 사이를 가로막는 것을 완전히 치우지 않으면 너희가 나

> 해결되지 않고 축적된 죄는 우리를 첫째 의자에서 끌어내려 둘째 의자에 단단히 묶어버린다.

를 섬길 수 없다"고 말씀하셨다. 우리가 헌신의 의자에 계속 남아 있을 수 있는 유일한 방법은 무엇인가? 바로 하나님과 더불어 성결한 삶을 추구하며, 우리 마음 깊숙한 곳에 숨어 있는 죄를 찾아내고 깨끗이 치우는 방법을 배우는 것이다.

쌓아놓기

우리는 보통 물건을 산더미로 쌓아놓는 것을 긍정적으로 생각한다. 식료품 창고에 음식물을 쌓아놓는다. 사일로(사료, 곡물 등을 넣어 저장하는 원탑 모양의 건조물 – 편집자 주)에는 곡식을 쌓아둔다. 하지만 그리스도인이 삶에서 가장 많이 그리고 가장 거대하게 쌓는 것은 바로 죄이다. 그것도 한 종류의 죄가 아니라 수많은 종류의 죄를 쌓는다. 거기에는 최근의 죄만 쌓인 것이 아니라 수년 심지어 수십 년 동안 지은 죄들도 쌓여 있다. 단순히 사소한 불순종의 죄만 아니라 파괴적이고 엄청난 파급력을 지닌 재앙 수준의 죄악도 쌓여 있다. 사적인 불순종만 아니라 공적인 실패도 모두 다 쌓여 있다.

나는 지금 하나님과 우리를 영원히 갈라놓을 죄에 대해 이야기하는 것이 아니다. 당신은 그리스도인인가? 그렇다면 당신은 하나님의 용서하심과 영생에 대한 약속을 온전히 신뢰할 것이다. 예수님이 당신의 과거, 현재, 미래의 모든 죄를 위해 죽으셨기 때문에 결코 죄로 구원이 무효화되지는 않는다.

혼란을 피하기 위해 두 종류의 용서를 알아보자.

첫째, 구원을 위한 용서(salvation forgiveness)는 회심 때 단 한 번 이루어진다. 그 용서를 통해 하나님은 회심한 사람의 죄를 용서하시고 영원한 생명을 주시며, 하나님의 원수에서 하나님의 자녀로 신분을 바꾸어주신다. 그리고 그 증표로서 구속의 날까지 성령을 보내주신다. 신약 성경을 보면 일평생 한 번뿐인 이 구원을 위한 용서를 경험하는 예들이 많이 나온다.

둘째, 교제를 위한 용서(fellowship forgiveness)는 모든 신자가 평생 동안 반복적으로 경험해야 한다. 그 이유는 우리는 모두 구원을 받기 전이나 후에도 죄를 짓기 때문이다. 거듭난 신자가 죄를 지을 때마다 그 죄를 고백하라고 성경은 가르친다. 계속 반복된 죄로 하나님과 함께할 영원한 우리의 미래가 위협받지는 않는다. 하지만 온전히 그분을 섬기고 반응하며 즐거워할 수 있는 우리의 능력이 오염되고 약화된다.

모든 죄는 하나님을 근심하게 하고, 정도는 다르지만 하나님과 우리의 관계에 영향을 미친다. 하나님이 우리의 죄를 그분께 자백하라고 가르치신 까닭도 바로 이런 이유 때문이다. 그래야 그분과의 관계가 아름답게 유지될 수 있고, 그분이 아버지로서 사랑하시기 때문에 주시는 징계를 거두실 수 있다. 또한 인생의 모든 영역에서 우리의 삶이 거룩을 회복할 수 있고, 적이 우리를 괴롭히면서 하나님의 계획을 무너뜨릴 기회를 더 이상 갖지 못하게 만들 수 있다.

사도 바울이 모든 그리스도인들에게 다음과 같이 경고한 이유도 바로 이 때문일 것이다.

"이와 같이 너희도 너희 자신을 죄에 대하여는 죽은 자요 그리스도 예수 안에서 하나님께 대하여는 살아 있는 자로 여길지어다

> 그러므로 너희는 죄가 너희 죽을 몸을 지배하지 못하게 하여 몸의 사욕에 순종하지 말고… 너희 자신을 종으로 내주어 누구에게 순종하든지 그 순종함을 받는 자의 종이 되는 줄을 너희가 알지 못하느냐 혹은 죄의 종으로 사망에 이르고 혹은 순종의 종으로 의에 이르느니라"(롬 6:11-12, 16).

요즘 많은 그리스도인들은 초대 교회의 경건과 종교적 엄격성에 거부감을 보인다. 심지어 죄라는 단어에 알레르기 반응을 보이기도 한다. 그들은 스스로 은혜의 바다를 안전하게 다니고 있다고 생각하는 것 같다. 최선을 다하기만 하면 하나님의 자비로 나머지 문제들은 무조건 해결된다고 생각하는 것 같다.

그러나 이런 생각은 그리스도인의 삶의 의미를 제한적으로 그리고 매우 자의적으로 해석한 것이다. 하나님은 결코 죄를 용납하시지 않는다. 그리고 하나님이 개입하시지 않으면 우리는 결코 죄의 결과에서 벗어날 수 없다. 성경이 지속적으로 죄를 다루고 우리에게 "자신을 깨끗하게" 할 역할과 책임이 있다고 분명하게 말씀하는 이유도 여기 있다.

바울의 다음과 같은 조언을 깊이 생각해보라.

> "그러나 하나님의 견고한 터는 섰으니 인침이 있어 일렀으되 주께서 자기 백성을 아신다 하며 또 주의 이름을 부르는 자마다 불의에서 떠날지어다 하였느니라… 그러므로 누구든지 이런 것에서 자기를 깨끗하게 하면 귀히 쓰는 그릇이 되어 거룩하고 주인의 쓰심에 합당하며 모든 선한 일에 준비함이 되리라"(딤후 2:19, 21).

이 두 절은 "깨끗하게" 하는 일을 누가 해야 하는지 대단히 분명히 말하고 있다. 바로 "주의 이름을 부르는" 사람이다.

이런 깨끗하게 하는 행위, 혹은 앞서 정의한 용어를 빌리자면 교제를 위한 용서는 단 한 번만 필요한 것이 아니다. 그것은 성경의 표현대로 하면 '완전케 하는 거룩함(perfecting holiness, 개정 개역 성경에는 "거룩함을 온전히 이루어"라고 나와 있다 – 편집자 주)'인 더 거룩한 삶으로 나아가기 위한 지속적 과정이다. 고린도후서 7장 1절이 말한 대로 "이 약속을 가진 우리는 하나님을 두려워하는 가운데서 거룩함을 온전히 이루어 육과 영의 온갖 더러운 것에서 자신을 깨끗하게" 해야 한다.

> 죄를 고백하고 깨끗이 씻는 일이 가장 어려운 훈련에 속한다.

나는 지난 수년 동안 내가 알고 있는 '죄를 씻어내는 책임을 자원해서 맡는다'는 개념을 이해하고 적용하고자 노력해왔다. 이것은 언뜻 보기에는 단순하게 보일지 모르지만 결코 쉬운 일이 아니다. 오히려 나는 죄를 고백하고 깨끗이 씻는 일이 가장 어려운 훈련에 속한다는 것을 실감했다. 대부분의 경우 자신의 죄를 다룬다는 개념은 충치 치료나 차고 청소에 빗대어 설명할 수 있다.

두 경우 모두 처리를 늦출수록 더 많은 비용과 불편을 감수해야 한다. 그러므로 이제는 당황한 눈빛으로 그 죄 더미를 바라만 보지 말고 행동을 취해야 할 때이다.

죄 더미 치우기

당신이 차고 가운데 서 있다고 생각해보라. 당신은 어떻게 할지 계획을 세워두었다. 대형 쓰레기통도 준비되어 있다. 이제 나는 당신이 필요할 때면 언제든 죄 더미를 치우는 데 사용할 수 있는 강력한 청소 도구를 제공할 것이다. 나는 죄에서 자신을 깨끗이 하는 이 방법들에 대해 수천 명의 사람들에게 가르쳐왔다. 그러므로 당신에게 다음의 두 가지를 약속할 수 있다. 첫째, 이 방법은 당신에게도 효과가 있을 것이다. 절대 예외는 없다. 둘째, 과정은 쉽지 않겠지만 결과는 놀랍고 멋질 것이다.

1단계: 자신에게 죄 더미가 있음을 인정하라

경건한 변화를 향한 첫 단계는 항상 동일하다. 진실을 대면하고 상황을 진단하는 것에서 시작된다.

- 더 이상 진실을 외면하지 않는다.
- 당신이 문제라고 생각한 것을 합리화하며 넘기지 않는다.
- 당신이 옳다고 생각한 일을 행하지 않은 것에 대해 변명하지 않는다.

자신의 죄가 얼마나 있는지는 본인이 이미 알고 있다. 하나님이 자녀인 우리와 교제하고 계시기 때문이다. 그런데 우리는 고집불통인 어린아이처럼 귀를 막고 듣고 싶지 않은 소리를 듣지 않는다. 하지만 우리가 길에서 벗어나는 그 순간부터 성령님은 줄곧 우리 곁에서 우리에게 속삭이시고,

끈기 있게 타이르시며, 문제를 지적해주신다. 우리에게 진리의 빛을 비춰주시며, 우리가 죄를 깨닫고 변화되도록 간섭하신다.

이 단계는 모두 부정적인 내용밖에 없다. 가슴 아픈 일이지만 우리가 진실을 부정하는 데 얼마나 전문가인지 인정해야 한다. 상습적인 이 죄악의 사슬을 끊기 위해서는 지금까지 몰래 감춰둔, 심각한 죄의 문제가 우리에게 있음을 정직하게 인정해야 한다. 그리고 그 문제를 하나님의 자비와 은혜로 다루겠다고 결심해야 한다.

2단계: 완전히 깨끗한 마음을 가질 수 있다고 믿어라

좋은 소식이 있다는 사실을 잊지 말라. 우리가 보는 것이 우리의 필요뿐이라면 우리는 시작도 하기 전에 곤경에 빠져 전의를 상실하고 말 것이다. 그렇기 때문에 요한은 죄 씻음과 관해 말할 때 진리의 양면을 받아들이라고 말했다.

- 앞면: "만일 우리가 우리 죄를 자백하면"
- 뒷면: "그는 미쁘시고 의로우사 우리 죄를 사하시며 우리를 모든 불의에서 깨끗하게 하실 것이요"(요일 1:9).

그렇다. 우리에게는 반드시 처리해야 할 죄 더미가 있다. 하지만 하나님은 훨씬 더 큰 용서와 사랑으로 우리를 씻고 덮어주기 위해 기다리고 계신다. 그리스도의 강력한 보혈은 우리의 허물을 씻어내실 것이다. 그 사랑의 거대한 물결은 단 한 번으로도 우리의 허물을 깨끗하게 하실 것이다.

개인적인 경험으로 볼 때 아무리 오래되고 거대한 쓰레기 더미와 마주

친다 해도 하나님이 도우시면 아무 문제가 없다. 그분을 신뢰하라. 하나님은 당신의 마음 가장 어두운 구석에 숨어 있는 죄까지 하나도 남김 없이 씻어주시려고 우리를 붙드시며 힘을 주신다.

3단계: 의심과 공격에 대비하라

이제 조심해야 할 때다! 변화가 일어나려는 바로 그 순간 전진을 가로막는 적들이 포위망을 짜고 다가온다. 과거의 편안한 습관들이 그 가운데 하나이다. 또 다른 적은 사탄이다. 사탄은 우리가 실제로 이런 것들을 버릴 수 있는지 그리고 정말 그런 의지가 확고한지 자기 불신의 집중 포격을 가할 것이다. 당신의 속에는 "난 할 수 없어. 절대 안 돼. 너무 힘든 일이야. 처리할 죄가 너무 많고 다른 현실적인 문제들도 부담스러워"라고 반발하는 목소리도 있을 것이다. 이런 의심의 화살이 집중적으로 쏟아질 것을 미리 예상하라. 확신이 흔들리고 뒷걸음질치며, 심지어 절망에 빠질 수도 있다는 것을 예상하라. 그리고 이런 공격들을 정면 돌파해야만 더 높이 오를 수 있다는 것을 잊지 말라.

> 지금 움츠리고 물러서면 당신은 원하지 않는 일들을 더욱더 많이 하게 될 것이다.

나 역시 두려움 때문에 비틀거리며 깊은 혼란에 빠져 뒤로 물러났던 적이 있었다. 그래서 포기하지 말라고 더욱 격려해주고 싶은 것이다. 지금 움츠리고 물러서면 당신은 원하지 않는 일들을 더욱더 많이 하게 될 것이다. 더 많이 죄를 짓고, 더 많이 실패하며, 더 많이 불순종하고, 더 많이 예속당하게 될 것이다. 그리고 하나님이 예비하신 놀라운 풍성함과 축복은 더욱더 박탈당할 것이다.

믿음으로 일어서라. 당신의 구주이신 예수님이 흘리신 보혈의 공로를 믿으라. 그리고 포기하지 말고 전진하라. 그러면 사탄의 공격은 당신이 허용할 때까지만 지속된다는 것을 즉시 깨닫게 될 것이다.

4단계: 하나님께 모든 죄를 낱낱이 보여달라고 구하라

이제 당신은 가장 중요한 단계에 오를 준비가 되었다. 다음 단계는 하나님께 모든 진실을 보여주시도록 구하는 것이다.

사람들이나 전화로 방해받지 않는 조용한 곳을 찾아가라. 최소한 1시간 정도 집중할 수 있는 시간을 확보하라. 집 안에서 혼자 조용히 있을 수 있는 곳이나 교회 예배당도 좋다. 아니면 차를 몰고 집 근처의 조용한 숲속으로 찾아가도 된다. 성경과 메모지, 펜 그리고 성냥을 준비한다.

자리를 정하고 앉았다면 당신의 죄 더미를 볼 수 있게 해달라고 구하라. 하나님은 그 죄악들이 제거되길 당신보다 더 원하신다. 그 과정에서 당신에게 힘을 주실 것이며, 다루어야 할 모든 죄를 당신에게 보여주실 것이다. 다음과 같은 기도를 천천히 소리내어 마음을 다해 드리라.

> "사랑하는 하나님, 당신의 거룩하심 앞에 겸손히 무릎 꿇습니다.
> 당신이 계신 궁정에 들어가오니 은혜와 자비를 베풀어주옵소서.
> 저는 곤고하고 당신의 도우심이 절실히 필요합니다. 저를 도와주옵소서!
> 저의 모든 죄를 씻으라는 하나님의 명령에 순종하길 원합니다.
> 하나님이 거룩하시듯 저의 모든 행동이 거룩하길 원합니다.
> 하나님의 기쁨이 되길 원하며, 새로운 삶을 시작하길 원합니다.

산더미같이 쌓여 있는 저의 모든 죄를 보여주옵소서. 제 마음에 감춰진 것들이 드러나게 해주옵소서.
성령님, 성령님을 근심하게 했던 모든 것들이 기억나게 해주옵소서.
저의 모든 죄를 씻기 원합니다. 저를 도와주옵소서.
예수님의 이름으로 기도합니다. 아멘."

기도가 끝났으면 이제 기록한다. 하나님이 보여주신 죄를 한 줄에 하나씩 모두 써보라. 죄 하나하나를 평가하거나 그것에 대해 변명하지 말라. 이미 다룬 죄 문제는 아닌지 주저하지 말라. 다른 사람이 그 죄의 리스트를 읽지 않을까 걱정할 필요도 없다. 성냥을 챙겨 왔다는 것을 기억하라! 그 죄가 아무리 고통스럽거나 하찮든지, 크거나 작든지, 오래전 일이거나 최근 일이든 간에 성령님이 생각나게 하시는 죄는 모두 다 적으라.

조금 더 철저히 하기 위해, 바울이 갈라디아서 5장 19-21절에서 지적한 '육체의 일' 목록에 기초하여 작성한 다음의 열 가지 질문을 놓고 기도하길 바란다. 각각의 요청을 천천히, 소리내어 기도한다. 그리고 잠시 조용히 마음을 가라앉히고 생각나는 죄가 있으면 기록한다.

- "하나님, 제게 상처를 주었지만 용서해야 할 사람이 누구입니까?" 잠시 멈추고 기록하라.
- "저로 인해 상처를 받은 사람은 누구입니까?" 잠시 멈추고 기록하라.
- "제가 남의 것을 훔친 적이 있습니까?" 잠시 멈추고 기록하라.

- "누구에게 거짓말을 했거나, 일부러 나쁜 일에 빠지도록 한 일이 있습니까?" 잠시 멈추고 기록하라.
- "누군가를 험담하고 헐뜯은 일은 없습니까?" 잠시 멈추고 기록하라.
- "모든 성적인 죄를 기억나게 해주시옵소서." 잠시 멈추고 기록하라.
- "마음으로 미워하거나 시기한 사람이 있습니까?" 잠시 멈추고 기록하라.
- "술이나 담배, 난잡한 모임들로 죄를 지은 적이 있습니까?" 잠시 멈추고 기록하라.
- "분노한 가운데 죄를 지은 적이 있습니까?" 잠시 멈추고 기록하라.
- "제게 이기적인 야망이 있습니까? 또는 사람들 사이를 이간질시키지는 않았습니까?" 잠시 멈추고 기록하라.

지금쯤 당신은 감정적으로 완전히 탈진된 상태일 것이다. 이미 예상된 일이다. 하나님이 당신의 영적 심장을 수술하고 계시기 때문에 이러한 '찢기는 고통'은 수술 과정의 한 부분이다. 오래전 내가 처음으로 이런 목록을 만들었을 때가 기억난다. 그날은 내 인생에서 가장 절망스러운 날 가운데 하나였다. 내가 쓴 목록을 도저히 믿을 수 없을 정도였다. 하지만 그것은 내 앞에 있었고 내 손으로 직접 쓴 목록들이었다.

용기를 내라. 당신이 작성한 목록은 지금 당신의 모습이 아니다. 과거의 잘못에 대한 정직한 계산서일 뿐이다. 그것은 오히려 당신이 용기 있는 발걸음을 내디뎠다는 증거가 된다. 과거를 돌아보고 진실을 직면함으로써 미래를 바라보며 기쁨으로 하나님을 만나는 첫걸음을 내디딜 수 있게 된 것이다!

5단계: 한 번에 하나씩 하나님께 죄를 고백하라

> 당신이 작성한 목록은 지금 당신의 모습이 아니다. 과거의 잘못에 대한 정직한 계산서일 뿐이다.

우리가 지은 죄는 객관적인 실재다. 하나님은 그 죄를 다 알고 계시고, 이제 우리도 그 죄를 자각하게 되었다. 우리가 짓는 죄는 각각 서로 다르다. 그러므로 그에 따른 대가 역시 개별적으로 치러야 한다. 성경은 당신의 모든 죄가 전체적으로 용서받는 것은 평생에 단 한 번뿐이라고 말한다. 바로 구원받는 그 순간이다. 그리고 그 이후에 짓는 각각의 죄는 개별적으로 다루어진다. 따라서 하나님은 우리가 자신의 죄를 구체적으로 하나하나 그분께 고백하기를 기다리신다. 이런 고백의 과정을 통해 우리는 그분의 온전한 용서를 체험할 수 있다.

이제 다음과 같이 죄를 고백해보자.

- 하나님 앞에 무릎을 꿇는다. 말 그대로 무릎을 꿇어라. 당신은 하나님께 용서를 구해야 할 무거운 죄들이 있다. 겸손히 자신을 낮추어라. 만약 이 일이 너무 부담스럽고 힘이 든다고 생각되면 여기서 그만두는 편이 낫다. 당신의 마음은 아직도 너무 완악하고 준비가 되어 있지 않기 때문이다.
- 당신이 지금 어떤 심경인지 솔직하게 하나님께 털어놓고 그분

앞에 무릎을 꿇는 이유가 무엇인지 말씀드리라.
- 당신이 작성한 목록을 놓고, 죄를 하나하나 소리내어 하나님께 아뢰라. "하나님, _____ 한 죄를 지었음을 고백합니다. 저를 용서하시고 이 불의에서 저를 깨끗하게 씻어주옵소서."
- 각각의 죄에 대해 진심으로 천천히 기도하라. 고백하기 어려운 죄가 있다면 표시를 해두고 다음으로 넘어가기 전에 한 번 더 기도하라.
- 다 끝났으면 잠시 쉬어라.
- 특별히 마음에 부담이 되거나 당신을 괴롭게 하는 죄가 있다면 한 번 더 고백을 하라. 그래도 여전히 무엇인가 남아 있는 것 같다면 하나님께 도움을 구하라. 기꺼이 도와주실 것이다.
- 이 모든 과정이 끝났다면 잠시 멈추고 이렇게 여쭤라. "하나님과 저 사이에 고백하지 않고 남아 있는 죄가 있습니까?" 다른 죄가 떠오른다면 종이에 적은 다음 계속 고백하라.

6단계: 당신의 죄로 어긋난 관계나 다른 사람에게 끼친 손해가 있다면 회복하고 보상하라

이런 고백의 시간을 가지고 난 후에도 여전히 당신을 괴롭히는 죄들이 있으리라 생각한다. 이런 죄는 고백 그 이상이 필요하다. 회복이 필요한 것이다.

단절되거나 손상된 관계가 있는가? 돌려주어야 할 훔친 물건이 있는가? 누군가를 속인 것에 대해 용서를 구해야 하는가? 하나님이 당신의 마음에 어떤 응답을 주시든지 미루지 말고 실천하라. 당신은 이 놀라운 죄 씻음의 과정을 이미 시작했다. 이제 그것을 더욱 굳게 잡고 하나님의 능력과 은혜가 당신의 삶 속에 계속해서 넘치도록 그 과정을 끝까지 완수하라.

회복을 선택한 사람들이 승리와 자유함을 누리게 되었다는 이야기를 듣는 것은 언제나 즐거운 일이다. 어떤 사람들은 이 과정에서 원수처럼 등을 돌렸던 사람들이나 소원해진 가족을 하나님께 인도하게 되었다. 자신을 낮추고 사죄하는 모습에 그들의 마음이 감동한 것이다. 또 어떤 사람들은 부도덕한 행동으로 상처를 준 이들을 찾아가 용서를 구하고 치유를 경험하기도 했다. 이미 죽은 사람들을 포함해 자신에게 상처를 준 사람들을 용서한 사람들도 많았다. 50년 전에 가게에서 훔친 50센트를 되돌려준 사람도 있었다. 한 번의 어리석은 행동으로 50년 동안 양심의 가책을 받아 힘들었을 사람을 생각해보라.

회복 단계의 마지막은 당신의 삶 속에 완전히 청산되지 않은 죄와 관련이 있다. 앞으로 유혹을 만날 때마다 죄에 굴복하고 싶은 생각이 조금이라도 생긴다면 고백은 아무 소용이 없을 것이다. 지금 이 순간 당신은 중대한 결심을 해야 한다. 회개하고 죄에서 돌아서서 하나님께 순종하며 살겠다고 굳게 결심하라.

이것은 당신이 자신의 죄를 직시하며 유혹의 원천을 잘라버려야 한다는 의미이기도 하다. 내가 아는 사람들 가운데는 음란물을 보게 만드는 유선방송이나 위성 방송을 아예 끊어버린 사람들이 많다. 어떤 사람들은 집에 있는 술을 모두 버렸다. 어떤 사람들은 부적절한 관계를 청산함으로 부도덕을 물리치기도 했다.

어떤 유혹과 마주치든 간에 하나님의 은혜로 이길 수 있도록 그분이 도와주실 것을 확실히 믿으라. 당신이 다시 죄악에 빠진다면 동성(同性)의 믿을 수 있고 신앙의 연륜이 높은 성도와 그 문제를 상의하라(야고보서 5장을 보라). 당신이 모든 유혹에서 승리하는 습관이 자리잡을 때까지 당신을 지지해달라고 부탁하라. 죄의 결박을 끊고 자유를 얻는 일에 대해 더 도움이 필요하면 내가 쓴 「거룩 VS 유혹(Personal Holiness in Times of Temptation, 도서출판 디모데)」 148쪽에 나오는 '심층 정결 10단계' 부분을 읽어보라.

마지막으로, 당신이 현재 직면한 가장 어려운 부분이 무엇인지 살펴본 후 하나님께 여쭤보라. "순종의 삶을 살며 죄에서 자유하기 위해서는 어떻게 해야 합니까? 하나님, 제가 무엇을 하길 원하십니까?" 어떤 경우에도, 해결하기 쉬운 죄부터 시작하지 말라. 그렇게 되면 결코 끝을 낼 수 없을 것이기 때문이다. 당신은 곧 타협하고 다시 패배의 쓴 맛을 볼 것이다. 대신, 가장 어려운 문제를 다루어서 해결하라.

고통스럽기는 해도 당신은 하나님이 주시는 기쁨과 능력을 경험하게 될 것이다. 그분의 뜻에 순종할 때 자유를 얻을 수 있기 때문이다.

7단계: 죄의 목록을 태워버리고 깨끗하게 된 자신을 축복하라

이 작업은 하루, 며칠, 심지어 한 주나 두 주가 걸릴 수도 있다. 하지만 결국 죄의 목록은 마무리되어가고 있다. 당신의 양심은 하나님과 사람 앞에서 온전히 깨끗함을 입을 것이다. 그리고 세월이 흘러 '자신을 씻는' 이 중요한 행위가 당신의 삶에서 가장 중요한 이정표 가운데 하나였음을 깨닫는 날이 올 것이다.

모두 끝났다면 이제 성냥을 집으라.

안전한 곳에 가서 그 목록을 태우면서 예수님이 십자가에 달려 죽으심과 그분의 무한하신 용서에 감사하라. 마지막 종이가 재로 변하면, 그 모든 죄가 당신의 마음에서 제거되었음을 기뻐하라.

원수가 당신을 고소하고 무너뜨리려고 같은 죄를 들춘다면 한 순간도 거기에 대응하지 말라. 그냥 이렇게 외쳐라. "나는 죄를 완전히 고백했다. 그러므로 나는 완전히 용서받았으며 예수님의 보혈이 나를 감싸고 계시다는 사실을 선포한다."

축하한다. 당신은 엄청난 영적 관문을 통과했다.

차고의 교훈

하나님은 발람의 주의를 끌기 위해 나귀를 사용하셨다. 다른 방법이라면 그 똑똑한 사람이 받아들이지 않았을 메시지를 이 비천한 짐승의 입을 빌려 전하신 것이다. 나의 차고 역시 같은 교훈을 가르쳐주었다. 더 이상 죄를 용납할 수 없게 될 때, 당신은 하나님과의 관계에서 극적 진전을 이룬 것이다.

> 더 이상 죄를 용납할 수 없게 될 때, 당신은 하나님과의 관계에서 극적 진전을 이룬 것이다.

산뜻하게 정돈되어 공간이 널찍해진 그 차고 안에 들어섰을 때 내가 느꼈던 상쾌한 기분과 홀가분한 마음이 지금도 생각난다. 나는 놀라운 해방감과 함께 몇 달이나 찾아 헤매던 몇 가지 물건들을 발견했다. 그것만이 아니었다. 나와 아내의 대화도 완전히 달라졌다. 그 잡동사니 더미를 치우고 나니 속이 후련하고 힘이 솟았다. 그래서 나는 바로 서재로 들어가 집필 작업에 몰두했다.

하지만 차고 청소와 마음의 청소에 대해 한 가지 깨달은 것이 있다. 청결함을 유지하는 최고의 방법은 평소 생활을 깨끗하게 하는 것이다.

어떻게 하면 영적으로 깨끗한 삶을 살 수 있는가? 분명히 당신도 이런 질문을 종종 해보았으리라 생각한다. 진실한 제자라면 누구나 죄를 짓지 않고 싶은 간절함과 자신의 생활에서 죄의 근본 원인을 찾고자 노력할 것이다. 유혹에 저항하는 힘을 꾸준히 길러서 하나님을 기쁘게 해드리고 싶을 것이다.

다음 장에는 존재의 핵심, 자신이 느끼는 동기와 필요를 자극하고 깊은 내면 세계를 들여다보게 하는 내용이 실려 있다. 어리석은 실수와 반항의 대부분은 바로 여기에서 시작된다. 하나님은 이 부분에서 당신을 도약으로 이끄시고자 기다리고 계신다.

속이는 습관
자유를 향한 도약

요즘에는 신문의 만화란을 거의 보지 않는다. 아직도 만화란이라는 게 있는지 궁금할 정도이다. 하지만 몇 년 전 우연히 캘빈과 홉스라는 연재 만화를 본 적이 있는데, 지금도 그 내용이 생생하게 기억난다.

만화의 내용은 이런 것이었다. 캘빈의 상상 속 친구인 호랑이 홉스가 뒤에서 밀어주는 가운데 캘빈의 빨간 마차가 푸른 하늘 아래로 신나게 달리고 있다.

"홉스, 모르는 게 약이란 말이 진짜 맞아"라고 캘빈이 말한다. 캘빈은 곧바로 울창한 숲 속으로 방향을 튼다. "일단 알게 되면 어디를 가도 문제점이 보이기 시작해. 문제가 보이면 또 그것들을 고쳐야 한다고 생각하게 되겠지. 또….”

이제 두 주인공은 숲 속 사이로 난 좁은 길을 쏜살같이 달리고 있다. 뒤에서 밀던 홉스가 마차에 훌쩍 올라탄다. 캘빈은 마리오 안드레티(Mario Andretti, 이탈리아 출신의 전설적인 카레이서 – 편집자 주)처럼 능숙하게 굽은 길로 마차를 몬다. "문제를 고치고 싶으면 그 사람도 변해야 돼." 그가 어깨 너머로 홉스에게 소리친다. "변화란 재미없는 일을 한다는 뜻이지. 난 그런 건 정말 싫어!"

홉스의 머리가 계속 가지에 걸린다. 캘빈이 보지도 않고 운전을 할 수 있다는 것이 천만다행이었다. 그때 갑자기 마차는 숲을 빠져나와 언덕을 향해 달려간다. 마차와 더불어 캘빈의 목소리도 빨라진다. "하지만 일부러 어리석게 굴고 더 이상 아무것도 알려고 하지 않으면, 네가 원하는 건 무엇이든 계속할 수 있어. 행복의 비밀은 이기적으로 사는 거야. 눈앞의 것밖에 보지 못하고 어리석다는 게 흠이지만 말야!"

빨간 마차는 다음 장면으로 질주한다. 홉스의 눈이 튀어나올 것 같다. "앞에 절벽이 있어!" 홉스가 비명을 지른다.

그러나 캘빈은 눈을 질끈 감은 채 "알고 싶지 않아"라고 말한다.

만화의 다음 장면은 푸른 하늘이다. 그 가운데 붉은 마차와 호랑이 그리고 금발의 소년이, "으악" 하고 비명을 지르며 허공에 떠 있다.

마지막 장면에서 홉스는 아주 납작하게 엎어져 있고, 머리 위에는 별들이 빙빙 돌고 있다. 그는 "이런 엄청난 축복은 감당할 자신이 없어"라고 중얼거린다.

그러자 뒤집힌 마차 옆에서 캘빈이 대답한다. "말 조심해. 이 일로 배우고 싶은 교훈 따위는 없단 말이야."

이 만화 내용은 정말 공감이 간다. 우선, 나 역시 캘빈처럼 그 빨간 마차를 타고 중얼거리면서 몇 번 만용을 부린 적이 있다. 우리 가운데 이런 아찔한 흥분감과 스릴을 느껴보고 싶다는 생각을 해보지 않은 사람이 어디 있을까? 캘빈처럼 우리의 인생이 실망스런 죄 더미 속에서 끝나는 것은 어찌 보면 놀랄 일도 아니다.

만화 속의 캘빈은 이 장에서 우리가 다룰 주제인 '근시안적이고 어리석은 이기심'을 소개해준다.

이것을 지칭하는 하나님의 표현은 '죄'이다.

앞장에서 우리는 우리의 삶 속에 산더미처럼 쌓여 있는 죄악을 제거하는 방법을 살펴보았다. 이제는 차고가 다시 잡동사니와 쓰레기로 더러워지지 않도록 차고를 깨끗하게 유지하는 법을 배울 차례이다. 나는 당신이 인생의 겉모습이 아닌 내면을 살피고, 그럴 듯하게 치장된 삶의 껍질들을 벗어버리도록 돕고 싶다. 또한 괴로운 질문과 대면하도록 함께하고 싶다. "왜 우리는 특정 영역에서 반복적으로 죄를 짓는가?" "하나님을 사랑하고 그를 더 깊이 알고 싶다고 하면서, 그분을 기쁘시게 해드리고 그분을 더 닮아가고 싶다고 하면서, 어떻게 여전히 계속 죄를 지을 수 있단 말인가?"

대단히 많은 착한 그리스도인들이 유혹의 언덕을 질주해서 죄악의 절벽으로 떨어지고, 폐허의 더미에 처박히고 마는 이유는 무엇인가?

우리는 모두 작고 빨간 수레, 스스로 믿고 싶은 자기 합리화의 변명들, 그로 인한 처참한 실패의 두툼한 기록들을 훈장처럼 갖고 있다. 그럼에도 그런 삶을 여전히 지속한다. 그 이유들을 우리 스스로 모르고 있을 수도 있다. 인간은 동시에 여러 가지를 원하는 복잡하고 모순된 존재이다. 무엇보다도 우리는 현재보다 나은 삶이 지속되기를 바란다.

> 인간은 동시에 여러 가지를 원하는 복잡하고 모순된 존재이다. 무엇보다도 우리는 현재보다 나은 삶이 지속되기를 바란다.

사탄은 이 모든 것을 능숙하게 이용해 우리를 공격한다. 사탄은 우리가 무지가 축복이라는 생각을 버리고 무엇인가를 배우기로 결심하는 순간이 결코 오지 않기를 바란다. 이렇게 하지 않고는 다음 단계의 영적 도약을 이루는 것이 불가능하다는 사실을 사탄 역시 알고 있다. 죄의 끈질긴 유혹을 해결하기 위한 노력을 하지 않는 이상 우리는 결코 죄의 수레바퀴에서 벗어날 수 없다.

이 일은 힘들고 위협적인 일이다. 당신은 성숙을 향해 발걸음을 내디딜 엄두조차 내본 적이 없을지도 모른다. 그러나 포기하지 않고 전진할 각오만 되어 있다면 그런 노력이 실패한다 해도 하나님은 당신의 행동을 예배의 행위로 받아주시리라 확신한다.

이 책을 읽으면서 다음의 몇 가지 사실을 기억하라.

- 죄에 대해 말한다고 해서 죄인이 되는 것은 아니다.
- 죄를 지을 때마다 고백한다고 해서 구원받지 못했다는 의미는 아니다.
- 죄에 굴복할 때가 있음을 인정한다고 해서 하나님의 가족에서 내쳐지는 것은 아니다.

사도 바울도 이렇게 말했다.

"내가 행하는 것을 내가 알지 못하노니 곧 내가 원하는 것은 행하지 아니하고 도리어 미워하는 것을 행함이라… 오호라 나는 곤고한 사람이로다

이 사망의 몸에서 누가 나를 건져내랴"(롬 7:15, 24).

바울과 같은 믿음의 거장에게도 죄와의 싸움은 매우 실질적인 문제였다. 그러나 만화 속의 캘빈과는 달리, 바울은 몰랐다고 변명하지 않았다. 그는 하나님께 진리와 도움과 은혜를 간구하며 절대적 확신을 가지고 도약을 향해 흔들림 없이 전진했다.

우리가 앞으로 함께하려는 것이 바로 이것이다.

개인적인 죄의 이력

이 영역에서 영적 도약을 이루도록 돕기 위해 강의를 진행하게 되면 나는 참석자들에게 자신을 가장 괴롭히는 습관적인 죄가 무엇인지 생각해보라고 권한다. 큰 거부감이 없다면 이것을 '개인적 죄의 이력'이라고 부르자. 나는 다음과 같은 질문을 참석자들에게 던진다.

- 일주일 중 가장 죄를 많이 짓는 날은 언제인가?
- 하루 중 가장 죄를 짓기 쉬운 시간은 언제인가?
- 어디에 있을 때 죄를 가장 많이 짓는가?
- 누구와 있을 때 죄를 가장 많이 짓는가?
- 이런 환경 속에서 가장 많이 짓는 죄는 무엇인가?
- 죄를 짓기 직전에 구체적으로 어떤 감정이 생기는가?

마지막 질문의 요점을 이해시키기 위해서 나는 참석자들에게 다음과 같이 대답해달라고 요구한다. "유혹에 굴복하기 직전에 느끼는 감정은 ＿＿＿＿＿＿입니다."

보통 참석자들은 죄를 짓기 전 항상 동일한 감정을 가진다는 것을 발견하고 깜짝 놀란다. 어떤 죄를 짓든지, 죄의 유혹에 흔들릴 때마다 사람들이 느끼는 감정은 다르지 않다. 상황만 달라질 뿐이다.

그러고나서 그들이 배운 것을 토대로 한 단계 더 나가도록 요청한다. 일곱 번째 질문에 대면하도록 하는 것이다. "그런 유혹을 받을 때 무슨 약속으로 당신을 유혹합니까?"

지금쯤이면 그들이 어떤 대답을 할지 파악했을 것이다. "막상 지금은 기분이 나빠도 그 죄를 짓고 나면 그런 마음은 씻은 듯 사라지고, 오히려 내가 좋아하는 긍정적인 느낌이 생길 거라고 약속합니다."

이 시점에서 나는 참석자들에게 그들이 죄를 짓기 직전에 느끼는 감정을 가장 잘 드러내는 단어들을 모두 적어보라고 지시한다. 그들이 어떤 단어들을 선택할지 예상할 수 있겠는가? 잠시 시간을 내어 자신에게 같은 질문을 던져보라.

당신의 대답이 다른 사람들의 답과 비슷하다면 당신은 아마 억압, 외로움, 소외감, 거부, 불행, 싫증, 배신, 허무, 무력감으로 인한 괴로움, 정확히 콕 짚어 말할 수 없는 어떤 것 때문에 뭔가 갉아먹는 듯한 고통, 불만족, 좌절감, 공포, 불안 등과 같은 단어들을 적었을 것이다.

분명히 유혹은 이런 부정적인 감정들과는 정반대의 것을 약속할 것이다. 죄는 이런 모든 부정적인 감정이 아닌 달콤하고 긍정적인 것들을 주겠다고 약속한다. 혹은 내 경우처럼 평안의 감정을 주겠다고 약속하기도 한다.

우리가 죄를 짓는 근본적인 이유는 두 가지다.

- 첫째 이유: 우리는 죄를 지을 때 얻는 쾌락을 원한다.
- 둘째 이유: 우리는 고통을 잊거나 그것에서 벗어나기를 원한다. 이것은 우리가 죄의 유혹을 받는 직접적인 원인이다.

둘 다 비슷한 말로 들리는가? 하지만 중요한 부분에서 이 둘은 구분된다. 술을 예로 들어보자. 사람들이 술에 취하는 이유는 결국 둘 중 하나다. 우선, 사람들은 술에 취할 때 느끼는 행복감이나 개인적 해방감을 좋아한다. 예를 들어, 주말에 친구들과 어울리는 것은 보통 즐거운 시간을 갖고 싶어서이다. 술도 즐거움을 위해서 마신다.

그러나 집이나 사무실에서 혼자 술을 마시는 경우가 많다면 술을 마시는 이유가 단순히 쾌락을 위한 목적이 아닐 가능성이 높다. 좀처럼 벗어날 수 없는 내적 고통을 잊기 위해 술을 마시는 것이다. 이럴 경우 술 취함의 죄는 쾌락이 아니라 고통을 없애고 싶다는 갈망이 강력한 동기로 작용하고 있다.

성적 부도덕도 같은 시각에서 바라볼 수 있다. 성(性)은 즐거운 것이다. 하지만 많은 사람들이 그것을 마약처럼 사용한다. 외로움이나 소외감이나 무력감을 감추기 위해 성에 기대는 것이다.

쾌락을 추구하는 것이 하나님 보시기에 잘못된 것인가? 고통을 없애고자 하는 노력이 하나님 보시기에 나쁜 일인가?

절대 그렇지 않다. 하나님은 이 문제에 관한 한 우리를 모두 동일한 존재로 만드셨다. 우리 가운데 어느 누구도 고통을 좋아하지 않는다. 쾌락을 싫어할 사람이 없다. 문제는 동기가 아니라 방법이다. 잘못된 방법으로 그것을 해결하려 하는 것이다. 그러나 일단 죄를 짓는 두 가지 이유(쾌락을 얻기 위해 죄를 짓거나 고통에서 벗어나기 위해 죄를 지음)를 이해하면 중요한 몇 가지 영적 도약을 이룰 수 있다.

여기서 중점적으로 소개하고 싶은 영적 도약은 다음과 같은 질문들로 시작된다. 만약 쾌락을 위해 술을 마신다면 마음이 즐겁고 평안할 때 술에 취할 가능성이 줄어들지 않겠는가? 고통을 잊기 위해 술을 마신다면 고통이 사라지면 과음을 안 하지 않겠는가?

위로를 구하는 기도

몇 년 전, 죄에 대해 획기적인 깨달음을 얻은 적이 있었다. 속마음은 정말 죄를 짓고 싶지 않았는데, 삶의 특정한 한 부분에서는 유혹을 이기지 못하고 굴복하는 나 자신을 발견했다. 나는 유혹에서 승리할 수 있는 실제적인 해결책은 정말 없는 것인지 심각하게 고민했다. 그러던 어느 날 하나님은 내 눈을 열어 한 가지 해답을 확실하게 깨닫게 해주셨다. 그때 앉아 있던 장소가 지금도 정확히 기억난다. 그 해답은 나를 비롯한 수많은 사람들에게도 도움이 되었다.

당시 나는 유혹에 흔들릴 때가 어김없이 마음이 괴롭고 우울할 때라는 것과 사실상 내가 위로를 구하고 있을 때라는 것을 깨달았다. 그리고 하나님께 위로를 얻을 수 있는 다른 방법을 알려주시길 간구하고 있었다. 바로 그때 위로자인 보혜사를 보내주시겠다고 약속하신 예수님의 말씀이 생각났다. 예수님이 다락방에서 제자들에게 말씀하신 것에 귀기울여보라.

"내가 아버지께 구하겠으니 그가 또 다른 보혜사를 너희에게 주사 영원토록 너희와 함께 있게 하리니 그는 진리의 영이라 세상은 능히 그를 받지 못하나니 이는 그를 보지도 못하고 알지도 못함이라 그러나 너희는 그를 아나니 그는 너희와 함께 거하심이요 또 너희 속에 계시겠음이라"(요 14:16-17).

예수님은 우리 "속에" 거하시며 우리의 영원한 위로의 원천이 되도록 성령을 보내시겠다는 놀라운 축복을 약속하셨다. 그런데도 나는 이 약속을 죄와의 싸움과 연관시키지 못하고 괴로워했던 것이다. 이런 생각으로 마음이 흥분되고 설렌 나는 유혹을 받을 때 이런 위로를 구체적으로 원한다면 어떤 일이 생길지 궁금해졌다. 성령님이 나에게 절대적으로 필요한 위로를 주셔서 죄의 유혹에 흔들리지 않도록 해주실까?

> 나는 유혹에 흔들릴 때가 어김없이 마음이 괴롭고 우울할 때라는 것을 깨달았다.

나는 한번 시험해보기로 결심하고, 성령님께 간단하게 요청하는 기도를 드렸다. "사랑하는 성령님, 당신은 저의 개인적인 위로자로 보내심을 받았습니다. 저는 지금 위로가 절실히 필요합니다. 범죄하고 싶지 않습니다. 저를 위로해주십시오. 예수님의 이름으로 기도합니다. 아멘."

그것이 전부였다. 그리고 나는 손목시계를 풀고 과연 무슨 일이 일어날 것인지 기다렸다.

처음에는 아무 변화도 일어나지 않았다. 그 순간 얼마나 낙심하고 실망감을 느꼈는지 모른다. 하지만 곧 느리지만 무엇인가 미묘한 변화가 느껴지기 시작했다. 바로 위로의 손길이었다. 언제 내게 위로의 성령이 임하셨는지는 정확히 모른다. 다만 확실한 사실은 내가 위로를 받았다는 것이었다. 내 영혼은 평안을 얻었고 더 이상 고통스럽지도 않았다.

내가 죄의 유혹과 마주쳤을 때 그것은 기적처럼 뒷걸음질치며 어둠 속으로 사라졌고 나의 생각에서도 멀어졌다. 드디어 자유를 경험한 것이다. 나는 유혹이 찾아와도 죄를 짓지 않고 물리칠 수 있다는 사실을 깨달았다. 죄를 지을 이유가 사라졌고 내 마음은 기쁨과 만족으로 충만해졌다.

이런 경험 이후로 나는 나의 위로자이신 성령님께 여러 번 기도를 드렸다. 그리고 그 과정에서 변하지 않는 두 가지 진리를 발견했다. 성령님이 언제나 내 마음속에 내주하시며 그분의 책임을 다하신다는 것과, 그 순간을 정확하게 포착할 수는 없지만 그분은 언제나 위로를 구하는 내 기도에 3분 내에 응답해주셨다는 것이다.

위로를 구하는 이 기도를 '유혹을 물리치는 3분 기도'라고 부르겠다. 다음에 죄의 유혹을 느낀다면, 부정적인 감정을 느끼거나 마음이 공허하고 위로가 필요한 것은 아닌지 스스로 확인해보라. 그리고 그 깊은 필요를 하나님께로 가져가라. 위로자 되신 성령님께 도움을 요청하라. 그리고 시계를 풀고 시간을 재어보라. 분명히 성령님이 3분 내에 당신을 위로하실 것이다. 그러면 죄 지을 일은 더 이상 없다. 유혹의 원인이 제거 됨으로 죄를 지을 필요도 사라지기 때문이다.

근본 원인의 제거

위로를 찾게 만드는 내적인 고통을 해결할 두 번째 방법이 있다. 그것은 고통에 대한 위로를 얻는 것이 아니라 아예 고통의 원인 자체를 제거하는 것이다.

　모든 고통이나 부정적인 감정은 유혹이 자라는 비옥한 토양이 된다. 그런 고통이나 부정적인 감정이 신체적인 건강과 관련된 것이 아니라면, 이것은 해결되지 않은 문제나 사건에 그 원인이 있다. 이것은 영적 도약에서 반드시 거쳐야 하는 여정이다. 당신이 겪는 내적 고통의 원인을 보여주시도록 하나님께 구하는 일을 시작해보라. 하나님은 반드시 그 원인을 보여주실 것이다. 내 경험과 다른 많은 사람들의 경험을 토대로 할 때, 우리가 느끼는 내적 고통 가운데 70퍼센트 이상은 용서하지 않는 마음에 원인이 있고, 20퍼센트는 해결되지 않은 개인적인 갈등 때문에 일어나는 것 같다. 나머지 10퍼센트는 그 외의 다른 문제에 원인이 있을 것이다.

　지난 장에서 살펴보았듯이, 용서하지 않는 마음과 해결되지 않은 개인적인 갈등을 해결하면, 현재 우리가 겪는 고통도 눈 녹듯 사라진다. 그렇게 되면 죄의 유혹도 급속히 힘을 잃고 사그라들고 그 빈도 역시 줄어들 것이다. 그때 우리는 이전에 몰랐던 하나님의 임재를 더욱 가깝게 경험하게 될 것이다. 그 이유는 분명하다. 우리가 죄에 빠져 있을 때는 죄책감과 수치심으로 마음에 영적 장벽이 생긴다. 그 장벽은 하나님이 당신으로부터 수백만 킬로미터 밖에 계신 듯한 느낌을 갖게 만든다. 물론 하나님은 그렇게 멀리 계시지 않는다. 하나님은 이 장벽의 맞은편에서 당신을 위로할 만반의 준비를 갖춘 채 기다리고 계시기 때문이다. 용서와 화해의 길을 무사히 통과하고 어려운 모든 상황을 극복하도록 도와주시기 위해 기다리고 계신다.

　이 책 5장과 12장에서는 원한과 용서하지 않음으로 생긴 뿌리 깊은 문제들과 관련하여 죄 고백, 죄의 씻음, 회복의 단계들을 자세하게 다루고 있다. 기도하면서 용기를 가지고 그 장들을 읽으라. 당신이 삶 가운데 거룩함을 향해 더 깊은 헌신의 발걸음을 내디딜 때 당신은 결코 혼자가 아니라는 것을 기억하라. 당신의 삶을 괴롭히고 영적 여정을 방해하는 고통스러운 내면의 문제들을 하나님이 다루어주시며 늘 함께해주시기 때문이다.

하나님이 당신의 삶에 만족과 치유와 위로를 주시길 얼마나 원하시는지 깊이 깨달은 적이 있는가? 다음은 당신이 죄와 씨름할 때 묵상하고 기억해야 하는 핵심 구절들이다.

> "나의 하나님이 그리스도 예수 안에서 영광 가운데 그 풍성한 대로 너희 모든 쓸 것을 채우시리라"(빌 4:19).

> "평안을 너희에게 끼치노니 곧 나의 평안을 너희에게 주노라 내가 너희에게 주는 것은 세상이 주는 것과 같지 아니하니라 너희는 마음에 근심하지도 말고 두려워하지도 말라"(요 14:27).

> "주께서 생명의 길을 내게 보이시리니 주의 앞에는 충만한 기쁨이 있고 주의 오른쪽에는 영원한 즐거움이 있나이다"(시 16:11).

이 말씀은 우리가 온전한 순종으로 하나님을 따를 때 그분이 우리의 필요를 채워주시며 그분의 놀라운 내적 평안을 주기 원하신다는 사실을 알려준다. 세상에서 가장 만족해하는 사람은 성령을 의지하며 사는 첫째 의자의 사람이다. 그는 과거의 실패와 상처를 회피하지 않고 그것들을 하나씩 마주하여 완전히 해결하는 사람이다.

존재의 핵심

앞에서 우리는 심적 고통과 환경적 어려움에 처할 때 고통 회피의 방편으로 죄를 짓고 싶은 유혹을 받게 된다는 것을 간략히 살펴보았다. 이제는 더 본질적이고 심층적인 곳을 들여다볼 때가 된 것 같다. 그것은 오직 하나님만이 완벽하게 꿰뚫어보실 수 있는 당신이란 존재의 어둡고 비밀스러운 중심부이다.

존재의 핵심에서 일어나는 고통과 불만족은 환경이나 깨어진 관계 또는 충족되지 않은 육체적, 정신적 필요 때문에 생긴 고통과는 다르다. 종종 우리는 그 차이를 느끼지 못하기 때문에 해결하고자 하는 방식도 비슷하다. 하지만 둘 사이에는 엄연한 차이가 있다. 하나는 환경과 우리의 육적인 본성에 원인이 있으며, 다른 하나는 우리의 영적 본성에 뿌리를 두고 있다.

설명하자면 이렇다. 태초에 하나님은 그분의 형상대로 아담과 하와를 창조하셨다. 그리고 매일 매순간 우리가 하나님과 인격적인 교제를 나누고 연합을 누릴 공간으로 세상을 창조하셨다. 그러나 타락 이후 인간은 그분의 인격과 현존을 향한 채워지지 않는 갈증에 시달리게 되었다. 하나님은 인간을 영적인 존재로 설계하셨다. 그래서 우리는 보고 듣고 만질 수 있는 인간의 오감으로는 인생이 채워지지 않는다는 것을 너무나 잘 알고 있다.

이러한 공허는 모든 인간이 느끼는 것이다. 이러한 공허는 하나님이 우리로 하여금 그분을 추구하게 하실 목적으로 만드셨다. 이 근원적 공허를 늘 채워도 채워지지 않는 진공 상태, 하나님의 자녀로서 그분과 함께하며 그분을 더 풍성히 경험하고, 결국 언젠가 천국에서 함께하고 싶어하는 마음에서 일어나는 강렬한 향수병이라고 생각해보라.

> 이러한 공허는 하나님이 우리로 하여금 그분을 추구하게 하실 목적으로 만드셨다.

하나님을 향한 이러한 갈증을 주신 목적은 이 갈망을 오직 그분을 통해 채우도록 하기 위해서다. 하지만 인간은 다른 수많은 방법으로 이 허기를 채우려고 한다. 공허함이 영적인 것이라고 해서 사람들이 그것을 영적으로 해결하려 하는 것은 아니다. 예를 들어 사람들이 이러한 근원적 공허를 해결하는 가장 일반적인 방법은 분주하게 사는 것이다. 바쁘게 살면 잠시 동안 그 공허의 존재를 망각할 수 있다. 텔레비전, 스포츠, 음악 등도 그 공허를 가리는 수단으로 사용된다. 그러나 공허는 절대로 이것으로 메꿔지지 않는다. 하나님은 이러한 우리에게 큰 은혜를 베푸신다. "내 자녀야, 와서 나를 만나라"고 말씀하면서 우리의 영혼을 항상 끌어당기신다.

사도 바울이 아덴 사람들에게 설교할 때 이 공허에 대해 설명한 부분을 들어보자.

> "인류의 모든 족속을 한 혈통으로 만드사 온 땅에 살게 하시고 그들의 연대를 정하시며 거주의 경계를 한정하셨으니 이는 사람으로 혹 하나님을 더듬어 찾아 발견하게 하려 하심이로되 그는 우리 각 사람에게서 멀리 계시지 아니하도다 우리가 그를 힘입어 살며 기동하며 존재하느니라… 어떤 사람들의 말과 같이 우리가 그의 소생이라 하니"(행 17:26-28).

하나님을 "더듬어 찾는다"는 단어의 의미가 이해되는가? 하나님이 우리 곁에 계심에도 불구하고 그를 더듬어 찾겠다는 결심이 반드시 필요하다. 이 내적 공허함에 어떻게 반응하며, 그 공허를 채우기 위해 무엇을 찾아 헤매는지는 우리가 앉은 헌신의 의자가 무엇인지와 전적으로 관련이 있다.

첫째 의자 그리스도인은 공허를 자신의 삶에서 가장 중요한 의미를 부여하는 자극제로 여긴다. 그는 하나님과의 친밀한 관계가 이 공허를 채운다는 것을 깨닫는다. 사실 그 공허는 존재의 근원에서 흘러나오는 생명과 축복의 강이 된다(요 7:37-39). 시편은 자신의 내적 갈망이 오히려 자신을 하나님께로 향하게 했음을 고백하는 첫째 의자 그리스도인들의 간증으로 가득하다(특히 시편 23편, 42편, 119편을 보라).

둘째 의자 그리스도인은 공허함을 인정하지만, 하나님만이 그것을 채우실 수 있다는 믿음이 없다. 그가 그리스도인이 된 순간 성령님이 그의 마음에 들어오셔서 하나님과 온전한 관계를 누릴 수 있다고 속삭이기 시작하셨다. 이처럼 그가 첫째 의자의 교제를 누리는 시기도 있었지만 그것은 그리 오래가지 못했다. 둘째 의자 그리스도인은 자신이 두 세계의 좋은 것만을 최대한 누리고 있다고 착각한다. 모든 통제권을 내어드리기에는 하나님을 신뢰하기가 어렵다(하나님은 즐거운 얼굴에 찬물을 끼얹으시며 재미를 싫어하는 분이라고 생각하기 때문이다). 성자(聖者)들과 복음 전도자들처럼 특별한 영적 은사를 받은 사람들이 아니라면, 하나님에 대한 절대적 헌신은 천국에 가서야 가능하다고 생각한다. 둘째 의자 그리스도인은 재물과 성공, 성이나 오락, 적당한 종교 생활로 이 공허감을 잊는다. 적어도 영원한 구원은 이미 보장받았다는 것을 알고 있다.

셋째 의자의 사람도 공허를 느낀다. 그러나 하나님과의 개인적인 관계를 믿지 않으므로 정신과학, 이단, 미술, 음악, 여러 분야에 대한 지적 탐구 등 다양한 대체물로 그것을 채우려고 노력한다. 이러한 대체물들은 개인의 생각이나 감정, 상상으로 창조한 만들어진 신, 즉 우상이다. 셋째 의자의 사람은 그 공허를 기질적인 연약함, 우울해하는 경향 때문이라고 단정할지도 모른다. 대중가요나 소설, 영화들은 본원적 공허를 달래는 내용들로 가득하다. 예를 들어, 사랑이 어떻게 당신을 구원해줄 수 있는지 말하거나, 아니면 그 무엇도 당신을 구원해줄 수 없기 때문에 먹고 마시고 즐기자는 허무주의적 패배주의가 넘쳐난다.

지금 당신과 나는 어떤 의자에 앉아 있는가? 자신이 현재 어떤 상태에 있는지 분명히 깨달았으리라 생각한다. 공허는 우리를 하나님께로 나아가게 만드는 촉매제가 된다. 그러나 우리가 이러한 우리 자신의 본성에 대한 진실을 외면한다면 그 공허는 사탄의 도구로 악용되어 우리를 죄로 계속 끌어당길 것이다.

궁전의 가난뱅이

우리는 한 가지 중요한 질문을 하게 된다. 하나님이 우리의 중심에 빈 공간을 두셨다면 어거스틴의 말대로 선의의 그리스도인들을 포함한 거의 모든 사람은 왜 그곳을 다른 것으로 채우려 하는가?

하나님이 진실을 말씀하신다는 절대적인 믿음이 우리에게 없다는 것이 한 가지 이유라고 생각한다. 구체적으로 말하면, 하나님과 지속적이고 만족스러우며 친밀한 관계를 맺는 것이 진정으로 가능한지 의심하기 때문이다. 물론 이것은 둘째 의자의 생각이다. 그 결과 우리는 자신의 동기, 필요, 부족으로 생기는 고통과 내면 가장 깊은 곳에 있는 하나님이 주신 영적 공허를 비본질적인 방법으로 해결하려고 한다.

사실 우리는 하나님의 대체물로 우리 마음의 공허를 채우는 데 대단히 익숙해져 있다. 그래서 더 이상 공허함의 고통을 자각하지 못하는 경우가 대부분이다. 놀랍게도 우리는 그런 필요를 채우려고 하는 시도가 우리를 얼마나 죄와 비극으로 이끄는지 깨닫지 못한다. 캘빈처럼 바닥에 나동그라질 때조차 우리의 삶이 통제 불능 상태가 될 위험성이 있음을 깨닫지 못한다.

예수님은 우리가 자기 인생의 통제권을 갖고 있다고 생각하지만 사실은 그렇지 않으며, 스스로에게 가장 유익한 방향으로 살고 있다고 생각하지만 사실은 자신의 운명을 배신하고 있다고 경고하신다. 또한 하나님을 배제함으로써 최고의 몫을 챙기고 있다고 생각하지만, 실제로는 거지처럼 살고 있는 것이 우리의 실상이라고 지적하신다.

> 우리는 하나님의 대체물로 우리 마음의 공허를 채우는 데 대단히 익숙해져 있다. 그래서 더 이상 공허함의 고통을 자각하지 못하는 경우가 대부분이다.

라오디게아의 그리스도인들에게 하신 예수님의 격정적인 말씀을 기억하라.

"네가 말하기를 나는 부자라 부요하여 부족한 것이 없다 하나 네 곤고한 것과 가련한 것과 가난한 것과 눈 먼 것과 벌거벗은 것을 알지 못하는도다 내가 너를 권하노니 내게서 불로 연단한 금을 사서 부요하게 하고 흰 옷을 사서 입어 벌거벗은 수치를 보이지 않게 하고 안약을 사서 눈에 발라 보게 하라"(계 3:17-18).

이 말씀을 보면 우리는 작은 마차가 파멸의 언덕 아래로 달려가는 모습을 볼 수 있다. 겉으로는 이익을 보는 것 같지만 실제로는 손해를 보고 있는 것이 한눈에 들어온다. 모든 것을 가진 사람, 곧 타협한 그리스도인이 실제로는 궁전의 가난뱅이처럼 살고 있음이 드러난다.

예수님은 반항적이고 빗나간 자녀들인 우리 각 사람에게 익숙하지만 위로가 되는 초대의 말씀을 주신다. "볼지어다 내가 문 밖에 서서 두드리노니 누구든지 내 음성을 듣고 문을 열면 내가 그에게로 들어가 그와 더불어 먹고 그는 나와 더불어 먹으리라"(계 3:20).

예수님의 이 말씀은 다음과 같이 풀어쓸 수 있다. "내가 여기 있는 것은 너를 구원하고 네가 숨을 거둘 때 천국으로 데려가기 위해서다. 그러나 네가 나를 받아들인다면 바로 지금 비교할 수 없는 풍성하고 놀라운 일을 경험할 수 있다."

예수님이 더 많은 것을 갈망하는 그 빈 공간인 근원적 공허를 어떻게 묘사하고 계시는지 유의해보라. 그분은 이 공허를 교제의 즐거움과 풍요로움, 궁극적 만족이 넘쳐흐르는 연회장으로 묘사하고 계신다.

예수님은 언제나 마음의 문을 두드리심으로 우리에게 먼저 한 걸음 다가오시는 분이다. 하지만 예수님은 우리가 먼저 결정을 내리고 빈방으로 들어가는 문을 열기 바라신다. 우리 삶의 더 깊은 자리로 그분을 초대하길 기다리신다.

이어서 예수님은 미지근한 그리스도인일지라도 자신을 초대하면 그 초대에 반드시 응하겠다고 말씀하신다. 그분은 우리와 식탁을 함께하시며 "더불어 먹"으실 것이다. 예수님이 활동하셨던 당시 문화에서는 다른 사람과 식사를 한다는 것은 친밀하고 의미 있는 관계를 맺는다는 뜻이었다. 누군가에게 자신의 집 문을 열어주는 것은 서로 친구가 되자고 초대한 것이나 마찬가지였다. 이 관계는 쌍방향적인 것이었다. "내가… 그와 더불어 먹고 그는 나와 더불어 먹으리라."

당신의 내면에 있는 빈방에 무엇을 두었는지 목록을 적어보라. 혹시 그 공허를 다른 잡다한 것들로 가득 채워놓아서 그리스도와 친밀한 식사를 하는 것이 어색하거나 불가능한 것은 아닌가?

그렇다면 당신의 내면 깊은 곳과 관련된 이 진실에서 필요한 첫 번째 도약은 무엇인가? 하나님이 아닌 다른 방법으로 이 근원적 공허를 채우고자 하는 시도를 모두 포기하는 것이다. 이러한 노력은 끈질기고 단호해야 한다. 이렇게 할 때 당신은 하나님을 향한 갈망이 가슴속에 끓어오를 것이며 바로 그 갈망 덕분에 당신이 그렇게도 바라는 영적 성장과 활력을 얻게 될 것이다.

다윗의 영적 일기를 살펴보라. 다윗은 시편에서 자신의 근원적 갈망 때문에 어떻게 죄를 멀리하고 하나님을 향해 나아갔는지 기록하고 있다.

"너희는 내 얼굴을 찾으라 하실 때에 내가 마음으로 주께 말하되 여호와여 내가 주의 얼굴을 찾으리이다 하였나이다"(시 27:8).

"젊은 사자는 궁핍하여 주릴지라도 여호와를 찾는 자는 모든 좋은 것에 부족함이 없으리로다"(시 34:10).

"하나님이여 사슴이 시냇물을 찾기에 갈급함 같이 내 영혼이 주를 찾기에 갈급하니이다"(시 42:1).

"주께서 생명의 길을 내게 보이시리니 주의 앞에는 충만한 기쁨이 있고 주의 오른쪽에는 영원한 즐거움이 있나이다"(시 16:11).

마음을 하나님께로 기울이라

당신의 내면 깊은 곳에서 하나님의 대체물을 모두 제거했는가? 그렇다면 당신은 두 번째 도약을 이룰 준비가 된 셈이다. 이 일은 당신이 하나님께로 마음을 기울일 때 가능하다. 여호수아는 이 사실을 알고 있었기에 여호와를 다시 선택한 이스라엘 백성들에게 이렇게 교훈했다.

"너희가 여호와를 택하고 그를 섬기리라 하였으니 스스로 증인이 되었느니라… 그러면 이제 너희 중에 있는 이방 신들을 치워 버리고 너희의 마음을 이스라엘의 하나님 여호와께로 향하라"(수 24:22-23).

하나님을 섬기는 것과 하나님께 마음을 온전히 기울이는 것은 다르다. 또한 죄와 거짓된 우상을 버리는 것과 하나님께 마음을 온전히 기울이는 것은 다르다. 하나님께 마음을 기울인다는 것은 마음의 모든 갈망을 그분께, 오직 그분께로 설정한다는 뜻이다.

매일 아침 창문으로 햇살이 비쳐들면 잎새 하나하나까지 햇살로 향하는 화초를 생각해보라. 다윗은 바로 이 화초처럼 하나님을 갈망했다. 뿐만 아니라 자신의 모든 열정과 계획을 자신의 뜻이 아닌 하나님의 뜻에 맞추었다. 아들 솔로몬에게 하나님과 이런 관계를 추구하라고 호소한 다음 글에는 아버지 다윗의 간절한 마음이 녹아 있다.

> 매일 아침 창문으로 햇살이 비쳐들면 잎새 하나하나까지 햇살로 향하는 화초를 생각해보라.

"아들 솔로몬아 너는 네 아버지의 하나님을 알고 온전한 마음과 기쁜 뜻으로 섬길지어다 여호와께서는 모든 마음을 감찰하사 모든 의도를 아시나니 네가 만일 그를 찾으면 만날 것이요 만일 네가 그를 버리면 그가 너를 영원히 버리시리라"(대상 28:9).

채워지지 않은 영혼의 갈망이 아무리 크고 깊다 해도 하나님은 당신을 외면하며 얼굴을 돌리지 않으실 것이다. 하나님을 찾으면 만나게 될 것이다. 하나님을 향한 갈망을 그분께 내어 맡기면 그분은 당신을 위해 준비한 가장 좋은 곳으로 당신을 인도하실 것이다. 하나님은 에덴동산에서처럼 서늘한 아침에 당신을 찾아오셔서 당신과 산책하길 원하신다.

하나님을 더욱 온전히 섬기고자 하면 몇 가지 실제적인 결단이 필요하다. 말씀을 통해 그분을 찾기 위해 매일 아침 일찍 일어나야 할지도 모른다. 아니면 그분의 음성을 온전히 듣기 위해 묵상 시간을 매일 고수하겠다는 결단이 필요할 수도 있다. 그러면서 실제 어떤 것들에 마음을 두고 자신의 시간과 정열을 사용하고 있는지 되짚어보는 일이 필요할 수도 있다.

어떤 선택을 하든지 오늘 즉시 행동에 옮기라. 하나님께로 마음을 기울이고 온 힘을 다해 그분의 선하심을 추구하면 하나님은 기꺼이 당신의 마음 깊은 곳으로 들어오셔서 당신의 가장 깊은 갈망을 해결해주실 것이다.

본향으로

내리막길을 내달리는 캘빈과 홉스를 만난 후 꽤 먼 길을 달려왔다. 실제로 뭔가를 배우고자 결심했다면 이제 한 가지 일을 해보자. 배운 내용을 간단히 복습하는 것이다. 실제로 이 장은 아주 중요하다. 그래서 캘빈이라면 생각하고 싶지도 않겠지만 꼭 해야 할 일이 있다. 바로 이 장을 다시 읽고 놓친 것은 없는지 확인하는 것이다.

앞의 내용을 정리해보자. 처음 우리는 "되도록 죄를 짓지 않고 그 차고를 다시 잡동사니로 채우지 않는 일이 가능한가?"라는 질문에서 출발했다.

그리고 그것이 가능하다고 장담했다. 죄를 이기는 열쇠는 죄를 짓게 만드는 이유를 얼마나 더 이해하느냐에 달렸다. 또한 우리는 죄를 짓게 하는 두 가지 충동이 있다는 것도 배웠다. 쾌락을 느끼고 싶은 마음과 고통을 피하고 싶은 마음이었다. 충동을 극복할 수 있는 방법은 두 가지였다.

- 하나님께 나아가 위로를 누린다.
- 적극적으로 고통의 원인을 해결한다.

그리고 거기에서 더 나아가 하나님을 향한 우리의 갈망이 우리가 존재의 깊은 곳에서 느끼는 영적 공허에서 비롯된다는 것을 배웠다. 이 공허를 잘못된 방법으로 채우려고 하면 죄를 지을 수밖에 없다. 그러나 하나님은 이 강력하고 베일에 싸인 충동을 극복하는 두 가지 도약의 방법을 가르쳐 주셨다.

- 하나님으로만 채울 수 있는 공허를 충족시키기 위해 의지해왔던 모든 대체물을 제거하고, 오직 하나님께로만 나가야 한다.
- 모든 열정과 사랑을 다해 우리의 마음을 하나님께로 기울여야 한다.

이제 당신은 하나님의 은혜와 능력으로 죄를 이기는 삶을 향해 나아가고 있다. 죄 더미를 다시 쌓을지는 자신의 선택에 달렸다. 영적 패배는 불가피하거나 필연적인 결과가 아니다. 이것을 깨닫고도 당신의 마차가 절벽을 향해 다시 달려간다면, 당신은 하나님이 당신의 행동에 대해 얼마나 근심하시는지 알게 될 것이다. 하나님이 이런 진리들을 사용하셔서 당신이 또 다른 추락을 면하게 하시고, 본향을 향해 달려가도록 해주시기를 기도한다.

'근시안적이고 어리석은 이기주의'에 사로잡힌 삶을 하나님은 절대 원하지 않으신다. 이 사실이 우리에게 얼마나 큰 위안을 주는지 모르겠다. 우리는 매일 창조주 되신 하나님과 위로와 치유가 일어나는 만족스러운 관계 속에 살 수 있다. 그것은 또한 우리가 마땅히 누려야 할 유산이기도 하다.

캘빈이 깨닫지 못한 것은 정말 안타까운 일이다. 하나님과 동행하는 삶, 이것이야말로 모든 인간이 누릴 수 있는 놀라운 복이다.

3부

결혼 생활에서
영적 도약을 경험하라

7장. 아내의 마음을 여는 열쇠
8장. 가정을 가정 되게 하는 아내
9장. 배신하지 말라

아내의 마음을 여는 열쇠

사랑과 리더십을 향한 도약

얼마 전 정말 멋진 결혼 생활을 하고 있는 친구에게서 전화가 왔다. "이보게. 브루스, 한 가지 물어볼 말이 있네." 그는 당황한 목소리로 말했다.

"그래. 어서 말해보게. 자네 무슨 일이 있는가?"

"아니, 별일은 없네. 그런데 우리 부부가 정말 이상한 건지 그게 궁금해서." 그는 이렇게 말하더니 어색한 듯 너털웃음을 터뜨렸다. 하지만 그가 무엇인가 말하려는 게 있다는 것을 알았다. "브루스. 부부가 끔찍한 결혼 생활을 하는 게 정상일까? 아니면 내가 이상한 건가?"

그는 앞뒤도 없이 그렇게 자조적인 말을 늘어놓았다. 나는 친구의 말을 가로막지 않았다. 그는 업무를 마치고 집에 막 돌아온 상태였는데 비행기에서 있었던 일로 심란해하고 있었다. 비행기에서 그는 콜라를 마시려고 식음료실로 갔다고 한다. 행복한 마음에 콧노래를 흥얼거리며 말이다. 그 때 승무원이 호기심 어린 눈으로 그를 쳐다보았다.

"무척 행복해 보이시네요."

그녀가 댄에게 말을 걸었다.

"그럼요. 행복하고 말고요." 댄은 조금도 주저하지 않고 대답했다.

그녀는 이유가 뭐냐고 물었다.

"이유요? 그거야 간단하죠. 집에 가서 결혼 26주년 기념 축하를 할 거거든요. 어서 빨리 집에 갔으면 좋겠네요!"

그러고나서 댄이 내게 말했다. "브루스, 그녀는 내가 마치 거짓말이라도 하는 것처럼 빤히 나를 쳐다보더군. 술을 너무 많이 마신 게 아닌가 하는 표정이었지. 한 사람과 오랫동안 결혼 생활을 했는데 여전히 행복할 수 있다는 것이 믿어지지 않는 모양이었어. 그래서 나는 그녀에게 '아내를 생각하면 아직도 가슴이 설렙니다'라고 말했네."

댄은 비행기 승무원에게 그녀의 결혼 생활에 대해 물었다. 결혼을 한 적은 있지만 지금은 이혼하고 혼자 산다고 했다. 그렇게 해서 두 사람에게서 시작된 작은 대화는 비행기 뒷좌석 사람들까지 끼어든 활발한 난상 토론으로 이어졌다. 다른 승무원들과 승객들이 다들 한 마디씩 자기 의견을 말했다. 여성들은 결혼 생활에 대한 기대는 일찌감치 접었고, 특히 좋은 남자를 만나는 것은 아예 포기했다고 이구동성으로 말했다.

마침내 처음 그와 대화했던 여승무원이 나섰다. "선생님, 제가 아는 사람 중에 행복한 결혼 생활을 하는 사람은 한 사람도 없습니다."

"농담이시죠?" 댄이 대답했다. "한 사람도 없다고요?"

"네, 진짜 한 사람도 없어요." 그리고 그녀는 흥미롭다는 듯 묘한 웃음을 지으며 다음과 같이 말했다. "혹시 선생님의 형제 중에 미혼인 사람이 있나요?"

나는 댄에게 그가 모든 사람이 부러워하는 결혼 생활을 하고 있다고 말해주었다.

잠시, 침묵을 지키던 댄은 이렇게 말했다. "그 여승무원의 말에 내가 우쭐했던 것 같아. 하지만 그 말을 곰곰이 생각할수록 이해할 수 없다네. 대체 세상이 어떻게 돌아가는 건가? 그리고 이런 상황을 어떻게 바라봐야 할지 마음만 더 어두워진다네."

나로서는 지금 당신의 결혼 생활이 어떤 상태인지 알 수 없다. 하지만 당신이 결혼에 대해 냉소적인 그 승무원들을 만난다면, 그들은 당신의 결혼 생활에 대해 듣고 어떻게 생각하겠는가?

하나님과 동행하는 첫째 의자의 삶을 살면 풍성한 결혼 생활을 하게 되는가? 물론 그렇게 말해줄 수 있으면 좋겠다. 하지만 그렇게 말할 수 없다. 전심을 다한 영적 헌신이 삶의 모든 영역에 긍정적인 방향으로 영향을 미치는 것은 분명 사실이다. 그러나 또한 우리는 일상 생활의 중요한 부분에서 견실하고 의미 있는 도약을 이루어야 한다.

여기에는 결혼 생활도 포함된다(이 장은 남편들이 직접적인 대상이고, 다음 장은 아내들을 직접적인 대상으로 한다. 그렇다고 하더라도 아내들도 이 장을 읽었으면 좋겠다. 하나님이 남편들에게 무엇을 원하시는지 알면 남편을 돕는 데 도움이 될 것이다).

둘째 의자에 매인 결혼 생활을 하고 있는가? 상처를 입고 절뚝거리며 하나님과 아내에게 부끄럽다는 생각이 드는가? 그렇다면 당신은 이 장을 꼭 읽어야 한다. 아직 결혼을 하지 않았거나 혹은 첫째 의자에서 만족스러운 결혼 생활을 하고 있는가? 그렇다고 해도 역시 이 장은 여전히 당신을 위한 것이다. 이 장에 있는 내용은 대부분의 부부들이 너무나 흔하게 빠지는 몇 가지 함정들을 피하는 데 도움이 되기 때문이다.

기본으로 돌아가라

결혼 생활에 무엇인가 문제가 있다면 기본으로 돌아가야 한다. 컴퓨터가 제대로 작동이 안 된다고 통째로 쓰레기통에 내다버리는 사람은 없다. 전원은 제대로 연결되어 있는지, 시스템에는 문제가 없는지 점검해보는 것이 순서다. 그런 다음에는 사용 설명서를 찾아 읽어본다.

아내와의 관계에 대해 근본적인 문제들을 재점검하려고 하는 적극적인 자세가 있다면 첫째 의자의 결혼 생활이 시작될 수 있다. 첫째 의자의 신앙 생활도 하나님과의 관계를 재점검하는 작업에서 시작되었듯이 말이다. 컴퓨터에 문제가 생길 때 사용 설명서를 찾아보듯이, 아내와의 관계에 문제가 생기면 성경에 계시된 하나님의 계획을 신뢰하는 마음으로 찾아보기 바란다.

사실 지금부터 내가 하는 이야기를 이미 들어본 사람이 있을지도 모른다. 어쩌면 필요를 느끼지 못한 상태에서 가볍게 스치듯이 들은 적이 있기 때문에 '이전에 들어본 내용'이라고 무시해버리고 싶을지도 모르겠다. 또는 "결혼 생활? 지금 이 상태로도 내 결혼 생활은 괜찮고 앞으로도 달라질

건 별로 없을 거야"라는 생각이 들 수도 있다. 아니면 "하지만 당신은 내 아내를 만나본 적이 없잖소?"라고 말할지도 모른다.

집중하고 들어주기 바란다. 이 장을 읽으면서 하나님의 앞에서 자신을 낮춘다면 성령님이 당신의 삶을 바꿔놓을 새로운 기회들을 보여주실 것이다. 그 기회는 당신이 이론적으로만 가능하다고 생각한 바로 그곳에 숨어 있을지도 모른다. 나는 그런 일이 일어나는 것을 수백 번이나 보았다.

먼저, 대중 매체에서 남편이 어떻게 묘사되고 있는지 살펴보라. 남편은 항상 사무실이나 술집에 있다. 그는 돈이나 권력을 추구하고, 여자와 희희낙락거리며 아내에게 불성실한 모습으로 그려진다. 아이들 앞에서는 완전히 열등생이고, 믿을 만하지 못하며, 성에 집착하고, 술만 마시면 주먹을 휘두르는 모습으로 그려진다. 그러나 그는 멋진 차를 몰고 다니고 매력적인 몸매의 소유자이다.

이제 첫째 의자 그리스도인의 결혼 생활이 무엇을 약속하는지 살펴보자. 첫째 의자의 결혼 생활은 다음 몇 가지를 약속한다. 부부는 깊은 유대감을 향유하는 우정과 애정을 공유하며 서로를 깊이 확인하는 성을 누리게 될 것이다. 함께 사랑이 넘치는 가정을 꾸리며 경건한 자녀들을 양육하게 될 것이다. 그리고 당신은 아내로부터 이 땅에서 자신의 특별한 사명을 성취하는 데 필요한 지원과 존경을 받게 될 것이다.

현명한 남편은 경건한 결혼 생활을 원한다는 말이 왜 과장이 아닌지 이제 그 이유를 알게 될 것이다. 왜 사람들은 하나님이 창조하신

> 현명한 남편은 경건한 결혼 생활을 원한다.

목적에서 벗어난 남녀 관계를 가지려 하는가? 아무리 근사하게 보인다고 해도 왜 텔레비전의 남녀처럼 살려고 하는가? 그런 식의 관계는 결국 낙심

과 실패로 끝나고 마는데 말이다.

이 장을 읽으면서 다음의 몇 가지를 실천하기 바란다. 일단 우리의 생각과 기대를 흐리게 하는 모든 거짓된 메시지들을 버리라. 자존심은 쓰레기통에 내다버리라. 성경에서 그리는 남편의 역할을 꼼꼼히 그리고 지혜롭게 살펴보라. 그리고 마지막으로 고통스럽지만 꼭 필요한 결단이 요구된다면 기꺼이 받아들이고 끝까지 실천하라. 그리고 결혼 생활에 도약이 이루어질 것을 기대하라.

남편의 역할

깊은 만족감을 누리는 결혼 생활을 하는 부부들에게는 한 가지 공통점이 있다. 이들은 성경이 말하는 각자의 역할과 책임을 알고 있으며 힘들고 어려울 때라도 이러한 기본을 지켜나간다.

사람이 맡은 역할은 그 사람의 목적과 전체적인 목표를 규정한다. 이러한 역할은 직함으로 설명된다. 직장에서 부장 등의 직함이 그 예이다.

반면에 책임은 일을 수행하는 방법을 규정한다. 부장들은 대개 일이 이루어질 수 있도록 사람들을 조직하고 돕는 책임을 맡는다.

남편의 역할에 대한 우리의 모든 선입견을 배제하고 성경이 남편의 역할을 묘사하는 단어를 하나 선택하라면 어떤 단어를 선택하겠는가?

알맞은 단어를 찾기 위해 다음 구절을 읽어보라. "이는 남편이 아내의 머리 됨이 그리스도께서 교회의 머리 됨과 같음이니 그가 바로 몸의 구주시니라"(엡 5:23).

결혼 생활에서 남편의 일차적인 역할은 머리가 되는 것이다. 그리스도가 교회의 머리가 되신 것처럼 남편은 가정에서 머리가 되어야 한다.

그러나 그리스도가 어떻게 머리가 되시는가? 머리는 권위를 위임받은 자가 된다는 뜻이며 책임을 지는 사람, 즉 지도자로서 자신의 지휘 아래에 있는 사람들의 필요를 책임지는 사람이라는 뜻이다.

"남편이 아내의 머리가 되고자 노력해야 한다"고 성경이 말하지 않는다는 점을 눈여겨보았는가? 성경은 "남편이 아내의 머리이다"라고 말한다.

이런 말씀을 들으면 지금 당장 스스로에게 다음과 같은 질문을 하는 사람도 있을 것이다. "아내가 나보다 훨씬 더 똑똑하고 주도적인 성향이 강한 데 반해, 나는 그렇지 않다면 어떻게 해야 하는가? 아내를 가정의 머리로 삼아야 하지 않는가?"

결혼 생활의 역할이 오직 능력 위주의 조직 세계처럼 결정되는 것은 하나님의 뜻이 아니다. 결혼 관계에서는 오직 하나님이 정하신 이유로, 남편은 지도자가 되고 아내는 남편의 리더십에 순응해야 한다. 첫째 의자의 결혼 생활은 이러한 하나님의 계획이 가장 잘 실현되는 관계라 할 수 있다. 아내가 남편에게 순종해야 한다는 말을 듣고 성급하게 자신이 앉을 왕좌를 준비하고 아내를 위해 차 쟁반을 준비한 사람은 잠깐 기다리라. 당신은 이러한 머리로서의 역할이 엄격히 제한적이라는 것을 알아야 한다. 성경은 남자가 이런 권위적 역할을 부여받은 곳은 결혼 생활과 교회 생활뿐이라고 가르친다.

남편은 결혼 생활에서 머리로서의 책임을 감당할 뿐만 아니라, 자신의 책임 아래 있는 가족들이 행복하고 만족하도록 도와주며, 필요를 온전히 공급받도록 해주어야 한다. 또한 그들을 보호하고 그들이 성취감을 누리도록 도와야 한다. 남편의 역할 모델이신 예수님이 그분의 신부인 교회의 필요와 유익을 위해 자신을 온전히 희생하신 것을 생각하라.

분명히 말하지만, 대개의 아내들은 어려운 상황 속에서도 항상 자신을 위해 최선을 다하는 남편을 기쁜 마음으로 따를 것이다.

그리스도가 어떻게 교회의 머리가 되시는지 바울의 설명을 더 자세히 살펴보면 남편으로서 우리의 역할이 삼중적(三重的)임을 알 수 있다.

> "남편들아 아내 사랑하기를 그리스도께서 교회를 사랑하시고 그 교회를 위하여 자신을 주심 같이 하라
> - 이는 곧 물로 씻어 말씀으로 깨끗하게 하사 거룩하게 하시고
> - 자기 앞에 영광스러운 교회로 세우사 티나 주름 잡힌 것이나 이런 것들이 없이
> - 거룩하고 흠이 없게 하려 하심이라
>
> 이와 같이 남편들도 자기 아내 사랑하기를 자기 자신과 같이 할 지니"(엡 5:26-28).

바로 이것이다. 신부인 교회의 머리로서 그리스도의 역할은 교회를 온전하고, 거룩하며, 아름답게 하는 것이다. 다시 말해 교회가 하나님이 계획하신 온전한 분량까지 이르도록 돕는 것이다.

이 말씀을 살펴보면 자신의 결혼 생활에 적용할 놀라운 진리들을 발견하게 된다. 예를 들어, 그리스도께서 교회를 사랑하시는 이유는 교회가 그분을 위해 하는 일이 아닌 그분이 교회를 위해 하시는 일과 관계가 있다.

이런 말을 들으니 머리가 된다는 것이 그렇게 우쭐해할 일이 아닌 것 같

다(당신은 아마 차 쟁반을 들고 섬겨야 할 사람은 아내가 아니라 남편이구나라는 생각이 들 것이다).

여기서 한 걸음 더 나아가보자. 이 모든 것이 사실이라면 당신은 아내의 상태를 평가함으로써 자신이 남편으로서 머리 됨의 역할을 제대로 수행하고 있는지 평가해볼 수 있다.

나는 트레이시 교수를 결코 잊지 못할 것이다. 그녀는 우리 부부가 뉴저지에서 다녔던 대학의 학생 과장이었다. 품위 있는 뉴잉글랜드 출신인 그녀는 그 학교에 오랫동안 교수로 재직하신 분이다. 졸업한 지 10년이 지난 어느 날 잠시 학교에 들린 나는 우연히 복도에서 트레이시 교수와 마주쳤다. 우리가 학창 시절 이야기를 나누고 있을 때 20년 전에 졸업한 한 부부가 찾아와 함께 추억을 떠올리며 대화를 나누게 되었다.

> 당신은 아내의 상태를 평가함으로써 자신이 남편으로서 머리 됨의 역할을 제대로 수행하고 있는지 평가해볼 수 있다.

대화 중에 트레이시 교수가 예전의 여 제자를 물끄러미 바라보더니 "얼굴이 정말 빛나는구나. 눈이 부셔. 옛날 학생 때보다 훨씬 더 예뻐졌어"라고 칭찬을 아끼지 않았다.

그리고 조금도 주저 없이 그녀의 남편을 보면서 "이보게. 이게 다 남편인 자네 공일세!"라고 말했다.

그후 며칠 동안 나는 트레이시 교수가 두 사람에게 한 칭찬이 무슨 뜻인지 생각하느라 며칠을 보냈다. 남편이 그런 칭찬을 받을 자격이 있을까? 하나님이 남편을 아내의 머리라고 말씀하셨다고 해서 정말 남편이 그 정도로 칭찬받아도 되는 걸까?

그러다가 에베소서에서 결혼에 대한 바울의 가르침을 보았다. 그 순간 갑자기 그 글자가 책 밖으로 살아서 튀어나오는 듯한 충격을 받았다. 트레이시 교수의 말이 옳았던 것이다. 그녀는 아름다운 아내의 얼굴을 보면서 예수님이 교회를 사랑하시듯, 아내를 사랑한 한 남편의 모습을 발견한 것이었다. 그리고 그 부부의 경건한 결혼 생활을 보면서 하나님이 우리 모두에게 제안하시고 기대하시는 것이 무엇인지 지적했던 것이다.

잠시 일을 멈추고 자신에게 이렇게 물어보라. "아내의 눈을 들여다본다면, 또 일주일 동안 아내의 모습을 지켜본다면, 그녀의 생각과 감정을 읽고 감지할 수 있고 그녀의 영혼을 느낄 수 있는가? 남편으로서 아내의 머리 된 내 모습에 대해 어떤 평가를 내릴 수 있는가?"

자세 바꾸기

지금쯤이면 당신은 "말은 쉽지만 그게 어디 간단한 일입니까?"라고 푸념할지도 모른다. 그래서 결혼 생활에서 아내의 머리 됨이라는 이 건강한 성경적 역할의 수행에 방해가 되는 것이 무엇인지 함께 생각해보고자 한다.

결혼 상담가들과 아내들은 남편이 머리 역할을 감당하지 못하게 하는 장애물에 대해 적어도 한 가지 부분에서는 의견을 같이하는 것 같다. 이들은 대단히 많은 남편들이 극과 극을 달리며 지나치게 공격적이거나 지나치게 소극적이라고 말한다.

공격적인 성향의 남편은 자신이 가족이라는 태양계의 중심이라도 된 것처럼 자신의 위치를 남용한다. 이런 남편들은 "내가 주인이면 너희들은 당연히 모두 노예가 되어야 해!"라고 큰 소리친다. 그가 생각하는 '머리 됨'은 마침내 자신에게도 자신의 변덕을 다 받아주는 사람이 생겼다는 것을 의미한다. 그러나 공격적인 남편은 가족을 마음대로 좌우하는 것에 그치지 않는다. 그들은 보통 자신의 유익을 위해 가족을 이용하기 시작한다. 그러한 자신으로 인해 가족들의 심정이 어떨지 신경도 쓰지 않는다. 불행하게도 공격적인 남편들은 자신이 사랑하고 보호해주겠다고 약속한 바로 그 가족들에게 상처를 입히는 학대자로 끝날 때가 많다. 당신이 혹 이런 성향의 남편인가? 그렇다면 나로서는 좋지 않은 소식을 전할 수밖에 없다.

> 가족을 더 많이 지배하고 군림할수록 가정에서 점점 소외될 것이다.

그런 남편은 아내나 가족으로부터 인정이나 칭찬이나 존경을 전혀 받지 못할 것이다. 가족을 더 많이 지배하고 군림할수록 자신이 알든 모르든 가정에서 점점 소외될 것이다. 그리고 결혼 생활에서 정말 원하는 것을 얻지 못할 것이다. 사실상 착각이라는 거미줄에 걸려 든 것이다. 권력을 능력으로, 통제를 하나 됨으로 착각했기 때문이다.

지나치게 소극적인 남편은 어떤가? 그는 아내에게 결정권을 맡기는 것이 더 편하다고 생각한다. "아내가 위기 상황에 대처하는 능력이 더 뛰어나다"라고 단정해버린다. 그러나 지나치게 수동적인 남편이 공격적인 남편보다 덜 이기적인 것은 아니다. 그는 자신이 원하는 바를 다른 방식으로 얻는 법을 터득했을 뿐이다. 상대방이 책임을 다 뒤집어쓰게 하고 자신은 느긋하게 빠져나오는 것이 그가 쓰는 방법이다. 내가 만나본 소극적인 남편들은 처음에는 자신의 역할에 대해 무관심하다가 점차 머리 됨의 역할을 포기하고, 때로는 아내와의 관계 자체를 완전히 포기하는 경우도 있었다.

이런 소극적인 모습을 버리지 않는 남편은 공격적인 남편과 마찬가지로 불행한 운명을 맞는다. 아내나 가족으로부터 전혀 인정이나 칭찬이나 존경을 받지 못한다. 점점 가정에서 외톨이가 될 것이고, 하나님이 계획하신 결혼 생활의 열매를 거두지 못할 것이다. 공격적인 남편과 마찬가지로 값비싼 대가가 요구되는 기만의 덫에 스스로 걸려든 셈이다. 무관심을 평안으로, 무책임을 흠 없음으로 착각했기 때문이다.

남편들을 위해 하나님이 세우신 더 나은 계획은 무엇인가?

나는 그것을 힘의 균형이라고 명명하고 싶다. 균형점은 불행한 두 극단의 가운데 지점에 위치한다. 힘의 균형을 유지할 때 비로소 성장하고, 번성하며, 성공할 수 있는 위치에 서게 되는 것이다. 결혼 생활에서 성실하고, 책임감 있으며, 사려 깊은 리더가 될 때 당신이 항상 원하던 결혼 생활을 누릴 수 있고 하나님이 기뻐하시는 생활을 할 수 있다.

하지만 현실은 어떤가. 솔직히 말해 내가 아는 남편들은 누구나 어떻게 하면 이런 결혼 생활을 누릴 수 있을지 그 방법을 놓고 고민한다. 이들은 잘못된 모델을 택해 실수하기도 한다. 직장 상사와 같은 남편이 되려고 하기도 한다. 마치 아내를 어린아이 대하듯 하기도 한다.

예수님은 제자들에게 자신의 제자가 되려면 나쁜 지도자들처럼 해서는 안 된다고 가르치셨다. 오히려 그들을 반면교사로 삼아 교훈을 배워야 한다고 강조하셨다.

> "예수께서 불러다가 이르시되 이방인의 집권자들이 그들을 임의로 주관하고 그 고관들이 그들에게 권세를 부리는 줄을 너희가 알거니와 너희 중에는 그렇지 않을지니 너희 중에 누구든지 크고자 하는 자는 너희를 섬기는 자가 되고"(막 10:42-43).

본문은 남편들이 아내의 머리로서 자신의 역할을 감당하는 과정에서 가장 흔히 범하는 두 가지 실수를 보여준다.

첫째, "그들을 임의로 주관하고"라는 구절에는 개인적인 권력을 이용해 자기보다 약한 사람에게 복종을 강요한다는 의미가 내포되어 있다. 이런 폭력을 휘두르는 남편이 있다면 그는 자신의 위치를 교묘하게 이용하는 셈이다. 크는 고함을 지르고, 힘을 과시하며, 협박하기도 한다. 지도자의 전략 목록에 위협이라는 단어는 들어가지 않는다. 아내를 괴롭히는 남편들에 대해 공공연한 비밀이 있다. 그것은 이런 방법으로 머리가 되려고 하는 남편은 실상 아내를 사랑하는 강인한 사람이 아니라 나약하고 소심한 남자라는 반증이라는 것이다.

둘째, "권세를 부리는"이란 구절은 진정한 리더십이 아니라 지위를 이용해 상대방을 지배한다는 의미가 담겨 있다. 이런 남자는 일이 자신의 뜻대로 풀리지 않으면 "잘 들어. 머리가 도대체 누구야? 당신이야? 나야?"라고 소리 지를 것이다. 그러나 이런 종류의 리더십은 실패하고 만다. 그 이유는 간단하다. 아무도 이런 지도자를 따르고 싶어하지 않기 때문이다. 권세가 지도자를 만드는 것이 아니다. 권세는 지도자가 될 책임을 부여할 뿐이다. 그러므로 항상 기회를 놓치지 말고, 지위를 절대 악용하지 말라는 충고를 귀담아듣길 바란다.

아내의 마음을 여는 열쇠
(그리고 남편이 행복해지는 비결)

이제 우리는 머리로서 남편의 역할은 아내를 격려해서 부부의 공동 목표를 이루는 일에 주도적 역할을 하는 것임을 알게 되었다. 그렇다면 남편의 책임은 무엇인가?

책임은 당신이 맡은 의무를 감당하는 것에서 시작된다. 신약 성경이 남편의 중요한 책임을 가르치면서 명령형을 사용하는 것도 바로 이 때문이다.

- "남편들아 아내 사랑하기를 그리스도께서 교회를 사랑하시고 그 교회를 위하여 자신을 주심 같이 하라"(엡 5:25).
- "이와 같이 남편들도 자기 아내 사랑하기를 자기 자신과 같이 할지니 자기 아내를 사랑하는 자는 자기를 사랑하는 것이라"(엡 5:28).
- "그러나 너희도 각각 자기의 아내 사랑하기를 자신 같이 하고 아내도 자기 남편을 존경하라"(엡 5:33).
- "남편들아 아내를 사랑하며 괴롭게 하지 말라"(골 3:19).

우리는 이 모든 말씀이 명령형으로 되어 있을 뿐 아니라 한 가지 의무가 반복되어 제시되는 것을 알 수 있다. 바로 사랑하라는 명령이다.

> 남편들은 아내를 사랑해야 한다. 도약은 여기서 시작된다.

결혼 제도를 만드신 분이 남편들의 일차적 책임을 사랑이라고 하신 이유가 무엇인가? 사랑이야말로 하나님이 결혼 생활에서 남편들을 위해 준비하신 최고의 선물로 가득 찬 창고를 여는 데 꼭 필요한 마스터키이기 때문이다. 남편들은 아내를 사랑해야 한다. 도약은 여기서 시작된다.

생각해보라. 아내가 남편에게 바라는 한 가지가 무엇이겠는가? 여성 잡지들을 찾아 읽어보라. 심리학자들에게 가서 물어보라. 모두 이렇게 대답할 것이다. "아내가 남편에게 정말 원하는 것은 진정한 사랑이지요."

결혼은 천국에서 만들고 세상에서 향유하는 제도이다. 결혼 생활에 대해 하나님이 세우신 계획이 있다. 그 계획대로 되기 위해서는 남편이 아내를 사랑하는 것이 자신의 가장 중요한 책임임을 반드시 깨달아야 한다. 남편이 진정으로 아내를 사랑한다면 아내의 다른 모든 필요들까지 자연스럽게 충족되지 않겠는가?

남편들은 아내를 사랑하라는 말을 들어야 한다. 왜냐하면 이런 사랑은 절대 저절로 찾아오지 않기 때문이다. 본능적으로 남자는 목표 중심적이고, 승리 지향적이며, 일 중심적이고, 공격적이며, 야영지에서 자식들을 보호하는 데 더 관심을 보인다. 그러나 진정한 사랑, 즉 적어도 아내들이 이해하고 필요로 하는 사랑에 대해서는 어떤가? 남편들이 그런 사랑을 알기 위해서는 삶의 속도를 늦추고 그런 사랑을 배워야 한다.

예를 들면, 이런 식이다. 아내의 기분을 이해하고 아내가 꿈꾸는 미래를 알아내는 과제를 맡았다고 생각해보라.

- 매우 세심하게 묻고, 듣고, 관찰한다.
- 도움이 되는 책들을 읽어본다.
- 실천한다.

이런 노력을 통해 남편의 책임을 깨달은 남자들은 대부분 그 책임을 실천에 옮긴다. 내가 만나본 존경스러운 남편들은 아내를 연구해야 한다는 것을 솔직히 인정한다. 말하자면 이들은 아내를 자세히 관찰하고 아내의 선호도, 가장 내밀한 욕구, 가장 깊은 필요가 무엇인지 알아내는 데 자신이 전심전력해야 한다는 것을 인정한다. "남편들아 아내를 사랑하라"는 명령은 더 이상 의무가 아니다. 오히려 평생에 걸쳐 도전해볼 만한 과제이자 특권이 되었다.

아가페 사랑

아내를 사랑하는 법을 배우라고 하면 종종 남편들은 "하지만 아무 느낌이 없는데 어떻게 아내를 사랑하는가?"라고 묻는다.

아내를 사랑하려고 늘 씨름하던 착한 친구가 있었다. 그는 평생 아내에게 사랑의 감정을 느끼지 못하고 그저 아내를 위선적으로 사랑하는 것 같다고 늘 괴로워했다. 겉으로는 그럴듯해 보이지만 전혀 성경적이지 않은 생각을 하며 결혼 생활을 했다. 그들의 결혼 생활은 오랫동안 어려움을 겪었다. 하지만 그는 진정한 사랑은 감정이 아니라 선택이라는 것을 깨달았고, 그때서야 비로소 아내를 자유롭게 사랑할 수 있었다.

영어권에서는 '사랑'이라는 단어가 당혹스러울 정도로 부정확하게 사용되고 있다. 단어의 사용 폭이 너무나 넓다. 우리는 사랑이라는 단어를 친구, 초등학교 단짝, 초콜릿 스폰지 케이크, 섹스, 애틀랜타 브레이브스 등 정말 많은 경우에 사용한다. 결혼 생활에 이 단어를 사용할 때 혼란이 생기는 것은 어찌 보면 당연하다.

다행히도 신약 성경의 헬라어가 유용한 도움을 준다. 사랑으로 번역될 수 있는 단어는 헬라어에서 필레오(phileo)와 아가페(agape) 두 가지다. '에로틱(erotic)'이라는 단어의 어원인 에로스(eros)는 성적 매력을 가리켜 사용된다. 당신은 이미 사춘기 무렵부터 이런 본능적 충동이 대인 관계나 심지어 실제 연인이 없이 별도로 존재할 수 있다는 것을 알고 있다.

필레오 사랑과 아가페 사랑이 때때로 중복되는 경우도 있다. 하지만 이 둘의 차이를 이해하면 아내를 사랑하는 남편의 책임을 더 분명히 이해할 수 있을 것이다.

- 필레오는 두 사람이 서로를 인정해야 하지만 아가페는 그렇지 않다. 필레오는 두 사람이 어느 정도 서로를 존중해야 한다는 점에서 상호적이지만 아가페는 완전히 일방적일 수 있다.
- 필레오는 조건적이다. 따라서 일정한 조건이 충족되지 않을 경우 관계가 끝날 수 있다. 아가페는 무조건적이다. 왜냐하면 아가페는 조건과 관계 없이 상대방을 향한 내면적 헌신에 기초하기 때문이다.
- 필레오의 관계는 어느 정도 지속되다가 상황이 변하면 중단될 수 있다. 아가페는 영원히 지속된다. 시간과 상관이 없다.
- 필레오는 어느 정도 정서적인 애착과 개인적인 애정이 있어야 발전할 수 있다. 아가페는 헌신이라는 토양에서 번성한다. 모든 긍정적인 감정의 경험이 아가페를 더 튼튼히 해준다.
- 필레오는 이기적이고 이타적인 태도와 행동이 뒤섞여 있다. 반

대로 아가페는 항상 상대방의 유익을 추구하며 이를 위해 자신을 희생하기도 한다.

하나님이 남편에게 아내를 사랑하라고 명령하실 때 사용하신 단어가 필레오가 아니라 아가페라는 사실에 주의하라. 그 이유가 무엇인가? 하나님은 과거가 어쨌건 남편이 아가페 사랑으로 아내를 사랑하겠다고 언제라도 결단하고 선택할 수 있다고 말씀하신 것이다.

'아내를 사랑할' 우리의 책임은 느낌이 있어야 시작되는 것이 아니다. 오히려 이것은 사랑하려는 결심에서 시작된다. 이 사랑은 지속적이며 무조건적이고, 희생적이며 영원하다. 아가페 사랑의 약속은 처음부터 아내가 원했던 사랑이다. 그리고 훌륭한 결혼 생활을 가능하게 하는 유일한 사랑이기도 하다. 그 사랑을 온전히 그리고 일관되게 표현하면 하나님이 계획하신 대로 결혼 생활을 감당할 놀라운 힘을 얻게 된다. 예수님은 바로 이런 사랑으로 자신의 백성을 사랑하신다. 그분은 모든 남편들의 완벽한 역할 모델이시다.

오랫동안 나는 필레오의 계산적 사랑으로 결혼 생활을 유지하려고 했었다. 아내가 나를 싫어하고 멀리하는 듯이 행동하면 나 역시 아내에 대한 사랑을 보류해도 좋다고 생각했다. 그리고 정확히 그런 식으로 사랑하는 것이 내가 사랑하는 방식이라고 여겼다. 아내가 내가 좋아하는 행동을 하면 나도 그녀에게 사랑을 조금 표현하곤 했다. 아내가 나를 정말로 기쁘게 해 주면 나도 그녀에게 사랑을 한 아름 표현하곤 했다. 다시 말해서 나의 사랑은 이기적이며 조건적이었다.

남편들이여, 다시 말하지만 꼭 명심하라. 세상의 상사들과 코치들이나 훈련 전문가들에게서 배운 것이나 생존 본능을 통해 얻은 것은 결혼 생활에 아무 도움이 되지 않는다. 그런 반응들은 오히려 아내에 대해 더 악감정을 가지게 하고, 아내들 역시 냉담하게 만들 수 있다. 그러면 당신의 결혼 생활 자체가 완전히 시들어버릴지 모른다.

어느 날 하나님이 내게 또 다른 숫자들의 조합을 보여주셨다. 나는 나를 향한 하나님의 희생적 사랑을 깨닫고 기뻐하게 되었다. 특별히 내가 하나님을 거부했을 때조차 나를 온전히 사랑하신다는 것을 깨닫고나자 그분을 사랑하고 기쁘시게 해드리고 싶은 마음이 더욱 강렬해졌다. 그러다가 나는 결혼 생활에서 정말이지 잊지 못할 도약을 이루었다. 내 아내를 바로 그같은 사랑으로 사랑하는 것이 하나님의 뜻임을 깨달은 것이다. 선택은 나의 몫이었다. 실제로 어떻게 할 것인지는 전적으로 내게 달려 있었고, 아내와는 전혀 상관없는 문제였다. 아내는 내가 바라는 대로 행동할 수도 있고 그렇지 않을 수도 있다. 하지만 그녀를 온전히 사랑하겠다는 선택은 온전히 내 몫이었다.

> 세상의 상사들과 코치들이나 훈련 전문가들에게서 배운 것은 결혼 생활에 아무 도움이 되지 않는다.

이것을 깨달았을 때, 무엇이 훌륭한 결혼 생활인지 알게 되었다. 나는 사랑에 인색하고 계산적이었던 데 대해 아내에게 진심으로 사과하고, 변화되고 싶다고 고백했다. 아내는 눈물을 흘리며 나를 용서했다. 낡은 상처들이 드러나고 치유되었다. 그날 나는 아내에게 이제부터 기쁨으로 "아내를 사랑하라"는 책임을 받아들이겠다고 약속했다. 변덕스러운 사랑의 감정이 있든 없든 관계 없이 아내를 사랑할 수 있음을 깨달았다. 아내에게 아무 감정이 느껴지지 않더라도 그녀를 사랑한 그 순간이 사실은 아내를 가장 사랑한 순간이라는 것을 깨달았다. 이것을 깨닫는 순간 내면 깊은 곳에 묶였던 무엇인가가 풀어지는 것을 느꼈다. 하나님의 무조건적 사랑의 습관을 다시 배우는 동안 바로 눈앞에서 또 다른 관계가 등장한 것이다. 그것은 내가 그렇게도 오랫동안 길들이려고 노력해온 바로 그런 결혼 생활이었다.

아가페 사랑은 결혼 생활에서 당신에게 주어진 소명이기도 하다. 당신에게 주어진 기회이자 당신의 관계에서 도약을 이루는 마스터키다.

무슨 생각을 하는가? 당신도 할 수 있다!

전환점

최근 나는 한 집회에서 부부 동반으로 참석한 2천 명을 대상으로 이 원리들을 가르치면서 한 가지 실험을 했다. 참석한 모든 남자에게 아내 옆에 서달라고 부탁했다. 그리고 다음에 소개된 참된 사랑의 특징들을 읽어주면서 그 가운데 자신이 아내에게 할 수 없다고 생각되는 부분이 나오면 자리에 앉으라고 말했다(다음 질문들은 고린도전서 13장의 아가페 사랑에 대한 유명한 바울의 인용문에서 발췌한 것이다).

- 당신은 아내가 힘들어할 때 인내하며 참아주는가?
- 당신은 아내가 아무리 매정하게 굴어도 따뜻함을 잃지 않는가?
- 당신은 아내에 대해 질투하지 않기로 했는가?
- 당신은 아내를 인정해주는가?

- 당신은 공개적이든 사적이든 아내에게 무례하게 대하지 않기로 작정했는가?
- 당신은 아내에게 자신의 방식대로 하라고 요구하지 않는가?
- 당신은 아내를 위협하거나 자제력을 잃고 화를 낸 적이 없는가?
- 당신은 아내의 말이 진실일지 아닐지 의심한 적이 없는가?
- 당신은 아내가 힘든 일을 당할 때 내심 고소해한 적이 없는가?
- 당신은 불리하더라도 아내에게 진실을 말하는가?
- 당신은 자신에게 닥치는 어떤 어려움도 참고 견디는가?
- 당신은 의심스러운 면이 있더라도 아내를 믿고 신뢰하는가?
- 당신은 아내가 잘되기를 소망하는가?
- 당신은 아내에 대한 사랑으로 참고 견디는가?
- 당신은 아내를 끝까지 사랑하겠는가?

참석자들 사이에 마치 전염병이라도 도는 것 같았다. 두 번째 질문이 끝났을 때에는 30퍼센트 이상의 사람들이 자리에 앉았다. 일곱 번째 질문이 끝났을 때는 서 있는 사람이 거의 전멸했을 정도였다. 남자들의 야유와 휘파람 소리와 여자들의 웃음소리가 여기저기서 터져나왔다.

나는 난처한 표정의 남자들에게 한 번 더 일어서달라고 부탁했다. "이번에는 제가 말하는 그 사랑의 특징들을 실천하는 일이 정말 불가능하다는 생각이 들 때에만 자리에 앉아주십시오. 예를 들어, 그동안 아내에게 화를 잘 냈다면 이제부터 가능한 한 화를 내지 않겠다고 결심하실 수 있겠습니까? 그럴 수 있다면 그대로 서 계시는 겁니다."

우리는 좀 전의 목록을 그대로 읽어나갔다. 인내, 온유, 보호, 신뢰 등.

이번에는 단 한 사람도 자리에 앉지 않았다. 그들은 아내를 사랑하라는 하나님의 명령에 순종하는 것은 항상 그들의 손에 달렸다는 것을 인정했다. 이렇게 인정해본 것이 처음이라는 사람들이 무척 많았다.

이것은 당신과 나에게도 해당된다.

당신은 지금 어느 자리에 서 있는가? 머리로서 자신의 역할이나, 아내를 사랑해야 할 책임에 있어서 전환점이 필요하지는 않은가?

기억하라. 결혼 생활에서 도약을 구하며 하나님께 나아갈 때 그분 또한 당신이 진정으로 바라는 마음의 소원을 이루어주길 원하시며 당신에게로 다가와주신다.

그것을 받기 위해 최선을 다할 마음이 있는가?

가정을 가정 되게 하는 아내

내조와 복종을 향한 도약

하와이에 갔을 때였다. 어느 따뜻한 저녁, 나는 지구 상에서 가장 특이한 꽃에 대한 다큐멘터리를 텔레비전으로 보고 있었다. 아름답고도 진귀한 이 식물은 마우이 산(하와이에 있는 8개 섬 중에서 두 번째로 큰 섬)의 높은 화산암 지대에 서식하고 있었다. 내레이터에 따르면 이 꽃들은 조금씩 멸종되어가고 있다고 했다. 그리고 그 이유는 암석 투성이의 서식 환경 때문이 아니라 어떤 새가 그 섬에서 사라졌기 때문이라고 했다. 그 새가 멸종된 것은 이 열대의 낙원에 인간이 침입하고 외래종들이 들어왔기 때문이었다.

도대체 그 새와 이 꽃이 무슨 관계가 있는지 궁금했다.

다큐멘터리를 더 시청하면서 나는 그 진귀한 열대 새가 아주 특별한 역할을 한다는 것을 알았다. 그 새는 마우이 산의 절벽으로 날아다니며 신기하게 생긴 부리로 희귀한 그 꽃에 꽃가루받이를 해주었다. 새의 부리는 가루받이를 하기에 아주 적합한 구조를 하고 있었다. 그렇게 새는 꽃의 꿀을 빨아먹는 대신 그 꽃의 가루받이를 해주었다. 완벽한 맞교환이었다. 다른 새나 곤충은 그 일을 할 수 없었다.

그런데 그 새가 사라지면서 그 진귀한 꽃은 더 이상 번식을 할 수 없게 되었고 결국 멸종될 위기에 처했다.

궁여지책으로 인간이 그 새의 역할을 대신하기로 했다. 화면에는 두 명의 등반가가 위험한 절벽을 타는 장면이 보였다. 그들은 이상한 갈퀴 모양을 한 긴 장대를 들고 있었다. "그들은 멸종된 새를 대신해 가루받이를 시도하고 있습니다"라고 내레이터가 진지하게 설명했다.

그러나 긴 장대를 들고 밧줄에 몸을 의지해 절벽을 오른 사람들의 시도는 그렇게 성공적이지 않았다. 그 프로그램은 그 진귀한 꽃에 대한 우울한 예측으로 끝을 맺었다.

얼마나 놀라운가! 하나님은 그 꽃과 새가 참으로 특별한 곳에 서식하면서 서로 완벽한 조화를 이루며 번성하도록 그들을 창조하셨던 것이다. 그 조화가 깨지면 아름다운 두 생명체는 죽고 만다.

결혼 생활도 이와 같다. 하나님이 여자를 창조하기로 결정하셨을 때 절대적으로 완전하고 특별한 목적을 지닌 존재로 빚으셨다. 여자에게 하나님이 주신 모든 것, 즉 여자의 능력과 본능과 잠재력은 결혼 생활에서 특별한 무엇인가를 이루시기 위한 것이었다. 그 역할을 온전히 성취하면 여자와 남자 둘 다 행복하고 형통할 수 있었다. 하지만 그 역할을 저버리면 여자의 아름다움도 사라져버릴 것이다.

불행하게도, 그 꽃과 새의 관계처럼 지난 50년 동안 결혼 생활에서 여자에게 부여된 고귀하고 아름다운 역할은 심각한 공격을 받아왔다. 그리고 그 결과 하나의 문화적 규범으로서의 성경적 결혼 생활은 거의 사라지기 직전에 와 있다. 현대 그리스도인들조차 결혼 생활에 대한 하나님의 확고한 지침들을 이상하고, 실행 불가능하며, 심지어 불쾌하게 여기는 것 같다.

> 결혼 생활에서 여자에게 부여된 고귀하고 아름다운 역할은 심각한 공격을 받아왔다.

오늘날 대중 매체에서 그리는 아내의 모습을 생각해보라. 그들은 걸핏하면 외식하고 쇼핑에 열광한다. 자녀들이 있다 해도 집에서 함께하는 시간이 거의 없다. 감정적인 기복이 심하고, 교회에 다니지 않으며(교회에 가는 여자는 늙었거나 배우지 못한 경우다), 은밀하게 누군가를 궁지에 빠뜨리고, 험담을 즐긴다. 결혼 서약에 충실하기보다 '사사로운 일정'에 더 관심이 많고, 남편이 마음에 들지 않으면 감정이 폭발한다.

그러나 당연히 미용에는 관심이 많다.

아내와 내가 만나본 많은 결혼한 여자들이 폭풍이 휘몰아치는 바다에서 방향을 잃고 표류하는 것 같다고 하소연하는 것이 결코 이상한 일이 아니다. 이들은 다른 사람들에게 이해받지 못하고, 과소평가되며, 혹사를 당한다고 느끼고, 죄책감에 시달린다. 무엇보다도 이들은 아름답고 소중한 무엇인가를 상실했다는 느낌에 고통스러워한다. 그리고 장담하건대 고통을 당하는 아내 옆에는 고통을 당하는 남편이 있다.

결혼 생활에서 아내의 역할은 무엇인가? 남편에 대한 아내의 책임은 무엇인가? 하나님이 정하신 상호 보완적 관계가 깨질 때 어떤 일이 일어나는가?

이것이 이 장에서 당신과 함께 살펴보고 싶은 질문이다. 이런 엄중한 질문들을 대하면서 먼저 확인하고 싶은 것은 결혼 생활에 대한 하나님의 반가운 소식이다. 말하자면 우울한 소식이 아닌 정직한 희망으로 가득한 소식을 전하고 싶다. 그것은 바로 기쁨으로 가득한 결혼 생활이 하나님의 뜻이라는 것이다.

이 점을 내가 이렇게 확신하는 이유는 무엇인가? 아내와 남편을 위한 하나님의 계획은 아름답고, 희귀하며, 경이와 기쁨으로 가득한 것에만 적용되는 것이 아니기 때문이다.

당신은 남편과의 관계에서 삶을 변화시키는 도약이 일어나길 원하는가? 그렇다면 하나님의 창조 계획을 따르라. 기꺼이 그렇게 할 준비가 되어 있는가? 앞으로 읽을 내용에서 현재 당신의 결혼 생활과는 근본적으로 다른, 분명한 성경적 교훈을 배우게 된다면 어떻게 하겠는가?

하나님이 당신을 위해 준비하신 가장 좋은 것에 도전할 용기를 가지기를 기도한다. 지금쯤 당신은 두 번째 의자에 당신을 붙들어 매고 있는 것이 타협이라는 것을 알고 있을 것이다. 하나님의 계획이 아닌 당신이 세운 계획이 효과가 있을 것이라고 진심으로 생각한다면 다시 한 번 생각해보라. 하와이 섬에서 사라져가는 아름다운 그 꽃을 기억하라. 이웃들의 말, 뉴스로 전해지는 소식, 자신의 마음의 소리에 귀를 기울이라. 그리고 도약의 길을 보여달라고 하나님께 간구하라.

분명히 보여주실 것이다.

아내의 역할: 돕는 배필

창세기를 보면 남자와 여자가 중요한 부분을 서로 공유하고 있음을 알 수 있다. 남자와 여자는 동일한 가치를 가지고 동일한 사명을 받았다.

"하나님이 자기 형상 곧 하나님의 형상대로 사람을 창조하시되 남자와 여자를 창조하시고 하나님이 그들에게 복을 주시며 하나님이 그들에게 이르시되 생육하고 번성하여 땅에 충만하라 땅을 정복하라 바다의 물고기와 하늘의 새와 땅에 움직이는 모든 생물을 다스리라 하시니라"(창 1:27-28).

그런데 조금만 더 읽어내려가면 여자의 역할에 대한 직접적이고 분명한 메시지가 소개되어 있다.

"여호와 하나님이 이르시되 사람이 혼자 사는 것이 좋지 아니하니 내가 그를 위하여 돕는 배필을 지으리라 하시니라… 여호와 하나님이 아담에게서 취하신 그 갈빗대로 여자를 만드시고 그를 아담에게로 이끌어 오시니"(창 2:18, 22).

앞장에서 우리는 그 가치에 있어서는 아내와 동등하지만 남편의 주된 역할(목표, 목적)은 아내를 이끄는 것임을 살펴보았다. 아내의 역할을 설명하는 성경적 용어는 "돕는 배필(helper, 돕는 사람)"이다.

이런 중요한 차이는 성경 전체에 걸쳐 나타나며 지지를 받는다. 결혼 서약 첫날부터 남자의 역할은 머리가 되는 것이었고, 여자의 역할은 남자의 돕는 배필이 되는 것이었다. 이것을 분명히 하는 것이 첫째 의자 결혼 생활의 기초가 된다.

신약 성경은 그 점을 한층 더 명확히 한다. "남자가 여자에게서 난 것이 아니요 여자가 남자에게서 났으며 또 남자가 여자를 위하여 지음을 받지 아니하고 여자가 남자를 위하여 지음을 받은 것이니"(고전 11:8-9). 이것은 하나님이 여자를 창조하시기 이전에 이미 한 가지 목적을 갖고 계셨고, 그 목적에 따라 여자를 창조하셨음을 의미한다. 여자를 창조하기로 결정하셨을 때 하나님은 매우 특별한 목적과 기능을 지닌 존재, 즉 돕는 배필을 창조하는 데 모든 솜씨를 다 발휘하셨다.

하나님은 아담을 위해 가정주부나, 노예나, 성적인 노리개, 혹은 단순히 자식을 낳는 어머니를 만들어주겠다고 말씀하시지 않았다. 오히려 하나님은 아담의 부족한 부분을 보완해줄 완벽한 존재를 마음속에 두고 계셨다.

주권적으로 계획되었고…

하나님의 동등한 사랑의 대상이며…

남자의 부족한 부분을 완벽하게 보완해주고…

남자의 외로움을 달래기 위해 은혜로서 주어졌으며…

남자와 함께 인생을 아름답게 가꾸어갈 특별한 능력을 받은 존재.

돕는 배필의 진정한 의미

도움을 받는 사람이 돕는 사람보다 더 행운아라고 생각하는가? 돕는 사람이 된다는 것은 별로 신나지도 않고, 심지어 천한 일이라고 생각하는가?

그렇다면 성경에서 누가 돕는 사람으로 가장 자주 묘사되는지 보라. 바로 하나님이시다. 다음 구절을 보면 내 말이 무슨 뜻인지 알게 될 것이다.

"그러므로 우리가 담대히 말하되 주는 나를 돕는 이시니 내가 무서워하지 아니하겠노라 사람이 내게 어찌하리요 하노라"(히 13:6).

"그러나 내가 너희에게 실상을 말하노니 내가 떠나가는 것이 너희에게 유익이라 내가 떠나가지 아니하면 보혜사가 너희에게로 오시지 아니할 것이요 가면 내가 그를 너희에게로 보내리니"(요 16:7).

하나님은 성경에서 위대한 돕는 사람으로 등장하신다. 예수님은 성령을 가리켜 "보혜사(Helper, 돕는 사람)"라고 부르신다. 돕는 일은 엄청난 능력과 의미를 지닌 성스러운 과업이다.

돕는 사람은 누군가의 필요를 채워주기 위해 옆에 따라다니는 사람이다. 상대방에게 부족한 것이 있으면 채워주고, 가르쳐주며, 보호해주고, 약하거나 넘어지려 할 때 부축해준다. 마우이 산의 꽃이 미래를 이어가도록 했던 그 새와 같은 존재이다.

성경에서 돕는 사람이라는 단어를 추적해보면 그 의미가 얼마나 풍성한지 알 수 있다. 남편에게 부족한 것이 있을 때 돕는 사람은 그 필요를 신속하고 온전하게 채워주고자 가능한 모든 자원을 동원한다.

그렇다면 돕는 사람으로서 아내의 역할을 생각해보자. 하나님이 지금도 하고 계신 중요한 역할을 바로 아내가 감당하는 것이 아닌가. 예수님이 우리 가운데 가장 큰 자를 가장 많이 섬기는 자라고 말씀하신 것도 바로 이 때문일 것이다.

남편의 행복이 아내의 중요한 책임이라면 아내가 남편에게 물어야 할 가장 중요한 질문은 "어떻게 하면 지금보다 당신을 더 잘 도울 수 있을까요?"일 것이다.

많은 남편들이 자신의 아내는 자신이 현재 어떤 처지인지, 가장 깊은 필요가 무엇이지, 또는 자신에게 더 많은 지원이 필요한 부분이 어디인지에 대해 전혀 무지하다고 하소연한다. 물론 때로는, 남편이 아내에게 좀 더 솔직하게 대화하는 법을 배울 필요가 있다. 그러나 문제는 아내가 남편이 아닌 다른 곳에 지나치게 관심을 갖고 결혼 생활이나 가정 외의 다른 곳에서 성취감과 만족감을 발견하려고 할 때 생기는 경우가 많다.

> 많은 남편들이 자신의 아내는 자신이 현재 어떤 처지인지, 가장 깊은 필요가 무엇이지에 대해 전혀 무지하다고 하소연한다.

남편이 결혼 생활에 대해 어떻게 느끼는지 궁금하지 않은가? 남편이 과연 당신에게서 지원과 내조와 격려를 받고 있다고 여기는지 궁금하지 않은가? 이것을 알아보는 방법은 하나뿐이다. 남편에게 직접 물어보라. 남편은 잠시 주저하거나 말을 얼버무릴 것이다. 하지만 끈기 있게 기다려라. 하나님의 도우심과 당신의 기도가 있다면, 남편은 자신에게 '도움이 필요한 부분'이 어디인지 고백할 것이며, 당신과 남편의 관계는 긍정적인 방향으로 근본적인 변화를 경험할 것이다.

우리 부부는 남편들과 상담을 진행하면서 그들이 아내에게 크게 도움을 받는 부분이나, 도움을 꼭 받고 싶어하는 부분이 어디인지 알게 되었다.

- "평화롭고 아늑한 가정을 갖고 싶습니다. 집이란 게 남에게 보여주고 과시하는 곳이 아니잖습니까? 현관문에 들어서는 순간 하루의 피로와 스트레스가 사라지고 다시 몸과 마음을 회복할 수 있는 곳이면 됩니다. 저는 그런 가정을 원합니다."
- "아내가 안아주고 등을 토닥여주며 가까이 있어주는 게 정말 좋습니다. 남편들은 다 그런 걸 좋아하지 않습니까? 적어도 저는 그렇습니다. 긴장해서 어깨와 목이 뻣뻣할 때가 많은데 아내의 손길이 특효약입니다."
- "아내가 사람들이 많은 곳에서는 제발 좀 참아줬으면 좋겠습니다. 다른 사람들 앞에서 제 말을 가로채거나 '저를 바로잡으려' 하지 않았으면 좋겠습니다."
- "각종 공과금이며 세금에다 자동차 고장으로 어려울 때도 아내는 저를 패배자가 된 것처럼 몰아세우지 않습니다. 그런 아내의 배려 덕분에 저는 세상을 다 가진 듯한 기분이 든답니다."
- "우리에게 아이들이 있지만 저는 아이가 아닙니다. 아내가 저를 어른으로 대해주었으면 합니다. 시간이 지나면서 더 친해지고 싶은 친구처럼 대해주었으면 좋겠습니다. 하지만 그런 존중을 기대하기란 힘듭니다."
- "아내와 아이들과 식탁에 둘러앉아 식사를 할 때 가족이란 이런 거구나 실감하게 됩니다. 그때 모두 둘러앉아 무슨 이야기든 스스럼없이 할 수 있지요. 반찬은 소박하지만 그건 중요하지 않습니다."

- "아내는 저의 성적인 필요를 잘 채워줍니다. 아내는 이런 일로 제게 핀잔을 주거나 거절하는 일이 없습니다. 좀 기다려달라는 말은 하지만 어떻게 하면 거절당했다는 느낌이 들지 않는지 알고 있습니다. 이런 일로 불만인 친구들이 많습니다."
- "아내는 절대 제게 경건한 신앙인처럼 행동하라고 말하지 않습니다. 기도하는 방식이나 교회에서 의견을 발언할 시기 또는 성경에 대해 알아야 할 내용에 대해 가르치려 하지도 않지요. 저는 신앙적인 문제에 상당히 서투르지만 아내는 이런 저를 이해해줍니다. 저는 그게 좋습니다. 사실 이런 아내의 태도 때문에 저도 제 신앙이 성장하길 원합니다."
- "아내는 저의 꿈과 희망을 존중해줍니다. 늘 저의 꿈과 희망에 대해 관심을 갖고 물어봅니다. 아내가 저의 꿈과 희망을 첫 번째 기도 제목으로 삼고 있는 것도 알고 있습니다. 그리고 아내는 제가 그 꿈들을 이루기 위해 하나님이 어떻게 도와주실지 지켜보도록 도와줍니다."

> "아내는 저의 꿈과 희망을 존중해줍니다. 늘 저의 꿈과 희망에 대해 관심을 갖고 물어봅니다."

아내가 처음 나를 위해 하루 종일 금식 기도를 하겠다고 말했을 때 내가 얼마나 감격하며 아내에게 고마워했는지 지금도 잊을 수가 없다. "나를 위해 하루 종일 아무것도 안 먹겠다는 거요?" 아내의 말이 도무지 실감이 나지 않아 나는 이렇게 물었다. 하지만 아내는 진심이었다. 아내는 내가 직장에서 몇 가지 어려운 상황에 부딪혔다는 것을 알고 있었다. 금식은 "여보, 저는 항상 당신 편이에요. 오늘 하나님이 당신의 일에 복을 주시길 기도할게요"라는 그녀만의 표현 방식이었다.

아내들이 남편을 돕겠다고 진정으로 결심할 때, 그래서 하나님도 그 진정성을 인정하실 때 무슨 일이 벌어지는가? 전능하신 하나님이 그분의 주권적인 뜻으로 여자를 만드셨을 때 의도하셨던 바로 그 세계로 들어가기 시작한다. 그녀는 누구도 대신할 수 없는 강력하고 복된 역할을 감당한다. "그런 자는 살아 있는 동안에 그의 남편에게 선을 행하고 악을 행하지 아니하느니라"(잠 31:12). 그녀는 남편과의 관계에서 모든 종류의 도약을 이룰 완벽한 위치에 서게 된다. 그리고 이때 결혼 생활의 기적이 일어나게 되는데, 이것은 오직 아내만이 할 수 있는 일이다. 그녀가 남편과 어디에서 가정을 꾸리든 간에 상관없이 말이다.

설령 그곳이 절벽 위라고 하더라도!

가정주부의 진정한 의미

바울이 아내의 역할에 대해 설명한 부분을 보면 아내가 특정 지역(가정)의 감독자로 남편을 돕는 배필이 된다는 것을 알 수 있다.

> "그들로 젊은 여자들을 교훈하되 그 남편과 자녀를 사랑하며 신중하며 순전하며 집안 일을 하며(homemaker) 선하며 자기 남편에게 복종하게 하라 이는 하나님의 말씀이 비방을 받지 않게 하려 함이라"(딛 2:4-5).

요즘과 같은 시대에 '가정주부(homemaker)'처럼 고리타분하게 들리는 단어도 드물다. '하인'이나 '하녀'와 같은 축에 드는 단어다. 하지만 돕는 배필이라는 단어와 마찬가지로 가정주부라는 이 역할의 진정한 의미를 발견하기 위해서는 시대를 초월하는 하나님의 말씀으로 돌아갈 필요가 있다. 여기서 집안일을 하는 사람, 즉 주부라고 번역된 헬라어는 평범한 두 단어로 이루어진 복합어이다. 첫째 단어는 '가정'이나 '집과 그 주변'을 뜻하는 일반적인 단어이다. 두 번째 단어는 '일'이나 '노동'에 해당하는 말이다.

바울이 젊은 목회자 디모데에게 쓴 편지를 살펴보자. "그러므로 젊은이는 시집 가서 아이를 낳고 집을 다스리고 대적에게 비방할 기회를 조금도 주지 말기를 원하노라"(딤전 5:14). 이 경우 "집을 다스리다"라는 단어가 하나님이 생각하시는 그림을 더 온전하게 이해하도록 표현해준다. "집을 다스리다"라는 표현은 또 다른 헬라어 복합어를 번역한 것이다. 앞부분은 집에 해당하는 일반적인 단어이지만 뒷부분은 당신을 깜짝 놀라게 할 만한 단어이다. 바로 '전제 군주'에 해당하는 단어이기 때문이다. 전제 군주란 완벽한 통치권을 가진 사람을 말한다.

솔직히 나도 그 단어를 보고 적잖이 놀랐다. 하나님은 아내들에게 가사 노동자(homeworker)가 되라고 하시면서, 또한 놀라운 자유와 권한을 가지고 전제 군주로서의 소명을 감당하길 원하셨다. 이 단어는 내게 하나의 도약이었다. 그때까지 결혼 생활을 하면서 나는 가정의 머리로서 가정을 책임질 사람은 나이고, 아내와는 중요한 결정을 함께할 뿐이라고 생각했다. 하지만 이 구절은 내 생각이 틀렸다는 것을 깨닫게 해주었다. 남편은 아내의 머리지만 아내는 가정의 전제 군주인 것이다.

아내는 결혼 생활에서 여전히 나의 최종적 권위의 보호를 받는다. 하지만 가정에서 권한을 행사하도록 하나님께 위임받은 사람은 바로 아내이다. 일반적으로, 하나님은 가족을 부양하기 위해 남편을 일터로 보내시고 아내는 가정으로 보내셔서 가정을 책임지고 관리하도록 하셨다.

이제 아내에게 자신만의 독특한 지도자의 역할이 있다는 것을 알았다. 내 말이 의심스럽다면 자신의 역할을 수행하는 아내에 대해 묘사한 성경 구절을 보라. 잠언 31장이 그 좋은 예다.

- "먼 데서 양식을 가져오며."
- "밤이 새기 전에 일어나서 자기 집안 사람들에게 음식을 나누어 주며."
- "밭을 살펴 보고 사며 자기의 손으로 번 것을 가지고 포도원을 일구며."
- "자기의 장사가 잘 되는 줄을 깨닫고."
- "곤고한 자에게 손을 펴며 궁핍한 자를 위하여 손을 내밀며."
- "자기를 위하여 아름다운 이불을 지으며 세마포와 자색 옷을 입으며."
- "베로 옷을 지어 팔며 띠를 만들어 상인들에게 맡기며."
- "입을 열어 지혜를 베풀며 그의 혀로 인애의 법을 말하며."

현숙한 아내에 대한 하나님의 묘사는 일을 처리하는 능력이나 영향력이 출중한 사람을 보여준다. 직원들을 거느리고, 자신의 부동산을 관리하며, 자신의 사업을 경영하고, 가족의 삶의 질을 향상시키는 데 그 누구도 따라갈 수 없을 만큼 크게 기여하는 놀라운 사람을 보여준다.

그렇다면 성경이 일하는 아내를 반대한다고 가르치는 것은 너무나 잘못된 것이다. 사실 성경은 그 반대로 가르친다. 그러나 여기에는 매우 분명한 조건이 붙는다.

- 남편은 아내의 첫 번째 우선순위로서 가장 큰 열정과 관심을 쏟는 대상이 되어야 한다.
- 자녀는 아내의 두 번째 우선순위로서 가정은 아내의 가장 중요한 일터가 되어야 한다.
- 아내가 하게 되는 다른 모든 사업이나 모험은 그녀가 가정에서 이룬 과업과 실력을 바탕으로 시작되어야 한다.

결혼 생활에서 아내가 맡은 과업의 범위를 생각해보면, 아내들이 가정을 버려두고 회사나 다른 사람을 부자로 만드는 데 모든 재능과 에너지를 사용하는 이유가 무엇인지 때로 의아할 때가 있다. 물론 여자들도 배우고 일하는 부분에서 남자 못지않게 성공할 능력이 있다. 어쩌면 하나님이 가정 밖에서 자신의 재능을 의미 있게 사용하라는 소명을 주셨을 수도 있다. 아니면 가정 형편상 직장 생활을 하지 않으면 안 되는 경우도 있다.

> 현숙한 아내에 대한 하나님의 묘사는 일을 처리하는 능력이나 영향력이 출중한 사람을 보여준다.

하지만 성경은 이렇게 격려한다. 하나님이 계획하신 모든 가능성을 남편이나 가족들이 누리지 못하는 것은 아닌지 확인하라는 것이다. 하나님은 아내들에게 평생 동안 감당할 사명을 주셨다. 이것을 이렇게 바꾸어 말하고 싶다.

"가서 내가 준 모든 능력과 역량과 창의성과 공감 능력으로 남편을 도와 네 삶을 향한 나의 꿈을 이루라. 이렇게 할 때 너의 마음 깊숙한 곳에 있는 모든 꿈이 결실을 맺게 될 것이다."

당신이 이 진리를 추구할 때 하나님은 응답하시고 당신을 인도하실 것이다. 하나님은 당신과 당신의 남편을 위해 모든 부분에서 준비하신 가장 좋은 것을 향해 두 사람이 도약을 이룰 수 있는 방법을 가르쳐주실 것이다. 그러면 당신은 오직 경건한 아내에게만 돌리는 놀라운 존귀와 찬사를 얻게 될 것이다.

> "그의 자식들은 일어나 감사하며 그의 남편은 칭찬하기를 덕행 있는 여자가 많으나 그대는 모든 여자보다 뛰어나다 하느니라"
> (잠 31:28-29).

아내의 책임: 복종

7장에서 살펴보았듯이, 남편의 책임은 머리로서 역할을 감당할 때 자연스럽게 도출된다. 그것은 아내를 사랑하는 것이었다. 그럼, 결혼 생활에서 돕는 것이 아내의 역할이라면 아내에게 요구되는 책임은 무엇인가?

남편이 아내에게 일반적으로 원하는 것이 무엇인지 예상할 수 있는가? 바꾸어 말하면 '돕는 배필'인 당신은 어떤 은사로 남편의 마음을 사로잡을 수 있는가?

아마 당신은 이렇게 대답할 것이다. "인생의 동반자를 만났구나 하는 확

> 당신의 부드러운 애정과 전폭적인 신뢰는 난생처음 경험해보는 내면적 자신감과 힘을 남편에게 주었다.

신이 들었죠. 그를 흠모하고 존경했고 그이가 하는 말이라면 뭐든지 좋았던 것 같아요. 함께 있는 것만으로 좋았어요. 실제로, 그이가 무슨 제안이라도 하면 세상 끝까지라도 따르려 했어요. 정말이에요!"

남편에게 그 말은 어떻게 받아들여졌을까? 그는 자신이 세상의 왕이라도 된 것처럼 느낀다. 당신의 부드러운 애정과 전폭적인 신뢰는 난생처음 경험해보는 내면적 자신감과 힘을 남편에게 주었다. 그래서 남편은 적극적이고 주도적인 사람이 될 수 있었다. 그것은 다음과 같이 표현할 수 있다.

- 하나님은 모든 여자에게 그 누구보다 자신을 사랑하고 리더로서 자신을 이끌어줄 남편을 사모하는 마음을 심어주셨다.
- 하나님은 모든 남자에게 자신을 존중하고 존경하며 그 누구보다 자신을 믿고 따라줄 아내를 사모하는 마음을 심어주셨다.

성경은 사랑으로 믿고 따르며 지지하는 이 은사를 가리켜 복종이라고 한다. 이 복종이라는 단어는 나약하고 구시대적인 느낌을 풍기며 왠지 불쾌감을 줄 수도 있다. 하지만 남편에게, 순종하는 아내는 금으로 장식한 성공의 초대장을 받은 것이나 마찬가지다. 기꺼이 따르려는 사람이 없다면 하나님이 주신 지도자의 역할을 어떻게 수행할 수 있겠는가?

그러면 당신은 어떤가? 성경의 가르침에 따르면 복종은 남편에 대한 아내의 가장 우선적인 태도이자 경건한 결혼 생활에서 성공하고, 성취를 이루며, 결혼 생활에 놀라운 영향력을 미칠 수 있는 비결이다.

남편이 아내의 격려와 자발성과 진실하고 꾸밈없는 신뢰를 갈구하며 그것을 통해 힘을 얻는 까닭은 바로, 하나님이 남편을 결혼 생활의 리더로 창조하셨기 때문이다. 남편이 아내에게서 사랑으로 따르겠다는 의지를 확인한다는 것은 웅크리던 자리에서 박차고 나와 온전한 리더로 설 수 있는 강력한 연료를 마련한 것이나 마찬가지이다.

어느 남자에게든지 물어보라. 이런 사랑이 있다면 세상일이 하나도 힘들지 않다. 남편을 거역하며 존경하지 않는 아내보다 남편을 더 빨리 또는 더 깊게 타락시키며 화나게 하는 것은 없다. 자녀들로부터 비난과 공격을 받는다면 해결해야 할 힘든 문제가 생겼다는 심정으로 그칠지 모른다. 하지만 아내가 그런 모습을 보인다면 그는 심각한 배신감을 느낄 것이다.

이제 성경이 무엇이라고 하는지 보자.

"아내들아 남편에게 복종하라 이는 주 안에서 마땅하니라"(골 3:18).

"아내들이여 자기 남편에게 복종하기를 주께 하듯 하라 이는 남편이 아내의 머리 됨이 그리스도께서 교회의 머리 됨과 같음이니 그가 바로 몸의 구주시니라 그러므로 교회가 그리스도에게 하듯 아내들도 범사에 자기 남편에게 복종할지니라"(엡 5:22-24).

"그러나 너희도 각각 자기의 아내 사랑하기를 자신 같이 하고 아내도 자기 남편을 존경하라"(엡 5:33).

"아내들아 이와 같이 자기 남편에게 순종하라 이는 혹 말씀을 순종하지 않는 자라도 말로 말미암지 않고 그 아내의 행실로 말미암아 구원을 받게 하려 함이니"(벧전 3:1).

아내의 주된 의무인 복종이 단지 결혼 생활의 한 가지 선택 사항에 지나지 않는다고 생각했는가? 그렇다면 이 말씀들을 읽고 생각을 바꾸어야 한다. 복종은 분명히 하나님이 아내들에게 주신 최선의 방책이다. 진심으로 첫째 의자의 결혼 생활을 향한 영적 도약을 진지하게 생각하고 있다면 남편에 대한 복종은 아내의 특권이자 기회임을 기억하라. 창조 때부터 이것은 하나님을 기쁘시게 하고 결혼 생활에 대한 하나님의 축복을 체험하며 누리기 원하는 아내를 위해 마련하신 유일한 계획이었다. 그리고 그것은 지금까지 유효하다.

복종의 진정한 의미

당신이 사는 곳은 어떤지 모르겠지만 우리가 사는 곳의 할인 마트나 수퍼마켓은 계산대로 가려면 잡지 진열대를 꼭 지나쳐야 한다. 온갖 잡지의 표지 문구들은 지친 주부들을 일명 '매디슨 애비뉴(뉴욕 시 광고업의 중심가)'의 복음으로 유혹하며 부추긴다. 우리가 지금 강조하고 있는 성경적 교훈과는 완전히 동떨어진 내용이다. 대개 이런 것들이다.

"여성도 원하면 무엇이든지 가질 수 있다. 남자가 있든 없든 상관없다!"

"남자를 사로잡는 법!"

"사랑하고 떠나버려라! 똑똑한 여자들의 후회 없는 섹스 노하우."

"남자 길들이기!"

이런 자극적인 구호들을 지나치게 진지하게 받아들인다면 당신의 장바구니에는 국수와 야채뿐 아니라 편두통도 한 자리를 차지하게 될 것이다. 그 여성지들이 다음과 같이 뭔가 다른 제안을 한다면 어떻겠는가?

"남편에게 주도권을 주라(그러면 꿈의 결혼 생활이 펼쳐지는 것을 볼 수 있을 것이다)."

"난 그를 돕기 위해 태어났다! 어느 행복한 아내의 고백."

"복종이 최고다! 지혜로운 아내가 들려주는 열 가지 비밀."

내가 만든 문구가 조금 어색해 보이지 않는가? 아마 이런 문구를 쓴 잡지들은 거의 팔리지 않을 것이다. 하지만 적어도 헛된 환상들을 심어주지는 않을 것이다.

이런 잡지 발행인들이 놓치고 있는 사실 하나는, 우리는 결코 멋진 삶과 하나님이 원하시는 삶을 두고 선택할 필요가 없다는 것이다. 하나님은 결혼 관계에서 여자의 역할이 남편을 돌보이게 하거나, 여자로서 의미 있는 인생을 포기하거나, 자신의 잠재력을 억제해야만 하도록 계획하지 않으셨다. 우리가 남자든 여자든, 남편이든 아내든 간에 하나님의 뜻은 우리에게 가장 좋은 것을 주시는 것이다.

첫째 의자의 결혼 생활로 옮겨가기 위해서는 먼저 진리로 오인되고 있는 수많은 개념들을 살펴볼 필요가 있다. 아내와 나는 오랫동안 부부들을 상담하면서 복종에 대한 몇 가지 일반적인 오해들을 발견했다.

오해 1: 남편의 책무는 아내를 복종시키는 것이다

이런 오해는 정말 잘못된 것이다! 성경은 결코 남편이 아내를 복종시켜야 한다고 가르치지 않는다. 오히려 성경은 하나님께 순종하고 또 남편에게 복종하는 것이 아내의 자발적 선택이어야 한다고 가르친다.

'복종하다(submit)'라는 뜻의 헬라어 '후포타쏘(hupotasso)'는 두 단어로 이루어진 복합어다. 이 단어는 '아래(under)'와 '정리하다(arrange together)'라는 뜻의 어근이 합쳐진 것이다. 가장 좁은 의미로 보면 복종은 모든 부분을 아래에 두는 것이다. 그러므로 아내는 남편의 지도력 아래 삶의 모든 부분을 두어야 한다.

성경이 '복종하다'라는 단어 대신 '순종하다(obey)'를 사용하지 않는 것도 이 때문이다. 누군가에게 복종한다는 것은 단순한 순종을 훨씬 뛰어넘는 일이다. 예를 들어, 당신은 순종이라는 행위 외에 그 무엇도 다른 사람의 권위 아래 두지 않은 채 순종할 수 있다. 그러나 복종은 더 깊고 중요한 문제인 마음과 의도에 초점을 맞춘다.

이런 접근 방식이 당신의 결혼 생활을 얼마나 극적으로 바꿔놓을지 생각해보라. 아내는 특정한 문제를 놓고 복종할지 말지를 고민하지 않는다. 남편과 의견이 전혀 다르다 해도 이미 자신을 복종시키기로 결정했기 때문이다. 아내가 멋진 결혼 생활을 위해 복종을 자신의 헌신으로 알고 성경적 복종에서 도약을 이루었다면 다른 여러 환경에서 복종하는 것은 훨씬 더 쉬워진다.

오해 2: 아내는 '주께 하듯' 남편에게 복종해야 하기 때문에 남편을 하나님처럼 대하고 섬겨야 한다

이런 오해는 에베소서 5장 22절의 "주께 하듯 하라"는 유명한 구절에서 비롯된 것이다. 남편의 역할과 절대적 군주의 지위를 혼동하는 남편의 손에 이 구절을 들려주면 그는 폭군처럼 군림하려 할 것이다. 이런 남편들은 실제로 자신이 명령을 내리면 아내는 그 명령을 하늘 보좌에서 직접 내려온 것인 양 하나도 놓치지 않고 받아들여야 한다고 믿는다.

이런 자세는 절대 용납될 수 없는 것이다. 그리스도인이자 아내로서, 당신은 이미 한 왕을 사랑하며 섬기고 있다. 집에 있는 그 남자는 그 왕이 아니다! "주께 하듯 하라"는 말씀은 남편에게 복종하려는 당신의 선택이 예수님, 곧 한 분밖에 없는 절대 군주에 대한 복종이 사랑 가운데 표현된 것임을 일깨워준다. 복종의 요구는 남편에게서 시작된 것이 아니라 예수님에게서 시작되었다.

> 남편의 역할과 절대적 군주의 지위를 혼동하는 남편의 손에 이 구절을 들려주면 그는 폭군처럼 군림하려 할 것이다.

남편도 결점이 많은 인간이기 때문에 남편에게 복종하는 것이 쉽지 않을 때도 있다. 바울은 이럴 때 남편을 바라보지 말고 예수님을 바라보며 "주께 하듯" 복종하라고 권면한다. 당신의 반응은 하나님을 신뢰한다는 강한 표현이 된다. 하나님이 모든 계획에 늘 함께하신다는 것과, 당신과 당신의 결혼 생활을 위한 하나님의 모든 계획이 오직 선(善)을 이루기 위한 것임을 믿는다는 분명한 표현이기 때문이다.

오해 3: 아내는 '범사에' 남편에게 복종해야 하므로 남편이 죄를 짓거나 위험한 길을 갈 때에도 남편을 따라야 한다

복종은 남편과 어떤 관계를 맺을 것인지 보여주는 포괄적 태도이자 약속이다. 그러나 이러한 약속이 하나님에 대한 복종보다 우선하는가?

물론 아니다. 자포자기한 남편이 아내에게 상점에서 도둑질을 하라고 시킨다고 해도 아내는 남편의 지시에 복종할 수 없다. 하나님은 "도둑질하지 말라"고 말씀하셨다. 남편이 아내에게 창녀가 되거나 명백히 부도덕한 일을 하라고 한다면 아내는 남편의 지시에 복종할 필요가 없다. 하나님은 "간음하지 말라"고 말씀하셨고 성 행위에 대한 다른 계명들도 함께 주셨다.

이런 상황에서 아내는 더 상위의 존재인 하나님을 위해 악한 행위를 거부할 수 있다. 그렇다고 그런 제안을 한 남편을 경멸하거나 무시하는 태도를 보이지는 말라.

복종에 대한 지침들을 소홀히 하라는 것이 아니다. 성경적 결혼 생활을 위해 하나님이 제시하신 원칙들은 어려운 시험을 받을 때도 변함없이 적용되어야 한다. 당신이나 당신이 사랑하는 사람이 이런 복종의 장애물을 만난다면 하나님이 돌파구를 열어주실 것을 신뢰하라. 살다 보면 남편 때문에 속을 썩이는 일이 있을 수 있다. 남편이 자신의 잘못을 알고 있다면 오히려 더 방어적으로 나올 수도 있고 아내를 비난하고 화를 낼 수도 있다. 하지만 아내가 남편을 한결같이 존중하고 평정을 유지한다면 거기에 자신의 죄를 깨닫고 치유되어 결혼 생활을 회복시키는 하나님의 능력이 임할 것이다.

그렇다면 남편이 폭력이나 협박으로 아내를 위협하는 상황에서는 어떻게 해야 하는가?

우리 부부는 남편의 학대와 무시로 고통스러운 상황에 처한 수많은 아내들을 만나보았다. 여기에도 동일한 원칙이 적용된다. 하나님께 복종하는 아내는 하나님이 죄라고 규정하신 것과 타협할 수 없다. 바울은 디모데에게 "구타하지 아니하며 오직 관용하며 다투지 아니하"(딤전 3:3)는 사람이 감독의 자격이 있다고 말한다.

나와 아내는 학대를 받는 아내들에게, 복종은 단순히 행위가 아니라 온 마음과 뜻을 다해 남편을 존중하기 원하는 태도라고 자주 상기시킨다. 그리고 이러한 상황에 처한 아내들에게 언제나 다음과 같은 격려를 잊지 않는다. "하나님은 정말 신실하십니다. 그분은 어떻게 하면 지혜롭게 처신하면서 자녀들을 돌보고 남편에게 복종함으로 하나님께 영광을 돌릴 수 있는지 가르쳐주실 겁니다."

오해 4: 아내가 남편에게 복종해야 한다면 남편도 아내에게 복종해야만 한다

젊은 부부들 중에는 '상호 복종'의 개념에 집착하는 사람들이 많다. 이러한 접근은 선의의 수많은 성경 교사들이 제시한 것으로 남편과 아내가 서로에게 똑같이 복종하는 것이 성경적이라고 말한다. 남편이 아내에게 복종해야 할 때가 있고, 아내가 남편에게 복종해야 할 때도 있다는 것이다.

표면적으로는 상호 복종이 합리적이고 공정한 것처럼 보인다. 어쨌든 어느 누구도 항상 옳을 수는 없는 것이다. 이런 접근을 지지하는 사람들은 에베소서 5장을 근거로 든다. "술 취하지 말라… 오직 성령으로 충만함을 받으라… 항상 아버지 하나님께 감사하며 그리스도를 경외함으로 피차 복종하라"(18-21절). 하지만 이 구절은 바울이 거의 다섯 장에 걸쳐 에베소 교회에 주는 권면의 결론에 해당하며, 여기서 바울은 그리스도인이 된다는 것이 무엇을 의미하며, 우리가 교회 안에서 서로를 어떻게 대해야 하는지 말하고 있다.

그렇다면 "피차 복종하라"는 말은 결혼 생활이라는 상황에서 배우자들에게 주어진 교훈이 아니라 지역 교회라는 상황에서 신자들 개개인에게 주어진 교훈이다. 실제로 바울은 바로 다음 구절인 에베소서 5장 22절부터 일반적인 교훈에서 구체적인 교훈으로 범위를 좁히고 있다.

- 아내는 남편에게 복종하라(엡 5:22).
- 남편은 아내를 사랑하라(엡 5:25).
- 자녀는 부모에게 순종하고 부모를 공경하라(엡 6:1, 2).
- 부모는 자녀를 노엽게 하지 말라(엡 6:4).
- 종은 전심으로 주인을 섬겨라(엡 6:5).
- 주인은 종을 위협하지 말라(엡 6:9).

그리고 6장 10절부터 바울은 다시 일반적인 교훈으로 돌아가서 "하나님의 전신 갑주를 입으라"라는, 모든 신자에게 익숙한 권고를 한다.

정황이 모든 것을 달라지게 만든다. 교회에서 예수님이 머리가 되신다. 그러기에 특별히 지도자의 역할을 맡지 않은 신자들은 '피차' 복종해야 한다. 그러나 결혼 생활의 경우 하나님의 뜻은 분명하다. "아내들아 남편에게 복종하라."

이것은 남편이 아내로 하여금 자신의 의견을 관철하도록 도우면 안 된다거나, 남편이 아내의 의견을 따르려 해서는 안 된다는 뜻이 아니다. 아내가 남편의 조력자라고 해서 남편이 아내를 돕지 말라는 법은 없다. 남편이 아내를 돕는다고 해서 성경이 아내에게 맡긴 역할을 남편이 대신하는 것은 아니다. 아내의 역할을 잘 감당하도록 돕고 있을 뿐이다.

마찬가지로 어떤 문제에 대한 아내의 결정을 존중한다고 해서 리더로서 남편의 역할을 그만둔 것이 아니다. 다만 아내가 최선의 결정을 내릴 위치에 있을 때 그 판단을 존중함으로써 결혼 생활에서 더 현명한 리더십을 발휘하고 있는 것뿐이다. 훌륭한 리더의 증거는 누가 눈앞에 있는 문제를 해결하기 위해 최선의 결정을 내릴 수 있는지 아는 것이다.

오해 5: 아내가 남편에게 복종한다면 아내는 자신의 의견을 말할 수 없게 되거나, 자신의 감정과 생각이 중요하다는 확신을 갖지 못하게 될 것이다

복종은 결코 수동적인 개념이 아니다. 그것은 매우 심각한 오해이다. 경건한 아내로서 여성의 역할과 책임의 핵심은 남편의 성공을 돕고 가정이라는 제국을 지혜롭게 관리하는 데 있다. 당신은 하나님이 주신 조력자로서의 역할을 충실하게 감당하고 있는가? 그렇다면 남편은 당신이 결혼 생활에 가져다주는 균형과 지혜와 직관과 독특한 시각에 대해 잘 알고 있을 뿐 아니라 그것들을 소중히 여길 것이다.

그러나 남편이 난처한 상황을 만들고 있거나 당신을 무시하면서 도움을 청하지 않는다면 어떻게 해야 할까? 다시 말하지만 성경은 하나님 앞에서 아내가 남편과 동등한 가치와 잠재력과 소명을 가졌다고 말한다. 당신에게만 있는 고유한 독특성은 성공적인 결혼 생활에 반드시 필요하다. 당신의 느낌과 생각이 중요하다. 이것은 당신이 남편의 결정과 행동에 동의하지 않을 수도 있다는 뜻이다. 살다보면 이런 일들이 일어날 수 있다. 하지만 중요한 것은 이런 일들에 어떻게 대처하느냐이다.

그런 일이 생긴다면 남편에게 거듭 요구하라. "여보, 내 생각을 좀 들어 볼래요? 내가 당신을 도울 수 있을 것 같아요." 또는 남편에게 정중하게 물어보라. "여보, 내가 이번 일에 대해 느낀 점을 당신과 솔직하게 이야기 하고 싶어요." 당신은 머리로서 남편의 역할을 침범하지 않더라도 긴급하고 간절한 마음을 전달할 수 있다. 위협을 느끼지 않는 사람이 방어적인 반응을 보이는 경우는 거의 없다는 사실을 기억하라. 경건하고 복종하는 아내라면 아무리 완고하고 변덕스러운 남편이라도 마음의 문을 열 것이다. 아내가 자신을 속이려 드는 것이 아닐까 불안해하는 남편이라면 그가 어떤 결정을 내리든지 당신이 그를 지지할 것이라는 확신을 심어주는 것이 좋다.

번영과 성장

아내가 복종과 관련해 의미심장한 영적 도약을 경험했을 때가 기억난다. 15년 전쯤, 아내는 상담과 독서와 기도를 통해 중요한 깨달음을 얻었다. 그녀는 그것을 이렇게 표현했다. "나는 남편이 내리는 결정에 대해서는 책임이 없어요. 그의 결정에 어떻게 반응하느냐가 내 책임이지요."

그로부터 일주일도 채 되지 않아 아내는 자신의 복종을 시험해볼 기회가 생겼다. 어느 지점에서 나는 왼쪽으로 가고 싶었다. 그런데 아내는 오른쪽으로 가야 한다고 생각했다. 그러나 이미 내가 결정을 내렸다는 것을 알게 되자 즉시 자신의 마음을 돌렸다. 그뿐만이 아니었다. 별로 탁월하다고 할 수 없는 내 아이디어가 성공할 수 있도록 아낌없이 지원하고 격려해주었다.

　우리의 관계가 언제나 평탄했던 것은 아니다. 하지만 그때 누군가가 부두에 매어둔 밧줄을 풀어준 것 같았다. 그래서 부부 관계라는 우리의 배는 바람을 타고 순항할 수 있었다.

　우리 두 사람이 결혼 생활에 대한 신약 성경의 기준에 언제나 성실하게 부응했다고는 할 수 없다. 하지만 두 사람 모두 최선을 다해 노력했고 이 한 가지는 분명히 말할 수 있다. 이제 우리의 결혼 생활에서 과거의 어두운 모습은 거의 찾아보기 어려워졌다. 아내는 복종을 자신의 책임이자 은사로 이해하고 헌신적으로 노력했으며, 우리의 결혼 생활은 더욱더 아름답고 풍성해졌다. 아내를 통해 나뿐 아니라 아이들도 변화되었다. 우리의 결혼 생활을 통해 수많은 사람들이 감동을 받고 하나님께 영광을 돌리게 되었다.

　이것이 그리스도인 아내의 소명이자 목적이다. 하와이의 진귀한 꽃과 새처럼, 남편과 아내는 함께 번성하도록 창조되었다.

9

배신하지 말라
충성을 향한 도약

정부(情婦)! 이 말 속에는 비아냥거림이 내포되어 있다. 그러나 20여 년 전 어느 날 직장에서 집으로 돌아왔을 때 나는 아내에게서 바로 이 말을 들었다. 아내가 그런 표현까지 쓴 것은 모두 나 때문이었다.

현관문을 열고 들어섰을 때 나는 분위기가 심상치 않다는 것을 알았다. 가방을 내려놓고 넥타이를 풀 사이도 없이 아내는 내게 쌓였던 감정을 폭발하듯 마구 쏟아내기 시작했다.

아내는 눈물을 글썽이며 말했다. "당신은 나보다 WTB를 더 사랑하고 있어요."

그 순간 정신이 아찔했다. 아내는 자기 연민에 빠지거나 갑자기 감정이 폭발한 것이 아니었다. 잠시 후 나는 아내와 마주 앉았다.

"정말 그렇게 생각해요?"

"네."

"하지만 나는 WTB보다 당신을 훨씬 더 사랑한단 말이오."

"아니에요. 그렇지 않아요. 당신은 나보다 일을 더 사랑해요. 그 일은 당신의 정부나 같아요. WTB는 하나님을 위한 일이니까 내게 견줄 게 아니겠죠!" 아내는 단호하게 말했다.

심장에 비수가 꽂히는 것 같았다. 그것은 바로 아내가 느끼는 고통의 비수였다. "여보, 제발 그렇게 말하지 말아요. 그건 사실이 아니에요. 내가 당신을 사랑한다는 것은 당신도 알잖소!"

우리는 오랫동안 대화를 나누었다. 나는 아내의 말을 흘려듣지 않으려고 애썼다. 그러면서 내 입장을 최대한 변호하고 아내를 설득시키고자 했다. 하지만 아내의 마음을 돌릴 수 없었다.

그날 밤 나는 잠을 이루지 못했다. 밤은 깊어갔고 아내 역시 계속 뒤척였다. 나는 하나님께 아내가 한 말이 사실인지 물었다. 하지만 기도가 끝나기도 전에 하나님이 뭐라고 대답하실지 알게 되었다.

"네 아내는 사실을 말하고 있다."

"제가 어떻게 해야 합니까?"

무거운 정적이 감도는 침실에서 큰 소리로 물었다.

"네가 하기에 달렸다."

나는 침대에 누운 채 한참을 뒤척였다. 그리고 일어나 깊은 침묵에 잠긴 집 안을 서성거리며 돌아다녔다. 아침이 되어 아내와 식탁에 마주 앉았을 때 나는 무엇을 해야 할지 알고 있었다. 그때까지 아내는 우리가 함께했던 결혼 생활이 이제부터 완전히 영원히, 더 나은 방향으로 바뀌리라는 것을 미처 알지 못했다.

당신이 이 책을 읽고 있는 것은 더 많은 것을 원하기 때문이다. 당신은 하나님이 당신을 위해 준비하신 가장 좋은 것을 원한다. 특별히 풍성하고 만족스러우며 하나님이 기뻐하시는 결혼 생활을 갈망한다. 그러나 성경적인 결혼 생활을 하여 하나님께 순종하는 삶을 살고자 노력하고 있는데도 당신의 삶에서 여전히 도약의 조짐이 보이지 않는다면, 내가 그랬던 것처럼 당신도 그 원인을 몰라 고통스러울 것이다.

> 결혼 서약의 핵심에서 무엇인가 깨졌거나 놓친 것이 있었다. 정식 아내가 아닌 첩이 부부 사이에 끼어든 셈이다.

지난 20년 동안 나는 견실하고 모범적으로 보이는 수많은 그리스도인들이 결혼 생활에서 이와 동일한 어려움을 겪는 것을 발견했다. 결혼 서약의 핵심에서 무엇인가 깨졌거나 놓친 것이 있었다. 정식 아내가 아닌 첩이 부부 사이에 끼어든 셈이다.

부부 관계에 정신적으로나 육체적으로나 아무런 문제가 없다고 생각하는 사람이라면 이 장을 읽지 않고 건너뛰기 쉬울 것이다. 또는 내 경우처럼 배우자에 대해 대체로 바르게 헌신하고 있다고 여기는 사람도 마찬가지이다. 하지만 여기서 내가 지적하고 싶은 것은 수많은 남편과 아내들이 해마다 둘째 의자에 묶여 있으면서도 그 원인을 모르고 있다는 것이다. 그들은 왜 자신들의 결혼 생활이 더 나은 방향으로 변화되지 않고 영적 도약이 이루어지지 않는지 의아해한다.

말라기 시대(주전 약 450년경)로 돌아가보자. 그때 성전에는 어떻게 하나님과의 관계에 획기적 발전을 이룰 수 있는지 답을 구하는 진지한 영적 구도자로 넘쳐났다. 그들 역시 무엇인가 문제가 있었다. 하지만 도대체 그것이 무엇인지 알 수 없었다.

마음의 폭력

그들의 이야기는 구약 성경의 마지막 책에 소중하게 보관되어 있으며 성경 전체에서 가장 두드러진 계시 가운데 하나이다. 이스라엘은 어려운 시기를 겪고 있었다. 하나님은 멀리 계신 것처럼 보이고, 농작물은 가뭄으로 말라죽고 있었다. 아이들은 바르게 자라지 못하고 있었다. 아브라함의 선한 후손답게 유대인들은 자신들의 비애와 고통을 안고 성전을 찾았다. 여기서 이들은 눈물로 기도하며 헌금과 제사로 자신들의 고통을 해결하고자 했다.

이러한 종교적 배경에서 말라기 선지자가 등장한다. 그는 하나님의 응답을 받았지만 정작 그들이 원하는 농작물이나 자녀들과는 전혀 무관한 것이었다. 말라기 2장에서 선지자는 이렇게 말한다. "너희가 이런 일도 행하나니 곧 눈물과 울음과 탄식으로 여호와의 제단을 가리게 하는도다 그러므로 여호와께서 다시는 너희의 봉헌물을 돌아보지도 아니하시며 그것을 너희 손에서 기꺼이 받지도 아니하시거늘 너희는 이르기를 어찌 됨이니이까 하는도다"(13-14절).

왠지 익숙하게 들리는가? 나도 그렇다. 자신의 삶이 뭔가 잘못되었다고 느낄 때 사람들은 대부분 더 자주 교회에 가고, 더 많이 헌금하며, 더 많이 기도한다. 그런데도 아무 일이 일어나지 않으면 우리는 하나님께 실망하고 심지어 화를 내기까지 한다.

말라기는 이스라엘 백성들의 기도 생활에 무슨 문제가 있는지 밝힌다. 이스라엘은 그의 말에 틀림없이 깜짝 놀랐을 것이다. "이는 너와 네가 어려서 맞이한 아내 사이에 여호와께서 증인이 되시기 때문이라 그는 네 짝이요 너와 서약한 아내로되 네가 그에게 거짓을 행하였도다"(14절).

하나님이 이스라엘의 눈물과 헌물을 돌아보지 않으신 이유는 그들의 결혼 생활에 드러난 문제 때문이었다. 숨겨졌던 것이 드러났다. 하나님이 직접 증인이 되셔서 그들의 예배를 중단시키시고 실상을 공개하신다.

"네가 아내에게 거짓을 행하였도다."

많은 번역본들은 "거짓을 행하였다"는 구절을 "배신하며 기만했다(you have dealt treacherously)"로 번역하고 있다. 배신은 '정절을 저버리다 또는 신의를 저버리다'라는 뜻이다. 강에 급류가 심하거나 온갖 위험이 도사리고 있을 때도 배신에 해당하는 이 영어 단어(treacherous)를 사용한다. 배신은 신뢰나 충성의 반대편에 서 있다.

말라기는 계속해서 하나님의 말씀을 전했다. "이스라엘의 하나님 여호와가 이르노니 나는 이혼하는 것과 옷으로 학대를 가리는 자를 미워하노라 만군의 여호와의 말이니라 그러므로 너희 심령을 삼가 지켜 어려서 맞이한 아내에게 거짓을 행하지 말지니라"(16절).

이제 하나님이 보시는 이스라엘의 진짜 문제가 확실하게 드러난다. 남편들이 결혼 서약을 깨뜨리고 아내를 배신한 것이다. 하나님은 이러한 배신 행위가 사실상 폭력이라고 말씀하신다. 다시 말해 이것은 타인을 학대하거나 위해하는 강포한 행위라는 것이다. 불성실한 남편들은 배신의 씨

앗을 뿌렸으며 그 결과 재앙을 열매로 거두었다. 그들의 배우자와 자녀들, 그들 자신과 가족, 궁극적으로는 나라에 재난이 닥쳤다.

어느 주일 저녁에 나는 바로 이런 폭력의 희생자들을 만났다. 미국 남동부의 큰 교회에서 이 구절로 설교를 했을 때였다. 예배가 끝난 뒤 수백 명의 성인들이 강단 앞으로 몰려나왔다. 많은 사람들이 흐느끼고 있었다. 나는 그들이 이혼의 상처를 치유받기 원하는 남편과 아내들일 것이라고 생각했다. 그러나 내 예상은 완전히 빗나갔다. 기도와 위로를 받기 위해 앞으로 몰려나온 사람들 모두 이혼한 부모 밑에서 자란 경험이 있는 사람들이었다. 그들의 고통은 엄청난 것이었다. 가정이 깨지고 무너지면서 수년 심지어 수십 년씩 방치되었기에 이들의 상처는 심각했다.

한 중년 여성이 일어나 말했다. "이혼을 자녀에 대한 폭력이라고 말씀하신 분은 목사님이 처음입니다. 제가 이 자리에 선 이유는 제 고통에 대해 항상 죄책감을 느껴야 했고 마치 제 잘못으로 고통당하는 것 같았기 때문입니다. 그렇게 힘들어하고 괴로워하는 것조차 죄책감을 느꼈답니다. 저희 부모님은 '너무 신경 쓰지 말라'고 하셨지만 그분들은 제게 직접 폭력을 가하신 겁니다!"

나는 모인 사람들에게 그들이 겪은 일도 정확히 '폭력'이란 표현으로 설명될 수 있느냐고 물었다. 그러자 모두가 고개를 끄덕였다.

장담하지만, 결혼 생활을 배신한 결과가 당신 앞에 나타나고 눈물만 하염없이 흘러내릴 때, 당신은 하나님이 이혼을 미워하시는 이유를 새롭게 알게 될 것이다. 그분은 이혼으로 인한 고통과 황폐함과 상처를 싫어하신다. 하지만 하나님이 이혼한 사람들이나 이혼한 부모의 자녀들을 미워하신다고 생각하는 일은 없기 바란다. 절대 그렇지 않다! 하나님은 그 소중한 사람들을 영원히, 뜨겁고 무조건적인 사랑으로 사랑하신다. 그분은 매일 그들을 위해 일하고 계시며, 그들의 상처를 치유하고 그들의 깨진 곳을 싸매신다.

한 가지 물어보겠다. 그렇다면 하나님은 우리의 결혼 생활에서 배신 대신 무엇을 원하시는가? 두 단어로 이야기할 수 있다. 이 두 단어는 그리스도인 부부가 영적 도약을 이루는 데 대단히 중요하다. 그러기에 이혼을 생각해본 적이 없거나 아직까지 이혼의 그림자가 당신의 결혼 생활에 드리우지 않았다면 이 두 단어를 기억하라.

그것은 바로 배우자에 대한 '절대적인 충성'이다.

둘만을 위한 공간

요즘은 충성을 찾아보기 힘든 시대이다. 대부분의 사람들에게 충성이라는 단어는 케케묵은 구시대적 개념으로 들린다. 당신이 보이 스카우트라면 멋진 말로 받아들일지 모르겠다. 하지만 어른들은 충성이라는 말이 그것을 나약함이나 멍청함, 또는 부족한 야심을 숨기고자 하는 가면은 아닌가 의심한다. 사람들은 자신의 모든 권리를 다른 사람에게 양도해버린다면 어떻게 최고가 될 수 있느냐고 반문한다. 신경 정신과 의사들은 소중한 사람에게 무엇인가 줄 것이 있으려면 스스로를 소중히 여기는 것이 가장 좋은 방법이 아니냐고 묻는다.

배우자에 대한 절대적인 충성은 인기가 없을 뿐 아니라 실천하기도 어렵다. 온갖 유혹의 손길이 끊임없이 당신의 관심을 빼앗는다. 동료나 친구들, 다른 우선순위들, 쾌락을 약속하는 온갖 것들이 당신의 시간과 재능과 열정과 몸을 차지하려 든다. 직장에서의 성공도 당신을 유혹한다. 개인적이며 지적인 성장에 대한 욕구도 뒤질세라 당신을 차지하려 든다.

> 두 사람은 하나가 되었으며 그들을 다시 둘로 갈라놓으려고 하는 일은 그 무엇도 용납될 수 없다.

그러나 여기서 한 가지 깜짝 놀랄 사실을 발견했는가? 당신을 유혹하는 것들 대부분이 배우자가 아닌 오직 당신만을 위한 공간을 제안한다는 사실이다. 때로 고통스럽겠지만, 모든 부부는 모든 일에 협의를 거쳐 일치된 결정을 내려야 한다. 두 사람은 하나가 되었으며 그들을 다시 둘로 갈라놓으려고 하는 일은 그 무엇도 용납될 수 없다. 부부 사이에 틈을 만들려는 그 어떤 사람이나 목표나 활동도 허용되어서는 안 된다.

내가 강력하게 추천하고 싶은 결혼 생활의 한 가지 원칙이 있다. 부부간의 온전한 정절을 지키기 위해서는 부부 사이에 어떤 경쟁자가 끼어드는 것을 허용하지 말아야 한다는 것이다. 이것은 당신의 배우자가 당신의 온전한 헌신을 두고 다시는 어떤 경쟁자와도 마주칠 필요가 없다는 것을 뜻한다. 이러한 절대적 헌신은 당신의 결혼 생활을 새로운 차원으로 끌어올려 줄 것이다.

시간을 내어 스스로에게 물어보라. "나의 배우자가 나의 모든 충성을 얻기 위해 싸워야 하는 가장 힘든 경쟁자는 누구인가?" 당신의 배우자가 당신을 두고 경쟁자라 느끼는 것은 무엇인가?

- 일
- 취미

- 텔레비전 시청
- 자녀
- 친구
- 각종 투자
- 사역

물론 결혼 생활에서 성적인 정결함을 지키는 것은 매우 중요하다. 단지 간음 행위만을 염두에 두고 이런 말을 하는 것이 아니다. 오늘날 많은 사람들이 성적인 부정이라는 최종적 행위와 함께 마음속 상상이나 대화, 책, 영화 관람 또는 신체 접촉 등을 통해 은밀하게 부정을 저지르고 있다. 매력적인 어떤 사람을 보고 그 사람과의 관계를 상상하는 순간부터 배우자에 대한 부정과 배신의 틈이 생기도록 이미 허용한 것이지만, 사람들은 좀처럼 그것을 인정하려 들지 않는다.

배우자가 우리의 마음이나 상상하는 바나 정욕을 안다면 그런 은밀한 배신의 초기 단계에 어떤 일이 일어날지 상상해보라. 상대방이 얼마나 깊은 배신감을 느낄지 생각해보라!

이 부분에서도 '심은 대로 거둔다'는 자연법칙이 적용된다. 은밀한 상상 속의 배신은 항상 공공연한 배신을 자라게 하고, 배신의 생각은 언제나 배신의 계획을 낳는다. 배신의 계획은 언제나 배신의 행동을 낳는다. 그리고 부부는 이혼이라는 파국에 이르게 된다.

결혼 생활이 파국에 이르는 일곱 단계

오랫동안 나는 보통 부부의 결혼 생활이 온전한 기쁨에서 처절한 배신으로 뒤바뀌는 것을 생생하게 보여줄 그림이 없을까 고민해왔다. 마침내 WTB에서 '성경이 말하는 결혼 생활' 비디오를 만들면서 수천 명의 부부들에게 도움이 될 모델을 찾아내게 되었다. 각각의 단계를 하나의 상자라고 생각하라. 그리고 자신과 배우자가 지금 어느 단계에 있는지 확인해보라.

1단계: 기쁨 – "절대 그런 일은 없을 거야!"

기쁨이라는 첫 단계는 가슴 설레는 연애, 약혼, 결혼, 신혼 시절을 아우르는 단계를 말한다. 마음이 구름 위에 있기 때문에 마치 구름 위를 걷는 듯 황홀하다. 힘들이지 않아도 두 사람은 마냥 행복하기만 하다. 사랑에 빠져 지내는 시간이 꿀맛 같다!

당신은 하늘에서 두 사람을 점지해주셨음이 분명하다고 확신한다. 사람들이 결혼 생활에서 왜 어려움을 겪는지 도무지 이해가 되지 않는다. 이혼이라니? 이렇게 멋진 일체감과 사랑과 애정의 결합을 깨는 그런 일은 절대 없을 것이다!

이 단계는 "절대 그런 일은 없을 거야!"의 상자라고 불릴 수 있다. 이 시점에서 배우자를 떠난다는 것은 상상조차 되지 않기 때문이다. 결혼 서약은 아직도 마음속에 새겨져 있고, 결혼 생활을 즐기는 것보다 행복한 일은 없는 듯하다. 당신은 배우자와의 관계나 결혼 서약을 어기는 일은 절대 없을 거라고 생각한다.

결혼 생활이 파국에 이르는 일곱 단계		
1단계	기쁨	"절대 그런 일은 없을 거야!"
2단계	실망	"결혼 생활이 생각했던 것보다 어렵군!"
3단계	꿈에서 깨어남	"결혼 생활이 따분하고 지루해! 나아져야 하는데!"
4단계	두 마음	"불확실의 딜레마!"
5단계	필사적 노력	"뭐든 해볼 거야. 더 이상 잃을 게 없어!"
6단계	절망	"어떻게 되든 상관없어. 다 포기했어!"
7단계	이혼	"끝내, 끝내버리자고!"

2단계: 실망 – "결혼 생활이 생각했던 것보다 어렵군!"

달콤한 신혼 생활이 지나고 남편은 더 이상 꽃을 사들고 오지 않는다. 아내도 더 이상 촛불을 밝히고 근사한 식사를 준비하지 않는다. 무관심이 추한 고개를 들고, 당신의 마음에 상처를 준다. 단 한 순간이라도 배우자가 자기 대신 다른 무엇인가에 더 관심을 갖고 열정을 보일 수 있다는 사실이 도무지 믿어지지 않는다.

시간이 흐르면서 당신은 두 사람의 관계가 당신이 기대했던 것처럼 되지 않는다는 것을 계속해서 발견한다. 전에는 사소한 잘못들에 대해 관대했지만 이제는 남편이 바닥에 양말을 아무렇게나 벗어던지는 것을 견디기가 힘들다. 아내가 친청 어머니와 전화로 끝없이 수다를 떠는 것도 견디기 쉽지 않다. 서로에 대해 정절을 절대적으로 지켜야 한다는 마음이 식어간다. 하지만 아직 행동으로 나타나지는 않는다.

실망이 커지면서, 침체되는 감정을 이겨내기 어려워진다. 이렇게 인내력에 조금씩 한계를 느끼고 용기가 약해지는 것을 '실망(dis-*courage*

-ment)'이라고 부른다. 결혼 생활의 문제들을 극복할 수 있었던 힘이 약화되는 것이다. 결혼 생활이 생각했던 것보다 훨씬 더 어려운 것 같다!

3단계: 꿈에서 깨어남 – "결혼 생활이 따분하고 지루해. 나아져야 하는데!"

당신은 때때로 결혼 생활을 바로잡아보겠다거나, 웃음과 낭만이 넘치던 행복한 신혼 시절을 회복해보겠다고 결심해본다. 때로 그 결심이 성공을 거두기도 한다. 하지만 이제 그러기 위해서는 많은 노력이 필요하다.

더 이상 노력하고 싶지 않은 마음이 든다. 의기소침해진다. 신혼 때와는 달리 상처를 입거나 화가 나서 배우자에게 상처를 주는 말을 했을 때에도 옛날처럼 그 말을 취소하거나 사과하지 않는다. 당신의 관심은 여러 곳으로 분산되기 시작한다. 서로가 서로를 존중해야 한다고 생각하지 않고 배우자가 당신을 존중해야 한다고 생각한다. 의식적으로 그런 것은 아니지만 이제 당신은 개인적 관심사와 필요를 우선시한다. 바로 배신의 초기 단계이다.

때로 당신은 이런 현실에서 도망가고 싶다. 하지만 파국의 책임을 지고 싶지 않기에 저녁 내내 텔레비전에만 눈을 주고 배우자와는 한 마디도 나누지 않는다.

당신은 상황이 좋아지지 않으리라는 것을 깨닫기 시작한다. 힘든 현실이 깎아지른 절벽처럼 앞을 막아선다. 어느 날 당신은 그 현실을 그대로 받아들이고 만다. "이게 내 운명이야. 어쩌겠어. 도망갈 수도 없잖아." 더 이상 장밋빛 환상도, 동화 같은 꿈도 없다. 당신은 꿈에서 깨어나 황량한 들판에 서 있다.

4단계: 두 마음 – "불확실의 딜레마!"

전에는 꿈도 꾸지 못했던 생각이 본격적으로 찾아온다. "너 정말 평생을 이 사람과 이렇게 살고 싶니?" 특히 고통스럽고 외로울 때 이런 생각이 더욱 끈질기게 당신을 괴롭힌다. "어쩌면 엉뚱한 사람과 결혼한 건지 모르겠어. 나를 아껴주고 사랑해주며 특별한 사람으로 대해주고 나만 바라봐주는 사람과 결혼했다면 지금보다 훨씬 행복했을지 몰라."

불확실과 의심이 엉겅퀴처럼 무성해진다. 배우자를 바라보는 시선도 의심과 불신으로 가득하다. 배우자에게 따스한 시선을 보내고 애정을 쏟고 싶다가도 의심과 망설임으로 물거품이 되고 만다. 진실하고 성실하고 싶지만 마음뿐이다. '두 마음'의 수렁에 빠져 있다. 배신의 망령(자기 보호 본능과 실용적 사고라는 합리화로 위장한)이 본격적으로 당신의 마음을 지배하려 한다.

> "어쩌면 엉뚱한 사람과 결혼한 건지 모르겠어. 나를 아껴주고 사랑해주며 특별한 사람으로 대해주고 나만 바라봐주는 사람과 결혼했다면 지금보다 훨씬 행복했을지 몰라."

마음 한 구석에 남아야 하는 이유와 떠나야 하는 이유가 서로 부딪힌다. 아직 떠나기로 결정한 것은 아니지만 그렇다고 남아 있기로 결정한 것도 아니다. 당신은 실제적인 결정을 내리기 위해서 결정적이고 반박할 수 없는 계기를 기다리고 있다.

5단계: 필사적 노력 – "뭐든 해볼 거야. 더 이상 잃을 게 없어!"

상황과 마음이 더 이상 피할 수 없는 구석으로 당신을 몰아붙이기 시작한다. 때로 격한 감정이 든다. 보이지 않는 장벽이 두 사람 사이를 갈라놓는다. 얼굴에는 주름이 생기고 부쩍 나이가 드는 게 눈에 보인다. 지금 당신의 발 앞에는 배우자와 화해하려다 실패했던 시도의 흔적들이 나뒹굴고 있다. 한밤중에도 당신은 잠을 이루지 못하고 이 고통에서 벗어날 방법은 없는지 궁리한다.

당신은 필사적인 마음으로 이전에는 상상도 할 수 없었던 행동을 한다. 배우자에게 교회로 돌아가서 결혼 서약을 새롭게 하자고 호소한다. 지금껏 소홀히 했던 하나님의 뜻을 구하고, 말씀에 순종하며, 성경적인 지침대로 실천해보는 노력도 마다하지 않는다. 또는 반대로 더욱더 타협하고 자기 우선적인 선택을 한다. 육체적이든, 정신적이든, 배우자가 아닌 다른 이성과의 관계가 이제는 불가피하게 느껴진다. 이것이 당신의 결혼 생활에 필요한 활력소가 될 것 같다.

6단계: 절망 – "어떻게 되든 상관없어. 다 포기했어!"

필사적인 노력마저 시들어가는 관계를 되돌리지 못한다. 당신은 실의에 빠지고 결국 우울증에까지 빠진다. 타고난 낙천성도 깊어지는 절망의 무게를 견디지 못하고 힘을 잃는다. "희망을 가지라고? 희망이 어디 있는데?"

당신은 더 이상 불가피한 일에 맞서 싸우지 않는다. 더 이상 변화를 위해 노력하고 싶은 마음도 없다. 이러한 수준의 체념이 생기면 사실 마음이 홀가분해지는 측면도 있다. 당신은 적어도 최종적인 결과가 어떨지 알고 있기 때문이다.

이제 당신은 표류하고 있다. 아직까지 당신이 결혼 생활에 조금이라도 충실한 면이 있다면 그것은 순전히 현실적인 이유 때문이다. 각종 공과금을 내고 아이들을 키우며, 또 하루를 버텨내기 위해서이다. 배우자와 관계를 이어가며 뿌리를 내리지 못하는 이런 생활이 장기간 지속될 수도 있다. 수많은 부부들이 이렇게 살아간다. 하지만 부부 관계 그 자체는 끝나 버렸다.

7단계: 이혼 – "끝내, 끝내버리자고!"

마지막은 조용하게 끝날 수도 있고 시끄럽고 요란하게 끝날 수도 있다. 어느 날 당신은 집을 나가버린다(실제로 나갈 수도 있고 마음이 떠날 수도 있다). 갑자기 이제 당신은 결혼 생활에 관심이 가는 것이 아니라 결혼 생활이 끝난 이후의 삶을 생각한다. 의도적이면서 강도 높은 언어 폭력이나 감정을 자극하는 행동이 이루어진다. 당신은 자신의 입장을 끝까지 굽히지 않고 마지막 결정타를 가하려고 한다. 당신은 자신의 입장을 합리화하고, 책임을 배우자에게 전가하며, 자신과 다른 사람들에게 지금 일어나고 있는 일이 불가피하다는 것을 납득시키려 한다.

이제 남은 일은 결혼 생활이 끝났음을 공식화하는 것뿐이다. 이제는 이혼을 선택할 때이다. 또는 당신을 위해 배우자가 이혼을 받아들이도록 할 때이다. 어느 쪽이든, 두 사람은 여기서 끝난다.

폭력을 가하는 일은 이제 끝난 것 같지만 많은 경우에 그 파장은 점점 더 커진다.

기쁨으로 시작해서 이혼으로 끝나다니 이 얼마나 비극적인가! 결혼 서약에 충실하지 못하여 부부가 결국 배신에서 완전한 이혼으로 이어지는 결과가 얼마나 고통스럽고 절망적인가!

결혼 생활이 파국에 이르는 일곱 단계를 읽으면서 마음이 울적했을 것이다. 일곱 단계 중 몇몇 또는 전부가 자신의 이야기라고 생각한 사람도 있을 것이다. 하지만 내가 아는 행복한 부부들은 살아오면서 상당 부분 이런

> 성공적인 결혼 생활은 거듭해서 사랑에 빠지는 결과라고 믿는다. 하지만 그 대상은 언제나 항상 같은 사람임을 잊지 말라.

경험을 했거나 이런 단계를 거쳤다. 부부 관계가 파국으로 치닫도록 계속 방치하는 사람들도 있지만 어떤 사람들은 이러한 흐름을 중단시키기로 마음먹는다. 부부는 마음을 합하여 변화를 선택하기 시작한다. 이들은 내리막길로 치달았던 관계를 용감하게 거슬러 올라 결국 가슴 설레던 관계를 회복한다.

시간이 흐르고 서로 익숙해지거나 성숙해지면 부부 관계에 변화가 생기기 마련이다. 우리는 영원히 그 결혼식장에 머물 수는 없다. 하지만 성경은 부부가 하나 됨과 성취와 기쁨을 계속해서 기대해야 하는 여러 가지 이유를 제시한다. 성공적인 결혼 생활은 거듭해서 사랑에 빠지는 결과라고 믿는다. 하지만 그 대상은 언제나 항상 같은 사람임을 잊지 말라.

결혼 생활의 미래가 위험한 내리막길로 굴러 떨어지지 않게 지키는 것은 대단한 가치가 있다. 성경은 그 출발점이 어디인지 알려준다. 꽃다발이나 초콜릿이나 부유한 부모님의 도움이 출발점이 아니다.

마음을 지키라

결혼 생활이 불행할 거라고 생각하는 약혼자를 본 적이 있는가? 나는 본 적이 없다. 이혼은 물론이고 불행할 거라고 생각되면 아예 결혼 자체를 하지 않는다. 정부 통계나 부부 문제 전문가들이 무엇이라 경고하건 상관없이, 사람들은 처음 결혼식장에 들어설 때 꿈꾸던 장밋빛 결혼 생활이 그

대로 펼쳐질 것을 조금도 의심하지 않는다.

그렇다면 무엇이 잘못되었는가? 부부 관계에 불화와 배신이 싹트고 뿌리내리는 것을 막으려면 어떻게 해야 하는가? 말라기의 말씀을 다시 한 번 살펴보자. 하나님이 이혼을 미워하시는 것은 이혼이 발생하는 방법(배신)과 사람들에게 미치는 영향(폭력성) 때문이라고 말씀하신다. 그런 다음 하나님은 풍성하고 견고한 결혼 생활을 유지할 수 있는 해결책을 알려주신다. "그러므로 너희 심령을 삼가 지켜 거짓을 행하지 말지니라"(말 2:16).

다시 말해서 하나님의 시각으로 볼 때 결혼 생활을 좌우하는 가장 결정적인 것은 그 사람의 마음 상태이다. 하나님은 우리 존재의 중심(우리의 최고 보안 사령부)을 가리키며 "네 마음을 지키라"고 말씀하신다.

이렇게 자신의 마음을 지키는 삶의 결과는 놀랍다. 나의 결혼 생활을 예로 들어보자. 아내가 어떤 태도를 하고 어떤 행동을 하건 상관없이 나는 내 마음을 지키고, 우리의 결혼 서약에 절대적으로 충실하며, 모든 타협과 경쟁자들을 물리치기 위해 책임과 노력을 다한다.

우리는 배우자를 마음대로 조절할 수 없다. 그렇지 않은가? 하지만 우리 자신의 마음을 지키는 일은 가능하며 더욱이 그것은 전적으로 우리에게 달렸다. 우리의 마음 상태에 따라 우리가 배우자에게 부정을 저지를 것인지, 아니면 그에게 온전히 충실할 것인지 결정된다. 솔로몬도 이것을 잘 알고 있었다. "모든 지킬 만한 것 중에 더욱 네 마음을 지키라 생명의 근원이 이에서 남이니라"(잠 4:23).

나는 오랫동안 수많은 부부들과 상담하면서 동일한 결론에 도달했다. 부부 싸움과 불행한 결혼 생활과 배우자의 외도는 모든 동일한 원인에서 기인한다는 것이다. 바로 제어되지 않은 내적인 존재, 지켜지지 않은 마음이 그 원인이다.

자신의 마음을 지키지 않고 마음이 원하는 대로 하도록 방치하는 사람들에게 무슨 일이 일어나는가? 잠언의 말씀은 이를 잘 묘사한다. "자기의 마음을 제어하지 아니하는 자는 성읍이 무너지고 성벽이 없는 것과 같으니라"(잠 25:28).

성벽이 없는 성은 침입하거나, 정복하거나, 통제하려는 모든 것에 속수무책일 수밖에 없다. 자신의 마음을 다스리지 않는 남편은 자기 집의 담을 모두 허물고 경보 장치를 해제한 채 대문을 활짝 열어 젖힌 것이나 마찬가지다. 그리고 지나가는 모든 사람들에게 자신의 결혼 생활은 누구나 빼앗을 수 있다고 선언하는 것과 같다.

언젠가 대규모 기독교 집회에 참석한 적이 있다. 2천 명의 목회자들과 선교 단체 지도자들이 고급 호텔을 거의 꽉 채웠다. 3일 동안 우리는 아침부터 저녁까지 모임을 가졌다. 우리는 기도를 하고, 찬송을 부르며, 하나님의 영광을 위해 세상을 변화시키는 일에 대해 이야기했다. 전체 집회는 대단히 인상적이고 감동적이었다.

그러나 집에 돌아온 후, 함께 집회에 참석한 친구에게서 전화가 왔다. 집회에 대한 그 친구의 평가는 나와 상당히 달랐다. 호텔 총지배인에게 내내 복음을 전했다는 그는 그리스도께서 자신의 인생과 가정에 주신 놀라운 변화에 대해 간증하고 대화를 나누었다고 한다. 그 과정에서 지배인은 복음에 대해 점점 마음을 여는 것 같았다. 적어도 체크아웃을 하기 전까지는 그랬다.

그런데 친구가 공항으로 가려고 호텔 정문에서 택시를 기다리고 있을 때 그 지배인이 다가왔다. 그의 얼굴에는 실망의 기색이 역력했다. 택시가

도착하자 지배인은 친구를 당혹스럽게 하는 말을 불쑥 꺼냈다. "방금 집회에 참석했던 분들의 숙박 기록을 살펴보았습니다. 목사님들이 저희 호텔 객실을 거의 다 채우셨지요. 그런데 좀 혼란스럽습니다. 지난밤에 절반이 넘는 객실에서 유료 포르노 영화를 보았다는데, 이걸 어떻게 설명하시겠습니까?"

정말 유감스러웠다. 이 사역자들은 자신의 마음을 다스리지 못하여 복음 증거에 방해가 되었을 뿐 아니라 결국 자신들이 사랑하겠다고 맹세한 아내를 배신하고 말았다.

어떻게 이런 일이 있을 수 있단 말인가? 믿기지 않지만 많은 그리스도인들은 자신의 마음을 '다스리는' 일이 실제로 가능하다고 믿지 않는 것 같다. 우리는 우리가 욕망의 포로이며, 현재 처한 환경에 종속된 존재이고, 과거

> 이 사역자들은 자신의 마음을 다스리지 못하여 결국 자신들이 사랑하겠다고 맹세한 아내를 배신하고 말았다.

의 희생자라는 문화적 거짓말에 속아왔다. 하지만 성경은 우리에게 마음을 '지키고' '다스리라'고 명령하신다. 그러므로 우리는 하나님이 이 책임을 우리에게 위임하셨을 뿐만 아니라 이 책임을 감당할 능력도 주셨다는 결론을 내릴 수 있다.

바울은 갈라디아서 5장에서 "성령의 열매는… 절제"라고 말한다. 구약 성경은 "자신의 마음을 지켜야" 한다고 하는 반면, 신약 성경은 성도들에게 진정한 절제의 근원은 우리의 마음과 의지와 협력하여 능력으로 역사하시는 성령이심을 보여준다.

나이가 들수록 하나님이 우리 각자에게 '우리 마음을 지키고' '성령으로 행하며' '성령 충만하여' 절제의 열매를 맺을 수 있는 능력과 특권을 주셨다

는 사실에 경이를 느끼며 감사하게 된다. 이 인격적인 자유는 부서지기 쉽지만 값으로 따질 수 없는 하나님의 선물이다.

마음을 지키는 다섯 가지 방법

절제와 거룩한 지혜가 당신의 결혼 생활을 풍성하고 견고하게 해주는 몇 가지 실제적인 방법을 소개하고자 한다.

1. "절대 그런 일은 없을 거야!"라는 자세로 살라

이것은 지나치게 단순한 것 같지만 당신의 결혼 생활이 유해하고 파괴적인 단계들로 내려가는 것을 막아주는 확실하고 보편적인 방법이다. 그것은 무슨 일이 있어도 기쁨의 첫 단계를 고수하겠다고 온 마음을 다해 결단하는 것이다.

이른 바 '의지적 충성(volitional loyalty)'을 고수하는 것이다. 의지적 충성은 인간에게 의지가 있으므로 배우자에 대한 충성을 지키기로 선택할 능력이 있다는 사실에 근거한다. 우리 중에는 배우자나 어쩔 수 없는 삶의 환경 때문에 이 기쁨의 첫 단계에서 밀려날 수 있다는 비극적 거짓말을 믿는 사람들이 너무나 많다. 하지만 이 단계에서 밀려나는 방법은 한 가지뿐이다. 그것은 바로 스스로 선택하는 것이다.

기쁨의 첫 단계에 대해 어떤 태도를 취할지 결정했는가? 배우자에게 말했는가?

나는 장모님을 찾아가서 "말씀드리고 싶은 게 있습니다. 무슨 일이 있더라도 따님 곁을 결코 떠나지 않겠습니다. 믿으셔도 됩니다"라고 말씀드렸던 날을 지금도 기억한다.

아내에게 이렇게 말한 적이 있는가? 자녀들에게는 말했는가? 그렇게 해볼 것을 강력히 권한다. 이렇게 할 때 하나님이 기뻐하실 뿐만 아니라 당신의 배우자와 자녀들이 더 안전한 곳으로, 폭력의 위협에서 멀리 떨어진 곳으로 옮겨질 것이다.

2. 사람이든, 활동이든, 목표든 결혼 생활을 위협하는 것은 모두 포기하라

이미 지적했듯이, 신혼 때에는 오직 배우자만 생각하고 배우자를 위해 우선적으로 시간을 투자했다. 하지만 시간이 흐르면서 다른 사람들과 기회들이 당신의 관심을 끌면서 배우자에게 집중하던 관심을 흩트린다. 솔직하게 자신을 돌아볼 때, 때로 배우자보다 그런 경쟁적인 관심사들에 더 관심을 가진 적은 없는가?

당신의 대답은 배우자를 향한 당신의 '정서적 충성(emotional loyalty)'과 관련이 있다. 아내보다 더 끌리는 대상이 생기고 마음이 흔들릴 때, 보이지 않는 그 선을 넘었는지 어떻게 알 수 있는가? 생각하고 기도하며 솔직하게 자신을 돌아보는 시간을 가져보라.

그러나 여기서 가장 좋은 방법은 배우자의 입장이 되어보는 것이다. 나처럼 아내가 눈물을 흘리며 자신의 심정을 토로할 때까지 기다리지 말라. 남편이나 아내에게 단도직입적으로 물어보라. "세상에서 가장 소중한 사람으로 대접받는다는 느낌이 있나요? 당신이 내게 가장 중요한 사람인가요?" 마음에 들지 않더라도 배우자의 대답이 바로 정확한 답이다.

개인적으로 낙심한 일이나 필요들을 배우자가 아닌 다른 이성에게 털어놓지 않도록 주의하라. 그리고 특히 부부의 문제를 주제로 삼는 일이 없도록 조심하라. 하나님은 친밀한 대화가 곧바로 정서적 친밀감으로 직결되도록 우리를 지으셨다.

3. 첫째 의자로 돌아가 마음을 회복하라

그리스도인들 사이에 널리 수용되고 있는 자기 합리화 하나를 소개한다. "나의 신앙 생활은 결혼 생활과 아무 관련이 없어. 함께 대화할 수 있고 평화로운 관계를 지속하는 한, 교회에 출석하며 빚을 지거나 너무 많은 죄를 짓지 않는 한, 우리의 결혼 생활은 괜찮을 거야."

하지만 이것은 틀린 말이다. 성경적으로 말하자면, 결혼 생활에서 생기는 문제들을 해결하는 가장 확실한 방법은 개개인이 자신의 마음의 고삐를 잡고, 첫째 의자로 결연히 돌아가서 마음을 거기에 묶고, 못질하고, 아교로 붙이는 것이다. 이런 행위를 결혼 생활의 '영적 충성(spiritual loyalty)'이라 부른다.

하나님 앞에서 마음을 낮추고 자신의 죄와 반항심과 이기심을 회개하라. 그리고 하나님이 명령하시는 대로 순종하라. 그러면 하나님이 그분의 뜻대로 사는 사람들의 결혼 생활에 베푸시는 놀라운 축복을 직접 경험하게 될 것이다.

> 개인적으로 낙심한 일이나 필요들을 배우자가 아닌 다른 이성에게 털어놓지 않도록 주의하라.

특별히 마음을 지키거나 더 많이 절제해야 할 부분이 어디인지 보여달라고 하나님께 구하라. 구하고 순종하는 자에게 하나님은 승리할 수 있는 방법들을 보여주실 것이다.

4. 음란물을 멀리하고 친밀한 부부 관계를 회복하라

건강한 성 생활은 강력한 유대감으로 부부를 이어주지만, 포르노를 비롯한 음란물은 부부 사이에 심각한 부정적 영향을 미친다. 바울이 성적인 부정을 경고하면서 덧붙인 비참한 결과를 생각해보라. "하나님의 뜻은 이것이니 너희의 거룩함이라 곧 음란을 버리고… 이 일에 분수를 넘어서 형제를 해하지 말라 이는 우리가 너희에게 미리 말하고 증언한 것과 같이 이 모든 일에 주께서 신원하여 주심이라"(살전 4:3-6).

하나님은 우리에게 배우자에 대해 '육체적 충성(physical loyalty)'을 지키라고 명령하신다. 이 부분에 충실하기 위해 당신이 세운 계획을 배우자와 공유하라. 신중히 생각하고 몇 가지 간단한 원칙만 세우면 배우자에게 불필요한 상처를 입히지 않을 수 있다. 예를 들면 당신은 이성을 대할 때 어떻게 할 것인가? 신체적인 접촉을 아예 하지 않을 것인가? 아니면 간단한 포옹만 할 것인가? 사무실에 이성과 단 둘이 있게 될 상황이라면 문을 닫아놓을 것인가? 사업상 식사를 하거나 출장을 가는 문제는 어떻게 할 것인가? 다시 한 번 강조하지만 배우자에 대한 절대적인 충성을 다해야 한다.

부부의 건강한 성 생활은 사랑이 넘치는 즐거움, 애정의 나눔, 의미 있는 친밀감, 긍정적인 경험이어야 한다. 창세기 2장 24-25절 말씀을 보라. "이러므로 남자가 부모를 떠나 그의 아내와 합하여 둘이 한 몸을 이룰지로다 아담과 그의 아내 두 사람이 벌거벗었으나 부끄러워하지 아니하니라."

마지막으로, 두 사람의 성 생활이 원만하지 않다면 무작정 내버려둘 일이 아니다. 아무것도 하지 않는 것은 문제를 악화시킬 뿐이다. 목회자나 아니면 성숙하고 나이가 많은 동성(同姓)의 그리스도인 또는 기독교 상담가와 상담해야 한다.

5. 결혼 서약과 배우자에게 충실하라

성경에는 조건적 언약과 무조건적 언약이 있다. 조건적 언약은 "네가 이렇게 하면 내가 저렇게 하겠다"는 형식을 지닌다. 다시 말해서 상대방이 거래의 목적을 충족시키면 나도 약속한 대로 반드시 이행해야 하지만, 파기할 경우 약속을 이행할 필요 역시 사라진다(이스라엘이 가나안 땅에 들어가기 전에 하나님이 이들과 맺으신 언약은 조건적이었다. 신명기 29장을 보라).

그러나 무조건적 언약은 무조건적인 충성에 따라 어떤 조건에도 얽매이지 않은 채 작용한다. "내가 그냥 해줄게… 아무것도 필요없어"라는 표현이 바로 이런 경우다(하나님이 노아, 아브라함과 맺으신 언약은 무조건적이었다. 창세기 9장, 15장을 보라). 이 무조건적 언약에서는 한쪽 당사자가 상대방의 태도나 반응이나 공적에 상관없이 어떤 행동을 취한다.

당신이 결혼식 때 한 서약은 어떤 것인가? 당신은 "당신이 계속 나를 사랑하고 소중히 여기면 나도 당신을 사랑하고 소중히 여기겠습니다"라고 서약했는가? 아니면 "당신이 날씬한 몸매를 유지하는 한 당신에게 충실하겠습니다"라고 서약했는가? 아니면 "당신이 돈을 잘 벌고 멋진 보석을 사주는 한 당신을 존경하겠습니다"라고 약속했는가? 기독교식으로 결혼식을 했다면 당신은 죽음이 두 사람을 갈라놓을 때까지 전적으로 무조건적인 관계를 유지하겠다고 동의한 것이다.

결혼 생활이라는 작은 배가 파도에 흔들리며 간신히 떠 있다. 이 때문에 고통을 당하고 불평하면서도 되는 대로 대충 살아가는 부부들이 그리스도인들 가운데 얼마나 많은지 모른다. 그러나 그 이유는 정작 부부 중 어느 한쪽이나 두 사람이 모두 한쪽 발은 배에, 다른 쪽 발은 물에 걸쳐두고 있기 때문이다.

결혼 서약의 성격을 파악하고 그 의미를 정확하게 이해하는 순간 당신의 결혼 생활은 새로운 활력으로 넘칠 것이다. 그 이유는 무엇인가? 당신의 선택과 기대가 이제는 배우자의 서약이 아닌 당신의 서약에 의해 결정되기 때문이다. 앙심을 품을 이유가 없으므로 사랑을 보류할 까닭도 없다(아무도 점수를 매기지 않는다). 배우자에게 빚을 갚으려고 비열하거나 이기적인 짓을 할 까닭도 없다(진 빚이 전혀 없다). 대신 당신은 항상 부드럽고 따뜻하게 배우자를 사랑할 수 있다.

> 결혼 서약의 성격을 파악하고 그 의미를 정확하게 이해하는 순간 당신의 결혼 생활은 새로운 활력으로 넘칠 것이다.

그 무엇보다도

당신과 인생의 동반자가 맺은 무조건적 언약의 놀라운 위력을 더 많이 이해하고 깨달을수록 첫째 단계를 고수해야 할 이유는 더욱 늘어난다.

그 단계에서 절대 벗어나지 않도록 자신을 붙들어매라. 여행용 신발을 벗고 거기에 자신을 못 박으라. 발에 초강력 접착제를 부어라. 절대 끊어지지 않는 밧줄로 자신의 생각과 야망과 상상을 묶으라. 이렇게 하기가 무섭게, 놀라운 일들이 일어날 것이다. 자신과 배우자뿐만 아니라 자녀들과 손자들에게 큰 기쁨과 평강이 전수될 것이다. 하늘에 계신 아버지도 당신 때문에 영광을 받으시고 기뻐하실 것이다. 그리고 어디를 가나 당신은 자신이 베푼 만큼 놀라운 사랑을 받는 영광을 누리게 될 것이다. 아마 이것이 우리가 갈망하던 바로 그런 사랑일 것이다.

이제 이 장 첫머리에서 잠깐 언급했던 이야기로 돌아가야겠다. 일 때문에 결혼 관계를 심각하게 방치하고 있다는 아내의 아픈 지적을 들은 후 나는 길고 심각한 고민을 계속했다. 그리고 기도했다. 그 동안 내가 나의 시간과 에너지와 돈을 어떻게 사용했는지 철저히 되돌아보았다. 여러 시나리오를 생각해보았다. 그리고 얼마 지나지 않아 나는 아내와 마주 앉아 아내에 대한 충성을 다짐했다.

"여보, 당신의 지적대로 내가 정부를 두고 있었다는 게 사실이었소. 미처 깨닫지 못했지만 이제 당신 말이 옳다는 것을 알겠소. 이제는 더 이상 그렇게 하지 않겠다는 걸 당신과 나에게 증명해 보이겠소. 당장 오늘부터 적어도 1년 동안 모든 강연회 일정을 취소할 작정이오. 그리고 매일 5시까지는 꼭 집에 들어오겠소."

아내는 내가 더위를 먹어 헛소리하는 건 아닌지 확인하려는 듯 나를 빤히 쳐다보았다. 하지만 내 말은 여기서 끝나지 않았다. "가족이 오붓하게 지낼 수 있도록 이 집을 팔고 시골로 이사를 갑시다. 화가 나서 이러는 것이 아니오. 트집을 잡으려고 하는 것도 아니오. 당신이 옳고 내가 틀렸다는 것을 알았기 때문이오. 정말 미안하게 생각하오. 내가 사역보다 당신을 더 소중하게 생각한다는 확신이 진심으로 들 때 내게 말해주시오. 하지만 내가 먼저 당신에게 물어보진 않겠소."

우리는 곧바로 행동으로 들어갔다. 서둘러서 살던 집을 팔고 시골에 방이 두 개 있는 작은 집을 샀다. 매일 오후 5시면 집에 돌아왔고 1년 동안 어떤 외부 강연도 전혀 잡지 않았다.

그 시기에 우리의 결혼 생활은 놀라운 도약을 이루었다. 부부 관계의 부정적인 문제가 모두 해결되었다. 사역도 우리 사이에 끼어들지 못했다. 그러나 내가 아내에게 매여 있다거나 희생을 당하고 있다는 생각은 전혀 들지 않았다. 시간이 지날수록 이렇게 '다른 모든 것을 버리는' 일이 꼭 필요한 작업이라는 확신은 더 강해졌다. 그리고 이 비옥한 충성의 토양에서 나와 아내의 마음이 하나가 되었다.

어느 날 우리는 숲 속에 있는 연못 주변을 산책하고 있었다. 걸음을 멈추고 나를 가만히 바라보던 아내가 말했다.

"여보, 당신이 다시 강연을 시작할 때가 된 것 같아요. 당신이 그렇게 해야 할 이유는 충분해요. 아이들도 그렇게 생각할 거예요."

"진심이오?"

"네. 진심이에요."

그리고 아내는 내 손을 가만히 잡더니 내가 그렇게도 듣고 싶었던 말을 해주었다.

"당신이 세상 무엇보다 나를 더 사랑한다는 걸 알아요."

4부

자녀 양육에서 영적 도약을 경험하라

10장. 부모를 위한 하나님의 놀라운 계획
11장. 명품 만들기
12장. 자녀의 숨겨진 상처

부모를 위한 하나님의 놀라운 계획

다음 세대를 향한 도약

1970년대 초는 우리 부부가 새로운 출발을 한 시기였다. 갓 결혼한 우리 부부는 함께 사역을 시작했지만 현실의 벽에 부딪혔다. 당시 우리 부부는 방대한 배움의 세계 중 겨우 한 단계를 마무리한 상태였다. 꿈은 한없이 원대한데 현실은 세 발 자전거를 탄 듯 답답하고 더디기만 했다. 당시 우리에게 확실한 것은 우리의 미래를 하나님이 보시기에 가치 있는 삶으로 만들고 싶다는 바람 하나였다.

이 무렵 나는 경영 훈련 세미나에 참석하고 있었다. 세미나 시간에는 강의를 열심히 듣고, 쉬는 시간에는 열심히 기도했다. 한번은 내 옆에 앉은 사람이 턱으로 누군가를 가리키며 말했다. "저기 빨간 넥타이 맨 사람 보이세요? 존슨 박사님 아들이래요."

우연의 일치라고 하기에는 믿어지지 않았다. 프레드릭 존슨(가명을 쓰겠다)은 유명한 기독교 지도자로서 우리 윌킨슨 집안에서는 누구나 아는 사람이었다. 그런데 그의 아들이 바로 그 자리에 앉아 있었다. 기독교 세미나가 아닌데도 말이다. 한 번의 대화로 가정과 사역에 대해 귀중한 지식을 얻을 수 있는 절호의 기회였다.

나는 쉬는 시간이 되자 서둘러 그에게로 가서 내 소개를 했다. 우리는 잠시 동안 세미나 이야기를 나누었다. 그런 다음 그에게 물었다. "당신이 존슨 박사님의 아들이라고 알고 있는데 맞나요?"

"예, 그렇습니다." 그가 넥타이를 느슨하게 풀면서 대답했다.

"저는 이제 막 사역을 시작한 상태라서 궁금한 게 많답니다. 그렇게 유명한 기독교 지도자의 가정에서 자란다는 게 어떤 것인지 궁금합니다. 이야기해주실 수 있으신가요?"

그때 그가 한 말은 결코 잊지 못할 것이다. 공손하고 예의 바른 신사는 어디론가 사라지고 그의 입에서 듣기에도 거북한 욕이 쏟아지기 시작했다. 자신의 아버지와 아버지의 모든 사역을 비난하더니 어머니까지 비난했다. 그리고 기독교에 대해 원색적이고도 증오에 찬 공격을 퍼부었다. 그의 얼굴은 그의 넥타이만큼이나 벌겋게 달아올라 있었다. 그의 말을 참고 들어주는 것 외에 나는 아무것도 할 수 없었다.

그는 말을 끝내고 황급히 돌아서서 나가버렸다. 나중에 들리는 말로는 그 세미나 등록을 취소했다고 한다.

다음 날 나는 경영에 대한 아이디어로 넘치는 자료집을 안고 집으로 돌아왔다. 하지만 마음은 이미 다른 것으로 가득 차 있었다. 깊은 슬픔과 큰 두려움마저 느꼈다. 아내와 저녁 식사를 하면서 존슨 박사와 그에게 분노하던 아들에 대해 길고도 진지한 대화를 나누었다. 철저하게 부모와 하나님을 대적하는 자녀를 두는 것, 이것은 우리가 인생에서 생각할 수 있는 최악의 결과였다.

믿음의 유산을 자녀들에게 어떻게 물려줄 수 있을까? 그리스도인 부모로서 이런 질문은 가장 중요하다. 〈크리스천 패어런팅 투데이(Christian Parenting Today)〉라는 한 기독교 잡지는 매년 부모들을 대상으로 설문 조사를 하고 있는데, 부모들의 가장 심각한 두려움은 믿음의 유산을 물려주지 못하는 것이라는 결과가 나왔다.

자녀 양육에서 영적 도약을 이루는 것은 시급한 일이다. 그 이유는 신실하고 헌신적인 첫째 의자의 부모 밑에서 자란 자녀들일지라도 세상과 타협하고, 심지어 하나님께 등을 돌리는 일이 있기 때문이다.

하지만 이런 결과가 당연한 것은 아니다. 이 장의 목표는 우리의 가정에서는 결코 이런 비극이 일어나지 않도록 도움을 주는 데 있다. 하나님이 인간을 창조하실 때 하나님은 어린 아이가 부모의 끊임없는 도움 없이는 도저히

> 부모들을 대상으로 한 설문 조사 결과 부모들의 가장 심각한 두려움은 믿음의 유산을 물려주지 못하는 것이라고 한다.

살아갈 수 없게 만드셨다. 사실 인간은 가장 오랫동안 부모의 도움을 받아야 하는 존재이다. 자녀들이 느끼는 필요를 오늘날 세상적인 방식으로 해결하고자 하는 사람이라면, 부모의 역할이 축소되어야 한다는 잘못된 생각을 가질 수 있다.

하지만 하나님은 실수가 없으신 분이다. 이 모든 가능성을 고려하시고

구체적인 목표와 계획을 세워두셨다. 우리가 하나님이 의도하신 역할과 목적을 올바로 이해하고 실천한다면 자신감과 확신을 가지고 자녀를 양육할 수 있다. 우리의 자녀들이 길을 잃고 분노와 적개심으로 가득하며, 믿음을 버리게 되지는 않을까 두려워하며 허둥거릴 필요가 없다.

지금쯤 이번 장의 내용이 어떤 식으로 전개될지 감을 잡았으리라 생각한다. 우리는 한 번에 한 걸음씩 하나님을 위한 삶을 위해 나아가고 있다. 여호수아 시대에 이스라엘의 과제는 성을 빼앗는 것이었다. 하지만 오늘날을 사는 우리의 과제는 핵심적인 영적 도약을 이루는 것이다. 그러면 무엇을 상급으로 얻게 되는가? 영적 도약을 이룬 사람들은 하나님이 우리와 우리의 자녀들과 또 그들의 자녀들을 위해 '약속하신 땅'을 상급으로 얻게 된다.

이 장에서 요구하는 도약을 이루기 위해서는 용기가 필요하다.

> 하나님이 그리스도인 부모인 당신에게 요구하시는 것이 무엇인지 분명히 이해하고 어떤 변화를 요구하시든 간에 기꺼이 감당할 각오가 되어 있는가? 자녀 양육에 대한 당신의 신념과 행동이 하나님이 계시하신 계획과 일치하도록 기꺼이 노력할 준비가 되어 있는가?

이 질문에 "예"라고 대답한다면 당신의 후손들의 앞날은 매우 밝다.

부모를 위한 하나님의 큰 계획

부모를 위해 하나님은 어떤 계획을 갖고 계시는가?

우리는 그 대답을 하나님이 말라기 선지자를 통해 이스라엘 백성들과 나누신 대화에서 찾을 수 있다. 앞장에서 보았지만, 하나님이 그들의 기도에 응답하지 않으셨기 때문에 유대인들은 혼란에 빠져 있었다. 불행의 먹구름이 에워싸고 괴롭히며 끝까지 자신들을 따라다닌다는 생각이 들었다. 하나님은 이들의 불평에 생각지도 못한 대답을 주셨다. 유대인들이 어려움을 겪는 직접적인 이유는 결혼 서약을 어겼기 때문이라는 말씀이었다. 흥미로운 점은 하나님이 그들의 결혼 생활을 책망하시면서 창조의 날에 부모에게 주신 특별한 책임을 말씀하셨다는 점이다.

"오직 하나를 만들지 아니하셨느냐 어찌하여 하나만 만드셨느냐 이는 경건한 자손을 얻고자 하심이라 그러므로 네 심령을 삼가 지켜 어려서 맞이한 아내에게 거짓을 행하지 말지니라"(말 2:15).

무슨 의미인지 이해가 되는가? 하나님은 인간을 지으실 때 한 가지 중요한 계획을 세우시고 두 사람, 즉 아버지와 어머니가 이것을 안전하게 관리하도록 맡기셨다는 것이다. 이 계획은 부부의 이기적 즐거움만을 위한 것이 아니었다. 뜻하신 바가 있었다. 그 계획이 성취되어 하나님의 다른 계획이 이루어지길 바라셨다. 하나님의 그 계획이란 경건한 자손을 얻는 것이었다.

결혼에 대한 하나님의 가장 중요한 목적에는 다음의 것들이 전혀 포함되지 않았다는 것을 유념해야 한다.

- 부양 가족에 대해 세금 공제를 받기 위해.
- 부부 동반 모임에 더 초대받기 위해.
- 맞벌이 생활로 수입을 늘리기 위해.
- 성 생활을 위해.
- 가문을 잇기 위해.
- 자녀를 성공적으로 키워 자녀의 덕을 보기 위해.

하나님이 염두에 두신 결혼 생활은 특별히 하나님을 사랑하고 섬길 사람들로 세상을 가득 채우는 계획의 출발점이었다.

하나님의 이 계획을 듣고 감동을 받았다면 이것은 당신이 하나님의 놀라운 계획에 깨어 부응한다는 증거이다. 하나님은 당신이 온전히 고결한 삶을 살며, 삶 전체를 통하여 받은 소명에 합당하게 행하기 원하신다. 자녀들도 그와 같이 양육하길 원하신다. 자녀들은 당신의 발자취를 따르며, 당신의 가치관을 받아들이고, 당신이 섬기는 하나님을 섬기며, 당신의 하나님을 자신의 하나님으로 섬겨야 한다. 경건의 햇불을 다음 세대에 넘겨주는 것이 바로 하나님이 계획하고 기대하시는 바이다.

놀랍지 않은가? 하나님은 굳이 부모의 손을 빌리지 않더라도 마치 동전을 찍어내듯 경건한 자손을 얼마든지 양산하실 수 있는 분이다. 하지만 하나님은 부모를 통해 자신의 백성들이 계속 증가되는 방법을 택하셨다.

하나님께 예배하는 사람들을 얻으시는 하나님의 내적인 방법(경건한 부모를 통한 경건한 자손의 확장)은 선교와 전도라는 하나님의 외적인 방법에 비해 잠재력이 훨씬 더 엄청나다. 그러나 하나님의 이런 영광스런 계획은 동시에 치명적인 약점을 안고 있다. 바로 부모의 역할 때문이다.

아담과 하와와 이들의 모든 자손이 하나님께 순종했다면 세상이 어떻게 되었을지 생각해보라. 방탕과 어둠 대신 경건과 하나 됨이 넘쳤을 것이다. 창세기 6장은 "여호와께서 사람의 죄악이 세상에 가득함과 그의 마음으로 생각하는 모든 계획이 항상 악할 뿐임을 보시고"(5절)라고 적고 있다. 이미 무엇인가 돌이킬 수 없을 정도로 잘못되고 틀어져버린 것이다. 그래서 하나님은 다시 시작하셔야만 했다.

성경은 사실 잃어버린 자식들을 찾아 집으로 데려오려는 노력을 수없이 반복하는 애끓는 아버지에 대한 기록이다. 한 신학자는 "복음의 핵심은 하나님의 고통이다"라고 말하기도 했다. 온 세상이 경건의 자손으로 넘치기를 바라시는 하나님은 이제 부모가 되는 모든 사람에게 같은 질문을 던지신다. "너를 향한 나의 계획을 성취하고, 경건의 유산을 지금 네 품에서 울고 있는 다음 세대에게 무사히 물려줄 수 있겠느냐?

경건의 유산을 당신이 자녀에게 물려주기 위해 모은 유산이나 가장 값진 가보(家寶)라고 생각해보라.

릴레이 경주에서 바통을 넘겨주는 일이라고 생각해보라. 네 명이 한 팀으로 구성된 이어달리기 경주를 본 적이 있는가? 이어달리기 경주에서는 팀원들이 한 마음이 되어 바통을 출발선에서 결승선까지 전달한다. 앞 주자가 자신의 구간을 다 달릴 때쯤이면 대기 중이던 다음 주자가 바통을 이어받아 전속력으로 달린다. 바통을 넘겨 받는 순간 첫 번째 주자는 바통을 앞으로 내밀고 두 번째 주자는 그것을 받으려고 손을 뒤로 내민다. 바통이 넘어가면, 경주도 다음 주자에게로 넘어간다. 경주는 네 명의 주자가 각자의 구간을 다 뛰어야만 끝이 난다. 따라서 마지막 주자가 바통을 손에 쥐고 결승선을 통과하기 전까지는 등수가 매겨지지 않는다.

> 부모로서의 성공은 개인으로서 우리가 얼마나 잘 달리느냐가 아니라 바통을 얼마나 잘 넘겨주느냐에 달렸다.

이어달리기 경주를 떠올리면 자녀 양육의 훌륭한 예시를 보는 것 같아 항상 도전이 된다. 부모로서의 성공은 개인으로서 우리가 얼마나 잘 달리느냐가 아니라 바통을 얼마나 잘 넘겨주느냐에 달렸다. 경건한 자녀를 양육하는 데 우리가 성공했는지는 후대에 대한 평가가 끝난 후에야 알 수 있다는 말이다.

시편 기자는 이런 자녀 양육의 이어달리기 경주를 다음과 같이 기도하면서 아름답게 표현한다.

"하나님이여 나를 어려서부터 교훈하셨으므로 내가 지금까지 주의 기이한 일들을 전하였나이다 하나님이여 내가 늙어 백발이 될 때에도 나를 버리지 마시며 내가 주의 힘을 후대에 전하고 주의 능력을 장래의 모든 사람에게 전하기까지 나를 버리지 마소서"(시 71:17-18).

이 구절에서 믿음의 바통이 어떤 식으로 전달되는지 보라. 시편 기자는 어린 시절에 믿음의 바통을 받았고 '지금까지' 개인적으로 체험했다. 하지만 바통을 받은 원래 목적은 그 바통을 '장래의 모든 사람에게' 확실하게 전달한 후에야 이루어진다.

그리스도인 부모를 위한 하나님의 '원대한 계획'이 바로 이것이다. 당신도 자신의 가정이 이렇게 되길 바랄 것이라고 믿는다. 하지만 주변을 잠시만 둘러보면 다음 세대로 바통이 이어지지 못하고 땅에 떨어지는 경우가 대단히 많은 것을 알 수 있다. 세상과 타협하며 살아가는 가정들을 어디서나 목격할 수 있다. 그리스도인 부모 밑에서 자랐지만 신앙을 거부하거나 자신이 받은 믿음의 유산에 적개심과 분노만 보이는 사람들이 있다.

그렇다면 우리는 "부모들을 위한 하나님의 계획이 항상 잘 이루어지지 않는 이유는 무엇인가?"라는 질문에 봉착하게 된다. 믿음이 다음 세대로 넘어가면서 약해지는 경우가 많은 것은 무엇 때문인가?

2장에서 소개한 신앙 퇴보의 원리는 이 대답의 일부를 보여주고 있다. 아브라함과 다윗의 가계를 살펴보면 세대가 넘어가면서 첫째 의자의 삶에서 점차 멀어지는 가슴 아픈 양상이 나타난다.

1세대 첫째 의자	2세대 둘째 의자	3세대 셋째 의자
여호수아	장로들	장로들의 자녀들
아브라함	이삭	야곱
다윗	솔로몬	르호보암

후대로 갈수록 하나님으로부터 더 멀어지는 경향이 뚜렷이 나타나고 있음을 부정할 수 없다. 그러나 성경에는 경건의 유산을 자녀들에게 물려주고 역사를 바꾼 부모들의 감동적인 이야기도 많다. 다윗의 증조부, 증조모인 보아스와 룻이 그들이다. 하나님에 대한 철저한 순종을 통해 선지자 사무엘을 키워낸 한나와 엘가나, 그리고 세례 요한을 키워낸 엘리사벳과 사가랴의 순전한 헌신도 있다.

첫째 의자의 부모가 되길 원하는가? 그렇다면 당신은 자녀의 미래를 향한 하나님의 놀라운 계획에 동참하고 있다. 자녀를 향한 환한 웃음과 달콤한 한 번의 입맞춤도 이에 일조할 것이다.

이제 당신이 무엇을 기대할 수 있는지 좀 더 자세히 살펴보자.

예수 효과(집 안의 자석)

헌신적인 그리스도인 가정에서 자란 사람이라면 그리스도가 가정에 얼마나 놀라운 영향을 끼치시고 가족의 마음을 사로잡으시는지 말할 것이다. 당신은 부모님이 하나님과 당신을 사랑하고, 서로를 존경하며 사랑하는 모습을 보며 자랐기 때문에 부모님이 우선순위를 두었던 것에 강한 동경심을 갖게 될 것이다. 부모님이 느꼈던 기쁨을 당신도 맛보고 싶을 것이다. 부모님이 하나님의 말씀을 통해 변치 않는 지혜를 구했던 것처럼 당신도 선택의 순간마다 자연스럽게 하나님의 말씀에 담긴 지혜를 돌아보게 될 것이다.

선교사 가정에서 자라난 한 친구는 "어린 시절의 기억 속에 가장 강렬하게 남은 것은 진정으로 하나님을 기뻐하고 섬기셨던 부모님의 모습이었습니다"라고 말한다. "아버지는 '아들아, 이 아빠는 세상에서 가장 좋은 직업을 가진 사람이란다'라고 말씀하시곤 했지요. 하나님을 섬기는 것을 엄청나게 큰 축복으로 여기셨습니다. 아버지가 보여주신 이런 모범은 다른 백마디 말보다 제 가슴속에 오래도록 남아 있습니다."

비록 완벽하지 않더라도, 헌신적인 그리스도인 가정에서는 자녀들이 예수 그리스도를 자신의 구주로 영접하는 일이 일어난다. 부모의 살아 있는 믿음과 그리스도와의 친밀한 관계는 마치 자석처럼, 그들의 삶이 변화되는 이런 결단으로 자녀들을 끌어당긴다. 하나님과 소원하거나 갈등이 있을지라도 셋째 의자의 삶에 결코 오래 머무르지 않는다. 통계에 의하면 이러한 자녀들의 약 80-85퍼센트가 13세 이전에 자신만의 신앙을 갖게 된다고 한다. 장기적으로 보면 그 통계치는 훨씬 더 높을 것이라고 생각한다. '구원에 관한 보고서'를 쓴다면 이런 식이 될 것이다.

> 당신의 자녀들이 하나님과 친밀하고 인격적인 관계를 누리며 진정으로 하나님을 섬기고자 애쓰는 부모가 있는, 헌신적이고 진실한 그리스도인 가정에서 자라났다면, 자녀들이 그리스도를 인격적 구주로 맞이할 가능성은 100퍼센트이다. 전 세계의 수십 만이 넘는 사람들을 조사해보았지만 예외는 단 한 사람도 발견하지 못했다.

물론 성경에서 직접적으로 이런 주장을 하는 구절은 없다. 아마 이것에 가장 가까운 구절이라면 "마땅히 행할 길을 아이에게 가르치라 그리하면 늙어도 그것을 떠나지 아니하리라"라는 잠언 22장 6절 말씀일 것이다. 하지만 여기에 예외가 있다 하더라도 거의 드물다. 장담할 수 있다. 나는 강연을 하면서 청중에게 이렇게 묻곤 한다.

> "여러분은 거듭난 그리스도인의 가정, 하나님을 사랑하고 그분과 깊은 관계를 누리며 인생의 온갖 어려움 속에서도 끝까지 하나님

을 섬기는 부모님 밑에서 자랐습니다. 그럼에도 불구하고 여러분
이나 여러분의 형제, 자매 가운데 예수 그리스도의 죽음과 부활
로 자신의 모든 죗값이 지불되었고 그리스도가 구원의 유일한 희
망임을 믿지 않는 사람이 있습니까? 그런 분이 있다면 손을 들거
나 아니면 이 모임이 끝난 후 제게 알려주십시오."

남아프리카 공화국의 요하네스버그 집회에서 만난 3천 명의 사람들 가운데 손을 들거나 집회가 끝난 후 나를 찾아온 사람은 한 명도 없었다. 디트로이트 실버돔에 모인 8천 명 중에도 그런 사람은 없었다. 싱가포르의 가장 큰 교회나 휘튼 대학의 학생들도 마찬가지였다. 전국 크리스천 경제인 연합회나 전국 크리스천 교사 연합회에서도 결과는 동일했다. 단 한 명도 없었다.

내가 이 질문을 지나치게 즐기는 것은 아닌지 지적할지 모르겠지만 나는 매번 그 결과에 큰 용기를 얻는다. 당신도 그러길 바란다.

그러나 이런 증거가 빛을 잃기 시작했다고 말해야 하는 지금의 현실이 슬프다. 이 책 2, 3장에서 보았듯이, 첫째 의자의 부모 밑에서 자란 자녀들은 "하나님의 역사를 간접적으로 보기만" 했을 뿐 개인적으로 체험하지 못한 경우가 대단히 많다. 이들의 믿음은 간접적인 믿음이다. 이들은 부모의 영적 후광에 함께 편승해 마지못해 믿다가 성인이 되어 스스로 결정해야 할 때가 되면 원래 모습을 드러낸다. 이들은 결국 둘째 의자의 그리스도인이었음이 드러난다.

이것은 성경이 말하는 사실일 뿐만 아니라 내가 사역을 통해서 거듭 확인한 사실이다. 이것에 대한 '헌신의 보고서'를 쓴다면 이렇게 될 것이다.

헌신적인 그리스도인들의 자녀들이 100퍼센트 거듭난 신자가 되는 것은 확실하다. 하지만 부모만큼 헌신적인 그리스도인이 되는 자녀의 비율은 낮다. 그리고 부모보다 더 헌신적인 그리스도인이 되는 자녀의 비율은 훨씬 더 낮다.

이것이 사실이 아니기를 바라지만 교회 안을 둘러보면 분명한 사실임을 알 수 있다. 첫째 의자의 가정이 가진 순수한 구원 경험이 반드시 전심으로 하나님을 섬기는 자녀들을 길러내지는 못한다.

그래서 나는 헌신적인 그리스도인 부모들에게 믿음의 유산을 손상시키지 않고 그대로 물려받아 더 발전시킬 자녀들을 양육하는 것을 가정의 목표로 정하라고 권장한다. 하나님의 계획은 우리의 유산이 다음 세대로 이어지면서 그 가치와 영향력이 더욱 커지는 것이라고 믿는다. 그러나 다음 세대로 내려갈수록 신앙이 퇴보했던 사람들에게는 이런 일이 일어나지 않았다. 이미 수많은 사람들이 증명했듯이 이것은 당신에게도 일어날 수 있는 일이다.

믿음의 유산을 포기한 자녀

한 가정은 부모가 하나님과 인격적이고 지속적이며 역동적인 관계를 누리면서 하나님과 그분의 나라를 위해 기쁨으로 헌신한다. 반면, 또 다른 가정은 하나님을 알지만 피상적으로 알 뿐이고 자신과 자신의 욕구 충족을 위해 산다. 이 두 가정에서 자라나는 것이 얼마나 다를지 생각해보라. 두 번째 가정의 자녀들은 하나님에 대해 어떤 기대를 하며 자라게 될 것인가? 두 번째 가정을 영적으로 진단하면 다음과 같다.

- 온기 없는 난로 곁에 서 있는 것 같다.
- 귀를 막고 아름다운 음악을 듣는 것 같다.
- 당신에게 완전히 반했다고 말하면서도 늘 다른 여자에게 한눈을 파는 남자와 데이트하는 것 같다.

세상에서 하나님의 영적인 법칙은 하나님이 인간에게 주신 사고와 반응의 방식과 밀접한 관련이 있다. 이런 하나님의 방식이 적용되지 않는 세계에서는 하나님의 영적 법칙 또한 적용되지 않는다. 그러므로 둘째 의자의 부모들이 왜 자신보다 영적으로 훨씬 더 빈곤한 자녀를 양육하는지 그 이유를 알 수 있다. 둘째 의자의 부모들은 다른 우선순위에 마음을 빼앗기고, 타협의 진흙탕에서 뒹굴며, 위선적인 삶의 모습을 보이는 부모들이다. 이런 부모의 밑에서 자란 자녀들은 어릴 때는 교회에 다니지만 성인이 되기가 무섭게 신앙을 버린다. 언제 다시 신앙을 회복할 수 있을지 모른다.

> 둘째 의자의 부모들이 왜 자신보다 영적으로 훨씬 더 빈곤한 자녀를 양육하는지 그 이유를 알 수 있다.

물론, 첫째 의자에 앉은 부모의 자녀들도 신앙을 저버리거나 둘째 의자로 미끄러질 수 있다. 반대로 둘째 의자에 앉은 부모의 자녀들이라도 첫째 의자로 옮겨갈 수 있다. 하지만 두 경우 모두 부모의 삶을 지배했던 메시지와 자라면서 받아왔던 부모의 영향을 거부해야 한다. 사실 기독교 가정에서 자랐지만 하나님을 버리는 자녀들 가운데에는 둘째 의자에 앉은 부모의 자녀가 압도적으로 많다.

성경에서 가장 가슴 아픈 이야기 중 하나는 셋째 의자의 자녀들을 양육한 둘째 의자의 부모 이야기이다. 이스라엘의 대제사장 엘리에게는 두 아들이 있었다. 그들은 제사장으로서 아버지를 보좌했지만 아버지와 하나님을 거역하고 불순종했다. 사무엘상 2장 12절은 "엘리의 아들들은 행실이 나빠 여호와를 알지 못하더라"라는 말로 이들의 상태를 말하고 있다. 이들은 영적 지도자라는 자신들의 직위를 이용해서 뇌물을 챙기고 성적 쾌락을 추구했다.

그러나 엘리는 두 아들의 추문을 듣고서도 가볍게 책망하는 것에 그쳤다. 진노하신 하나님은 선지자를 통해 이것을 엘리에게 말씀하셨다. "너희는 어찌하여 내가 내 처소에서 명령한 내 제물과 예물을 밟으며 네 아들들을 나보다 더 중히 여겨…"(삼상 2:29)라고 경고하셨다. 그리고 엘리가 범한 타협의 죄에 대해 어떻게 처리하실지 말씀하신다. "나를 존중히 여기는 자를 내가 존중히 여기고 나를 멸시하는 자를 내가 경멸하리라"(30절).

그들의 이야기는 점점 더 비극적으로 전개된다. 엘리의 두 아들은 전쟁 중에 죽고, 이 소식을 전해들은 엘리는 의자에서 넘어져 목이 부러져 죽는다. 설상가상으로 언약궤는 적의 손에 넘어간다. 거듭된 재앙에 엘리의 며느리는 조산을 하고 출산 중에 죽어가면서 산파들에게 아들의 이름을 '하나님의 영광이 떠났다'는 뜻의 '이가봇'이라고 짓게 했다.

참으로 비극적인 이야기이지만 핵심이 무엇인지 이해했으리라 생각한다. 부모의 타협이 거듭될 때 이것은 곧 그 가족의 영적 파멸로 이어질 때가 많다. 엘리가 하나님께 최우선순위를 두지 않은 이유는 너무나 현실적인 것에 있었음을 알기 바란다. 그에게는 자녀와 그들의 행복이 하나님보다 더 중요했던 것이다. 그러나 그 결과는 너무나 참혹했다. 사실 두 아들은 모두 전사하기 오래전에 이미 영적으로 죽어 있었다. 두 아들에게 유산을 물려주려고 시도했지만 엘리는 전혀 성공하지 못했다.

수긍은 가지만 치명적일 수 있는 이유를 둘러대며 믿음의 유산을 자녀에게 물려주기 거부하거나 망설이고 있지는 않는가?

부엌에서의 대화

내가 아는 대부분의 부모는 부엌에서 차를 마시며 허심탄회한 대화를 나눌 때 가족에 대한 생각을 가장 분명하고 정직하게 털어놓는 것 같다. 친구가 집을 방문한다. 아이들은 밖으로 나가 뛰어논다. 어른들은 식탁에 기대어 자녀들에 대한 희망과 두려움을 쏟아낸다.

우리도 '부엌의 대화'를 나눠보자. 당신도 한두 가지 문제로 고민하고 있을 것이다. 하나님의 성령이 당신 안에서 역사하시고 당신의 상식의 변속기는 쉼 없이 작동하고 있다. 수많은 사람들에게 이 주제에 대해 가르친 내 경험으로 볼 때 부모들은 다음의 내용에 혼란을 느끼곤 한다.

"아이의 신앙 생활과 선택이 마치 내 책임인 것처럼 말씀하시네요. 하지만 그건 아이가 스스로 결정해야 하는 개인적인 문제 아닌가요?"

하나님께 헌신할 것인지의 여부는 결국 자신이 선택해야 할 문제다. 그러나 우리가 자녀들의 영적 미래에 대해 책임을 지지 않아도 된다면 하나님이 자녀들의 경건에 대해 부모들에게 그렇게까지 직접적으로 말씀하시지는 않았을 것이다. 부모가 자녀들을 위한 중요한 헌신을 할 수 없다면 여호수아 역시 "나와 내 집은 여호와를 섬기겠노라"(수 24:15)라는 표현을 결코 쓰지 않았을 것이다. 그랬다면 성경은 우리에게 "최선을 다해 자녀들을 키워라. 그래서 그들이 스스로 결정할 시기가 되면 스스로 원하는 방식으로 경건에 대한 하나님의 뜻에 반응할 수 있게 해야 한다"라는 식으로 권고했을 것이다.

> 자녀들은 하나님과의 관계, 결혼 생활, 가정 생활과 관련하여 우리의 영적 상태를 가장 객관적으로 시험해볼 수 있는 바로미터이다.

하나님은 우리에게 자녀를 경건하게 양육할 책임을 주셨다. 자녀들은 하나님과의 관계, 결혼 생활, 가정 생활과 관련하여 우리의 영적 상태를 가장 객관적으로 시험해볼 수 있는 바로미터이다. 하나님은 교회 지도자가 갖추어야 할 자격 요건에 대해 다음과 같이 말씀하셨다.

> "…그러므로 감독은 책망할 것이 없으며… 자기 집을 잘 다스려 자녀들로 모든 공손함으로 복종하게 하는 자라야 할지며(사람이 자기 집을 다스릴 줄 알지 못하면 어찌 하나님의 교회를 돌보리요)…"(딤전 3:1-8).

교회 지도자는 흠이 없고 온유할 뿐 아니라 하나님의 교회를 다스리기 전에 자신의 가정을 잘 다스려야 한다. '자기 집을 잘 다스리는지' 확인하는 방법은 자녀들의 행동을 확인하는 것이다. 그러나 이러한 테스트도 자녀 양육의 책임을 감당하고 난 후의 일이다.

"좋아요. 그러나 이런 생각이 위험하지 않나요? 그리스도인을 그 자녀로 판단하는 게 공정한가요?"

형제나 자매를 판단하지 않도록 항상 조심하자. 부모에게 자녀 양육에 대한 책임을 묻고 문책하실 분은 하나님밖에 없다. 이 책에서 세 의자의 원리를 사용한 것은 각자의 영적 헌신도를 파악하도록 돕기 위해서였다. 하나님이 이 원리를 사용하여 당신의 삶이나 당신이 책임지고 있는 자녀들의 삶을 만지시도록 맡겨드리기 바란다.

방황하는 자녀와 깨어진 관계로 인해 크게 고통을 당하는 가족들이 너무나 많다. 이들의 고통을 보시는 하나님 아버지의 마음은 얼마나 더 아프시겠는가! 내가 아는 대부분의 사람들은 다른 어떤 것보다 가족 간의 문제로 인해 고민하고 있다. 특별히 자녀 양육의 문제에 관해 가장 큰 죄책감과 부담을 느낀다.

다른 사람들을 항상 너그러운 시선으로 바라보라. 자녀에게 하나님을 알게 하려고 단 며칠간만 노력해보면 어떤 그리스도인 부모라도 하나님의 자비를 구할 수밖에 없을 것이다. 다른 가정에 대해 판단하는 것은 시간 낭비일 뿐이다. 그런 일로 치명적인 올무에 빠지기도 한다.

"하지만 우리 아이들은 이미 다 컸고 나는 여러 부분에서 완전히 실패한 것 같습니다. 너무 늦지 않았을까요?"

당신을 바로 이 자리까지 온전히 인도하신 분은 하나님이시다. 하나님은 지금 당신을 회복시키고 구속해주시려고 기다리고 계신다. 하나님은 구속자이시기 때문이다. 사탄이 이 사실을 얼마나 싫어하는가!

용기를 내서 죄를 낱낱이 회개하기 바란다. 이것이 바로 실패의 악순환을 끊는 유일한 방법이며 믿음의 유산을 쌓는 과정에 하나님을 다시 초청하는 방법이다. 하나님께 이렇게 기도하라. "옳은 일을 알면서도 행하지 못한 저를 용서해주옵소서. 저는 지금까지 편한 길로만 살아왔습니다. 저를 위해서만 살았습니다. 그래서 하나님이 원하시는 대로 자녀들을 경건하게 키우는 일에 무관심하고 소홀했습니다. 저의 죄를 회개하오니 저를 용서해주옵소서. 어떻게 해야 할지 가르쳐주옵소서."

당신과 당신의 결혼 생활을 첫째 의자로 이끌어라. 그리고 다시 새롭게 시작하라. 자녀들에게 영향을 미치기에 너무 늦었다고 자포자기하지 말라. 당신은 자녀들의 삶에 여전히 거인처럼 우뚝 서 있다. 하나님을 공경하고 구하며 겸손하게 배우고자 하는 부모는 나이에 상관없이 자녀들에게 가장 강력한 영향을 미칠 수 있는 존재다.

"우리 부부에게 아이가 없거나 우리 부부가 아이를 원치 않으면 어떻게 하나요? 우리의 결혼 생활이 하나님 보시기에 무의미할까요?"

요즘 젊은 부부들을 만나보면 아이를 원하지 않는 부부가 너무나 많다. 이들은 이렇게 묻는다. "이렇게 암울한 세상에 어떻게 자녀를 낳을 생각을 하겠습니까?" 그러나 하나님은 그래서 더욱 자녀를 낳아야 한다고 말씀하신다. 그리스도인에게는 빛의 자녀를 세상에 들여보내 어둠을 몰아낼 책임이 있다. 그러니 두려운 현실이나 불편을 생각하기에 앞서, 하나님이 당신의 가정과 자녀들을 통해 세상을 변화시키고자 하신다는 좀 더 원대한 목적을 생각하라.

그러나 아이를 가질 수 없는 경우는 어떻게 해야 하는가? 아이를 원하는데도 갖지 못하는 상황은 부부에게 너무도 가슴 아픈 일이다. 하지만 이렇게 생각해보라. 내가 아는 부부들 중에는 아이를 가질 수 없지만 자녀를 입양해서 키우는 사람들이 많다. 어떤 부부는 입양하지는 않지만 지속적인 관계를 통해 간접적이나마 30명이나 되는 아이들의 부모가 되어주고 있다. 남편과 아내로서 하나님이 우리에게 원하시는 것도 마찬가지다. 경건한 자녀를 키우는 일이다. 장담하건대, 결혼 생활에 대한 하나님의 이 뜻이 성취될 때 우리는 가장 큰 기쁨을 얻을 것이다.

"그러나 세상의 다른 모든 영향력과 견주어볼 때 내가 자녀에게 얼마나 영향을 미치겠습니까?"

이 주제와 관련하여 사회학에서 내리는 결론은 하나같이 똑같다. 아이의 성격과 인생의 방향을 결정하는 요인 중 부모의 영향력이 가장 크다는 것이다. 부모가 친구, 학교, 대중 매체보다 훨씬 강력한 영향을 미친다는 것이다.

그러므로 문제는 당신이 자녀에게 영향을 미치느냐가 아니라 어떤 목적을 위해 어떤 종류의 영향을 미치느냐다. 하나님의 계획은 부모인 당신이 자녀에게 아주 긍정적이고 강력한 영향을 줌으로써 자녀가 '경건한 자손 기르기'라는 천국의 사명을 안고 집을 떠나는 것이다.

당신은 평생 '경건한 자녀 양육'에 헌신하겠다고 결심했는가? 이 간단하면서도 대단한 힘을 가진 이 결심을 한 번도 해본 적이 없다는 기독교 가정이 무려 90퍼센트가 넘는다고 한다. 자녀에 대한 하나님의 목적을 받아들이고자 하는 철저한 헌신이 없다면 당신의 다른 모든 시도도 약해지고 곁가지에 빠질 것이다. 결승선을 통과하겠다는 자세를 가져라. 자녀들이 하나님을 위해 결승선을 통과할 수 있도록 모든 정열과 헌신을 아끼지 말라.

부모로서 하나님이 주신 이러한 역할을 받아들이면 대단히 흥미롭고 놀라운 경험을 하게 될 것이다. 당신과 당신의 가족을 위한 하나님의 가장 큰 꿈에 바짝 다가서게 될 것이다. 그리고 경건한 자녀 양육에 관한 실제적인 방법을 말할 수 있게 될 것이다. 이제 부모로서 당신의 역할을 알았다. 그렇다면 구체적으로 그 책임을 어떻게 감당해야 하는가? 하나님은 그 책임을 어떻게 감당해야 할지 숨김없이 알려주실 것이다.

명품 만들기
경건한 자녀 양육을 위한 도약

오리건 주에 살 때 이웃에 땔감처럼 볼품없는 나무로 명품 악기를 만드는 90세의 노인이 있었다. '닥(Doc)' 레노라는 노인은 자신을 '나무 백정'이라고 말하지만 세상은 그를 최고의 바이올린 명장(名匠)으로 존경한다. 레노의 작업실은 조용하지만 온갖 나무 조각과 끌과 풀 냄비 하나하나가 명품을 기다리고 있다.

그는 이렇게 말하길 좋아한다. "바이올린이 될지, 땔감이 될지는 작업이 끝나봐야 알 수 있어. 하지만 좋은 바이올린은 영혼을 갖고 있어. 어떻게 설명해야 할지 모르겠지만, 깊은 영혼의 내면에서 소리를 내는 바이올린이 있거든."

바이올린의 거장이 활로 현을 켜는 소리를 들어본 적이 있다면 레노가 무슨 말을 하고 있는지 알 것이다. 정성 들여 만든 나무통과 현에서 영혼을 울리는 음악이 흘러나오는 것이다.

때로 자녀 양육도 이와 같다는 생각이 든다. 듬성듬성 난 이로 활짝 웃는 얼굴, 툭하면 끈적거리는 손잡이, 귀청이 터질 듯한 라디오, 길게만 느껴지는 학교 등교 시키기, 산더미 같은 빨래, 아무렇게 던져놓은 자전거 등 우리 주위에는 미완의 소재들이 많다. 하지만 우리는 땔감 이상의 것을 만들어야 한다. 우리는 자녀들의 깊은 내면에 있는 무언가를 인내와 열정으로 다듬어 명품을 만들고 있다.

우리 부부는 아이들과 손자들이 거장의 손에 잡힌 아름다운 악기가 되길 간절히 바란다. 우리 아이들 하나하나가 하나님의 훌륭한 도구가 될 수 있도록 정교하게 다듬어지기를 원한다. 하나님의 인도하심을 따라 인내하며 탁월하고 뛰어난 기술로 그들을 다듬어가기를 원한다.

이 땅에서 자녀 양육에 성공하는 것보다 더 의미 있는 성공이 있겠는가? 수많은 훈련 세미나에서 인터뷰했던 성공한 회사 중역들조차 재물이 아니라 가족과 자녀들에게서 진정한 성공을 찾고 있었다. 그들은 사업에 대한 이야기가 아니라 '내 아내, 코니'라든가 '우리 아들 트레드와 채드', '내가 퇴근해서 집에 들어올 때 나를 기다리는 가장 중요한 일'에 대해 이야기하기를 좋아했다.

상담을 하면서 상심한 부모들이 "한 번만 더 기회가 주어진다면, 아들과 관계가 회복될 수 있도록 뭐든지 다 하겠습니다"라고 눈물로 하소연하는 모습을 너무나 많이 보았다. 자녀들이 파멸 직전의 위험에 처해 있을 때,

당신은 그들이 인격적, 정신적, 영적 자유를 위해 재물과 명성은 물론이고 무엇이든 다 내놓을 것이다.

이토록 문제가 중요하고 크다면 하나님의 가르침에 온전히 순종함으로 자녀를 양육하겠다고 결단하고 헌신하는 첫째 의자의 그리스도인 부모들이 그렇게도 적은 것은 무엇 때문인가?

당신도 알게 되겠지만, 우리는 자녀를 양육할 때 성경에 계시된 하나님의 계획보다는 자신의 희망이나 선의에 의지할 때가 너무나 많다. 주위를 둘러보면 이런 식의 자녀 양육으로 어려움에 빠진 가족들을 얼마든지 볼 수 있다.

어떤 바이올린이 나올지 모른다는 닥 레노와 달리, 우리는 자신이 경건한 자녀를 양육하기 위해 하나님의 지침을 따른다면, 자녀들이 어떻게 될지 분명히 알 수 있다. 이 장이 끝날 때쯤이면 당신은 자녀 양육에서 철저하게 삶이 달라지는 도약을 경험하게 될 것이다. 왜냐하면 그때쯤 당신은 경건한 자녀를 양육한다는 것이 무슨 의미인지 알게 될 것이기 때문이다.

자녀 양육이 저절로 되는가?

매일매일 부자가 되겠다는 말을 입에 달고 살면서도 정작 부자가 되기 위한 노력을 전혀 하지 않는 사람을 본 적이 있는가? 이런 사람은 돈을 벌고 저축하거나 투자하는 일에 대해 진지한 고민이나 행동은 전혀 하지 않고 말만

> 자녀 양육에서 주의해야 할 것이 있다. 우리의 말과 그것을 이루기 위한 행동을 일치시켜야 한다는 것이다.

떠벌릴 뿐이다. 이따금 복권을 사는 일은 있을지 모르겠다.

마찬가지로 자녀 양육에서 주의해야 할 것이 있다. 우리의 말과 그것을 이루기 위한 행동을 일치시켜야 한다는 것이다. 그렇지 않을 경우 우리는 스스로를 속이는 것이다. 교회는 경건한 자녀의 양육에 대해 관심을 갖고, 열띤 토론을 하며, 경험담을 이야기하는 부모들로 가득하다. 하지만 이들의 말과 행동을 살펴보면 실제로 양쪽이 일치하지 않는 것을 보게 된다.

이런 사람들은 자녀 양육이 저절로 이루어진다고 생각하며 자녀들을 키운다. 이들은 목적의식 없이 태만하게 가정을 꾸린다. 이들은 의지를 가지고 행하는 것이 아니라 무의식적인 행동에 자신을 맡긴다. 말(또는 말로 표현된 신념)과 행동의 불일치는 무서운 속임수이며, 언제나 위험하다. 자녀 양육이 저절로 이루어진다고 생각하는 부모들은 자신이 자녀들로부터 원하는 것을 얻지 못할 때 어떻게 하는가? 이들은 자신의 행동이 가정을 어려움에 처하게 만들었다는 것을 망각하고 목표의 타당성과 실용성을 의심하거나 최악의 경우 하나님의 사랑과 능력까지 의심한다.

내 경험에 의하면 자녀 양육이 저절로 이루어진다고 생각하는 부모는 일곱 가지 유형으로 나눌 수 있다. 이러한 부모들은 그들이 가진 신념(이들이 교회에서 하는 말은 모두 잊어버리라)에 따라 다음과 같이 표현될 수 있을 것이다.

첫째 유형 : 방목형 – "알아서 크겠지!" 이 수준의 부모에게 자녀 양육은 기본적으로 농사의 개념이다. 기본적인 것만 살피면 나머지는 자연히 다 알아서 자랄 것이다. 자녀들에게 의식주만 제공한다면, 때가 되면 좋은 결과를 거두게 될 것이다.

둘째 유형 : 위탁형 – "저희 자녀를 잘 부탁드려요!" 일 중심적인 부모들은

자녀 양육을 관리의 문제라고 생각한다. 이들은 가장 효율적인 관리 방법을 알고 있다. 다른 사람들에게 위탁하는 것이다. 아이들을 보모, 어린이집, 사립학교, 보이(걸) 스카우트, 스포츠 클럽, 교회 캠프에 맡긴다. 문제가 발생하면 상담가, 치료 프로그램, 남자의 경우에는 군대에 맡기면 그만이다. 부모가 양육의 책임을 방임하고 있다는 사실을 아이들이 눈치채지 못한다면 다행이다.

셋째 유형 : 구매형 – "내 자식은 뭐든 최고로 해줘야지!" 이런 부모는 돈으로 말한다. 자녀 양육은 결국 돈 문제이며, 뭐든 최고의 것을 사주는 것으로 자신의 사랑을 표현한다. 이들은 아이들이 어릴 때부터 최고 수준의 유치원, 최고급 옷, 다들 부러워할 장난감 등으로 자신을 과시한다. 자녀의 불만이나 스트레스를 해결하는 최고의 해결책은 더 많은 것을 사주는 것이다.

넷째 유형 : 무관심형 – "미안하구나. 너무 바빠서!" 이런 가정의 영리한 아이들이라면 부모의 일정표를 훔쳐볼 것이다. 이 가정에서 자녀 양육은 스케줄의 문제이기 때문이다. 미리 약속된 일정에 포함되지 않으면 자녀는 부모의 '관심 밖'에 있다. 이런 부모에게는 일과 승진이 성공의 척도이다. 직장에서 성공하지 못하면 어떻게 자녀의 대학 등록금을 대겠는가? 집에서 심각한 위험이나 재난이 닥치지 않는 한 아무것도 문제가 되지 않는다. 하늘이 무너질 일이 아니면 회사로 돌아가야 한다.

다섯째 유형 : 통제형 – "부모가 시키는 대로 해!" 자녀 양육은 단속의 문제이다. 외적인 행동이나 습관이 중요하지 자녀와의 대화나 감정에 경청하는 일 따위는 영화에서나 중요하다. 마치 군대의 선임 하사 같은 이들 부모는 잘 정비된 규범, 벌, 외출 금지, 비판, 위협, 잔소리, 감시를 활용하여

자녀들을 엄격하게 통제한다.

여섯째 유형 : 교회 위탁형 – "교회에서 모든 걸 배워라!" 이런 부모들에게 자녀 양육은 보호의 문제이다. 이들의 해결책은 교회에 자녀들을 붙들어 두는 것이다. 자녀들이 교회 활동에 얼마나 많은 시간을 보내느냐에 따라 성공의 기대치를 가늠한다. 벌을 주기 위해 교회에서 지내도록 할 때는 문제가 생긴다. 하지만 전체적으로는 교회와 협력하는 것이 현명하다고 생각한다. 자녀들이 교회에 고치를 틀면 항상 아름다운 나비가 될 것이라고 믿기 때문이다.

일곱째 유형 : 운전기사형 – "내 자녀는 내가 책임지고 데려다준다!" 운전기사의 역할을 하는 부모는 자녀들을 데려다주는 일을 자녀 양육에서 가장 큰 일이라고 느낀다. 달력에 빼곡히 적힌 자녀들의 각종 일정을 체크하고 바래다주면 자녀 양육이 성공한다고 생각한다. 이 부모들은 "스포츠, 음악, 연기, 발레, 요리, 목공예, 태권도, 클럽 활동으로 바쁜 자녀들은 말썽을 부릴 시간이 없다"고 생각한다.

위의 유형 중에서 당신이나 당신이 아는 사람들의 모습이 겹쳐 보이지는 않는가? 진실이 결여된 이러한 자녀 양육은 기본적으로 둘째 의자의 자녀 양육 방식이다. 사실 각각의 유형 뒤에는 게으름, 자기 중심성, 탐욕, 세속주의, 두려움, 광신, 무책임과 같은 일종의 죄악된 타협이 숨어 있다.

둘째 의자의 자녀 양육에서 벗어나야 할 필요성을 절감하는가? 그렇다면 개인적인 목록을 만들어보라. 스스로에게든 다른 사람에게든 평소 이론적으로 강조하는 양육 방식이 아니라 오직 평상시의 행동과 활동에 근거해 자녀 양육에 대한 자신의 신념을 평가해보라. 당신의 진정한 신념을 한 문장으로 설명하면 어떻게 말할 수 있는가? 당신을 한 단어로 표현하자면 어떤 단어가 가장 적절하겠는가?

이제 당신이 그리스도인 부모로서 바라는 소망이 실현되도록 돕고자 한다. 나를 믿으라. 이제 엄청난 도약을 경험하게 될 것이다.

간단한 질문을 던져보자. "이렇게 늙고 주름투성이인데 어떻게 말과 행동으로 경건하고 헌신된 첫째 의자 자녀들을 양육할 수 있다는 말인가? 하나님을 기쁘시게 하고 마음에서 우러난 찬양을 하며 나의 삶을 가치 있게 하는 그런 자녀들을 이제 와서 어떻게 양육할 수 있단 말인가?"

경건한 자녀 양육의 일곱 단계

흥미로운 사실이 하나 있다. 경건한 자녀를 양육함으로 우리 가정을 향한 하나님의 뜻을 이루어드리겠다고 결심하는 그 순간 하나님은 우리의 초점을 우리의 자녀가 아닌 부모된 우리에게로 옮기신다는 것이다. 이는 하나님이 결과가 아니라 원인에서 출발하는 분이시기 때문이다. 경건한 부모가 있어야 경건한 자녀가 있는 법이다.

이 원리는 간단하지만 종종 부담스럽다. 당신에게 중요한 교훈이 아들에게는 별 의미 없는 것으로 치부되는 모습을 보고 싶은가? 그렇다면 알 필요가 없다고 생각하는 것을 아들에게 한번 가르쳐보라. 당신의 말이 마치 신축성 강한 고무줄처럼 곧바로 당신의 얼굴로 되돌아올 것이다. 그러나 이 경우에 당신의 자녀는 자기 주장이 강하거나 다루기 힘든 아이는 아니다. 똑

> 하나님은 결과가 아니라 원인에서 출발하는 분이시다. 경건한 부모가 있어야 경건한 자녀가 있는 법이다.

똑하고 영리할 뿐이다. 그는 둥지의 새끼 독수리처럼 당신을 지켜보았다. 그러므로(말이 아닌 행동을 보고) 당신이 지금 가르치려는 것이 이미 그다지 중요하지 않다고 직감한다. 따라서 자녀도 그것을 자신에게 적용하는 것이 별 의미가 없다고 결론 내린 것이다.

그러므로 친구여, 바로 여기 당신의 마음에서부터 시작하라.

1단계: 전심으로 하나님을 사랑하라

개인적인 경건은 언제나 살아 숨쉬는 풍요로운 관계에서 시작된다. 이런 종류의 관계는 결코 행동이나 요구로부터 시작되지 않는다. 이것은 당신의 존재 중심에서 시작된다.

훌륭한 교사가 되는 비결을 말해주겠다. 지금까지 5만 명이 넘는 전문 성경 교사들과 평신도 교사들을 훈련시켜온 WTB의 경험을 바탕으로 비결을 소개하면 이렇다. 효과적인 가르침은 궁극적으로 교사의 기교 문제가 아니라 교사의 태도, 즉 마음의 문제라는 것이다. 교사의 마음만큼 학생에게 직접적이고 심오한 영향을 미치는 것은 없다. 교사의 순수한 열정과 뜨거운 헌신이야말로 교실의 모든 것을 가동시키는 전기(電氣)와 같다. 배움은 이런 식으로 이루어진다.

자녀들은 부모가 하나님을 위해 시간과 돈을 투자하고 재능을 아낌없이 드리는 것을 볼 때 그들 또한 부모와 같은 일을 하고 싶은 열정과 충동을 느낀다. 하지만 반대로, 부모가 세속적 욕망을 맹렬히 추구한다면 자녀들 역시 그런 일에 마음이 끌릴 것이다.

모세는 신명기 6장의 자녀 양육에 관한 유명한 설교에서 이러한 원리에 대해 설명했다. 여기서 모세는 십계명에 대해 살펴본 후 이스라엘 백성에게 약속의 땅을 소유하고 장수를 누릴 수 있는 유일한 길은 하나님의 가르침을 "네 아들과 네 손자들"(2절)에게 전하는 것이라고 주장한다. 하지만 하나님에 대한 부모의 인격적이고 열정적인 사랑을 먼저 강조했다는 사실을 유의하라. "너는 마음을 다하고 뜻을 다하고 힘을 다하여 네 하나님 여호와를 사랑하라"(신 6:5).

"먼저 너희 마음으로 하나님을 갈망하고 하나님이 기뻐하시는 행동을 간절히 원하라"라고 모세는 말한다. "먼저 전기가 들어왔는지 확인하라"는 것이다. 그런 다음 이 동일한 우선순위를 자녀들에게 가르치라고 촉구한다.

하나님이 이 구절에서 "마음을 다하고 뜻을 다하고 힘을 다하여 네 자녀를 사랑하라"고 명령하지 않으신 것이 놀랍지 않은가? 이것은 우리의 맹렬한 헌신이 하나님에 대한 사랑이 아니라 자녀들에 대한 사랑이라면 믿음의 유산을 자녀들에게 물려줄 수 없기 때문일 것이다. 그러면 우리는 자연히 하나님의 명령에 순종하기보다 자녀들의 필요를 채우는 일에 치중하게 될 것이다. 하지만 우리는 하나님께 온전히 헌신할 때에만 자녀들에게 진정으로 최선을 다할 수 있다.

첫째 의자 사람들의 특징 가운데 하나는 예수 그리스도에 대한 뜨거운 사랑이다. 분명히 말하지만 이것은 이들의 선행이나 분주한 교회 봉사도 아니고 신학적인 지식도 아니다. 이런 사람들은 성숙해가면서, 그리스도를 향한 사랑이 모든 우선순위와 행동과 관계에 스며든다. 그리하여 온 마음과 뜻과 힘을 다하여 하나님을 사랑하게 된다. 그리고 배우자, 자녀, 친구, 제자를 비롯한 주변의 모든 사람들 역시 그에게 감전되어 하나님을 더 온전히 사랑하는 삶을 살게 된다.

이것이 바로 주변 사람들을 전염시키는 열정이다! 자녀들은 부모의 그런 뜨거운 전기 감전이 없이는 결코 경건하게 자랄 수 없을 것이다.

하나님이 정말 당신의 마음에 계시다면 당신은 세상의 그 무엇과도 비교할 수 없는 설득력으로 자녀들의 마음을 사로잡게 된다. 그러면 당신은 성공적인 자녀 양육의 다음 단계로 올라갈 준비가 된 것이다. 두 번째 단계에서도 역시 초점은 부모인 당신에게 집중된다.

2단계: 하나님의 말씀을 배우고 순종하는 데 모범을 보여라

모세는 하나님을 사랑하는 것이 올바른 자녀 교육의 출발점이라 강조한 후에 바로 이어 하나님의 진리를 사랑해야 한다고 말한다. 하나님의 계명을 부모들이 먼저 삶으로 온전히 순종해야만 다음 세대에 경건한 삶을 물려줄 수 있는 것이다.

> "오늘 내가 네게 명하는 이 말씀을 너는 마음에 새기고 네 자녀에게 부지런히 가르치며 집에 앉았을 때에든지 길을 갈 때에든지 누워 있을 때에든지 일어날 때에든지 이 말씀을 강론할 것이며 너는 또 그것을 네 손목에 매어 기호를 삼으며 네 미간에 붙여 표로 삼고 또 네 집 문설주와 바깥 문에 기록할지니라"(신 6:6-9).

이 구절은 부모가 생활 속에서 하나님의 말씀을 철저히 붙들어야 한다는 것을 대단히 생생한 언어로 전해준다. 이 말씀대로라면 팔뚝에 성경 구절을 새겨넣거나 현관에 십계명을 써놓아야 한다는 말인가? 나는 그렇게 생각하지 않는다. 하지만 하나님의 진리, 곧 성경 말씀은 그리스도인 가정 어디에서나 이처럼 친숙하고 일상적인 벗이 되어야 한다.

당신에게는 성경이 실제로 얼마나 중요한가? 각자 가지고 있는 성경 권수를 기준으로 삼는다면, 대부분 점수가 꽤 높을 것이다. 하지만 중요한 문제는 우리가 성경을 몇 권이나 소유하고 있느냐가 아니라 성경이 우리를 얼마나 소유하고 있느냐이다. 다시 말해 우리가 성경 말씀에 얼마나 사로잡혀 있느냐가 중요하다. 인생의 진정한 주인이 누구인지의 문제는 어떤 형태로든 드러나기 마련이다. 예를 들어보겠다.

- 당신은 자녀들에게 솔선수범해 성경을 읽는 모습을 보여주는가?
- 당신은 최근에 자녀들과 대화하면서 성경 말씀으로 하루 중 있었던 문제를 되돌아본 적이 있었는가?
- 당신의 자녀들은 당신이 예레미야처럼(렘 15:16) 하나님의 말씀을 기쁨과 당신 마음의 즐거움이라고 고백하는 것을 아는가?
- 행동이나 가치관에 대한 문제가 제기될 때, 당신은 가족들이 하나님의 기준을 발견하도록 그들을 성경으로 이끌어주는가?

아내와 사랑에 빠지게 해달라고 매일 기도하는 친구가 있다. 그는 자신의 결혼 생활은 사랑과 진정한 동반자 관계의 축복을 누리고 있다고 자랑한다. 그는 이렇게 조언한다. "감정이 느껴지고 동기가 생길 때까지 마냥 기다리면 안 돼. 그것들을 구해야 돼. 그런 다음에 더 많이 구하면 돼"라고 조언을 해준다.

나 역시 그런 자세가 바람직하다고 생각한다. 그래서 당신에게도 이렇게 권면하고 싶다.

- 당신은 마음을 다하고 뜻을 다하고 힘을 다하여 하나님을 사랑하기 원하는가? 마음은 원하지만 실제로는 그렇게 하기가 쉽지 않음을 그분께 솔직히 말씀드리라. 마음속에 그런 열정이 자라게 해달라고 매일 구하라.
- 당신의 가정에서 하나님의 말씀과 그분의 가르침을 가시적이고 역동적으로 적용하길 원하는가? 그분께 당신의 자녀들은 물론 당신 역시 하나님의 말씀을 온전히 사랑하지 못하고 있음을 고백하라. 방법을 가르쳐주시길 구하라. 매일 구하라.

당신이나 당신의 가족이 성경을 읽는 습관이 아직 훈련되어 있지 않다면 시중에 나와 있는 큐티집을 이용하거나 나의 책 「거룩 VS 유혹」 301쪽 이하를 참조하길 바란다.

시작을 미루지 말라. 당신이 하나님의 말씀을 향하여 진지하게 첫발을 디딜 때, 하나님은 당신의 삶에 힘과 지혜를 주실 것이다. 당신의 삶에 전기가 통할 것이다. 이것을 어떻게 아는가? 하나님은 태초부터 이미 경건한 자녀를 양육하는 당신의 사명을 구상해놓으셨으며, 그것을 이루고 싶은 마음은 당사자인 우리보다 훨씬 더 간절하시기 때문이다.

이제부터는 당신 자신에게서 자녀에게로 관심의 초점을 옮겨보자.

3단계: 자녀들에게 하나님의 놀라운 역사를 자주 들려주라

이런 조언을 들으면 사람들은 놀라는 반응을 보인다. 아마 이것은 우리가 공적인 증거가 인기를 잃어버린 시대에 살고 있기 때문일 것이다. 교회 지도자들 역시 설교와 가르침으로 말씀을 선포하면 충분하다고 생각하는 경향이 있다. 우리는 하나님에 대해 듣고 아는 것이 신앙 생활의 성공과 실패에 직접적인 영향을 미친다는 것을 잊어버린 채 살아간다.

성경에서 말하는 '역사(works)'란 업적이나 위업, 성취, 기도 응답 등을 의미한다. 또는 하나님의 간섭이나 기적을 의미하기도 한다. 알다시피 하나님은 그분의 기록이 숨겨지거나 오해와 망각의 대상이 아니라 널리 알려지고 인정되기를 바라신다. 당신이 개인적으로 하나님의 역사를 경험했다면 일어나서 누구에게든지 이렇게 말할 수 있다. "내 인생에 하나님이 행하신 놀라운 일을 들어보세요. 그 일로 모든 것이 바뀌었답니다!"

> 하나님은 태초부터 이미 경건한 자녀를 양육하는 당신의 사명을 구상해놓으셨으며, 그것을 이루고 싶은 마음은 당사자인 우리보다 훨씬 더 간절하시다.

성경은 하나님의 역사에 대한 인식이 희미해질 때 어떤 일이 일어나는지 알려준다. 여호수아의 이야기를 예로 들어보자. 기억하겠지만 세 세대 사이의 핵심적인 차이는 각 세대가 '여호와의 역사'와 어떻게 관련되어 있는가였다.

1세대인 여호수아 세대는 '여호와의 역사'를 직접 경험하고 참여한 세대였다. 광야 생활과 가나안 정복 기간에 나타난 하나님의 모든 간섭하심은 그들이 삶에서 직접 경험한 이야기였다.

2세대인 장로 세대는 하나님의 섭리와 능력에 대해 보고 들으면서 성장했다. 그러나 1세대들의 죽음과 함께 이러한 하나님의 역사는 실제 삶을 결정짓는 사건들이 아니라 추억이 되어버렸다.

3세대는 하나님의 역사에 대한 이야기를 한 다리, 또는 두 다리 건너서 들으며 자랐다. 그런 그들이 어떤 증거를 전하리라 기대하겠는가? 의심과 불확실함 외에는 기대할 수 없었다. 성경이 무엇이라 말하는지 살펴보자. "그 세대의 사람도 다 그 조상들에게로 돌아갔고 그 후에 일어난 다른 세대는 여호와를 알지 못하며 여호와께서 이스라엘을 위하여 행하신 일도 알지 못하였더라"(삿 2:10).

왜 내가 경건의 선택이 과거, 현재, 심지어 미래에 있을 '하나님의 역사'에 대한 경험과 직접적인 관련이 있다고 확신하는지 그 이유를 알겠는가?

첫째 의자의 부모들은 시편 78편을 즐겨 암송한다. 이 시편은 가정에서 하나님의 역사를 가르치고 알리는 부모의 노력을 하나님이 얼마나 강조하시는지 분명하게 보여준다. 시편 전체가 부모들에게 들은 하나님의 역사에 대한 서술이다.

> "이는 우리가 들어서 아는 바요 우리의 조상들이 우리에게 전한 바라 우리가 이를 그들의 자손에게 숨기지 아니하고 여호와의 영예와 그의 능력과 그가 행하신 기이한 사적을 후대에 전하리로다… 그들로 그들의 소망을 하나님께 두며 하나님께서 행하신 일을 잊지 아니하고 오직 그의 계명을 지켜서"(시 78:3-4, 7).

시편 기자는 이러한 증거를 보전해야 할 주된 이유는 과거에 바로 이 부분에서 너무나 큰 문제가 있었기 때문이라고 말한다.

> "그들의 조상들 곧 완고하고 패역하여 그들의 마음이 정직하지 못하며 그 심령이 하나님께 충성하지 아니하는 세대와 같이 되지 아니하게 하려 하심이로다… 여호와께서 행하신 것과 그들에게

보이신 그의 기이한 일을 잊었도다"(시 78:8, 11).

부모로서 이러한 영적 전략을 진지하게 받아들인다면 성경의 위대한 지도자들의 전통을 따르게 되는 것이다. 하나님의 역사를 증거하는 방법을 배우고 싶은가? 그렇다면 신명기에서 모세가 아버지의 심정으로 전한 훈계(특히 6-8장, 11장, 28장)와 사도행전에서 베드로가 한 설교(2-4장)를 주의해서 보라. 학교 교실이나 운동장에서 동행하시는 하나님이 광야에서 불 기둥과 구름 기둥으로 이스라엘을 인도하신 그 하나님이심을 자녀들이 분명히 알게 하라.

그 다음 단계는 하나님이 당신의 가정과 재산, 당신의 마음과 생각 속에 어떻게 역사하시는지 생생한 경험을 자녀들에게 기회 닿는 대로 들려줌으로 과거와 현재를 하나로 이어주는 것이다.

이스라엘 백성들처럼 하나님의 역사를 잊지 않기 위해 노력하라. 냉장고에 사진을 붙여두거나, 자동차 계기판에 성경 구절을 붙여두거나, 감사헌금을 드리는 것도 한 방법이다. 이스라엘 백성이 요단 강을 기적적으로 건넌 후, 여호수아는 각 지파에서 한 사람씩 나와 요단 강에서 돌을 가져와서 단을 쌓으라고 지시했다. 그 이유가 무엇인지 살펴보자.

"이스라엘 자손들에게 말하여 이르되 후일에 너희의 자손들이 그들의 아버지에게 묻기를 이 돌들은 무슨 뜻이니이까 하거든 너희는 너희의 자손들에게 알게 하여 이르기를 이스라엘이 마른 땅을 밟고 이 요단을 건넜음이라 너희의 하나님 여호와께서 요단 물을 너희 앞에서 마르게 하사 너희를 건너게 하신 것이 너희의 하나님 여호와께서 우리 앞에 홍해를 말리시고 우리를 건너게 하심과 같았나니 이는 땅의 모든 백성에게 여호와의 손이 강하신 것을 알게 하며 너희가 너희의 하나님 여호와를 항상 경외하게 하려 하심이라 하라"(수 4:21-24).

4단계: 자녀들에게 하나님의 참된 말씀을 가르치라

경건한 자녀의 양육에 대해 생각하면 부모들은 바로 이 단계, 즉 자녀들에게 성경을 가르치는 것을 생각한다. 시편 78편은 이에 대해 다시 한 번 유익한 통찰을 제공해준다.

"여호와께서 증거를 야곱에게 세우시며 법도를 이스라엘에게 정하시고 우리 조상들에게 명령하사 그들의 자손에게 알리라 하셨으니 이는 그들로 후대 곧 태어날 자손에게 이를 알게 하고 그들은 일어나 그들의 자손에게 일러서 그들로 그들의 소망을 하나님께 두며 하나님께서 행하신 일을 잊지 아니하고 오직 그의 계명을 지켜서"(시 78:5-7).

> 자녀들에게 하나님의 진리를 가르칠 의무는 제사장이나 왕 또는 선지자들이 아니라 부모에게 있다.

자녀들에게 하나님의 진리를 가르칠 의무는 제사장이나 왕 또는 선지자들이 아니라 부모에게 있음을 그 누구도 의심하지 않는다. 왜 그런가? 자녀들이 부모에게 배울 때 단순한 지식을 넘어 순종의 단계로 즉각 넘어갈 수 있기 때문이다.

신명기 6장은 자녀들에게 하나님의 말씀을 '가르치는' 4가지 단계 또는 유형을 제시하고 있다.

- "네 자녀에게 (하나님의 율법을) 부지런히 가르치며"(신 6:7 상).
  이것은 부모가 시간을 정해 자녀에게 특정한 내용을 가르치는 공식적인 교육을 말한다. 예를 들어, 어느 날 아침 식사를 하면서 나는 11살 된 딸 제시카에게 골로새서 1장을 읽어주고 설명해주었다. 그때는 6시 30분이었고, 장소는 식탁이었으며, 그것은 매일 아침 학교 조례를 하는 것과 같이 정해진 일과 중 하나였다. "부지런히 가르치"는 책무를 다하기 위해서였다.

- "집에 앉았을 때에든지 길을 갈 때에든지 누워 있을 때에든지 일어날 때에든지 이 말씀을 강론할 것이며"(신 6:7 하).
  이것은 비공식적인 가르침으로서 하루 중 어느 때나 이루어질 수 있는 교육이다. 이런 형태의 가르침은 자녀들의 요청이나 질문을 받고 격식이나 일정과 상관없이 이루어진다. 이런 교육에 능숙해지면 자연스러운 질문을 통해 대화를 성경으로 유도하는 방법을 익히게 된다. 만일 자녀가 응하지 않으면 중단하는 것이 좋다.

- "너는 또 그것을 네 손목에 매어 기호를 삼으며 네 미간에 붙여 표로 삼고"(신 6:8).
  유대인들은 자녀들에게 말씀의 의미와 중요성을 상기시키는 방법으로 손목이나 이마에 짧은 성경 구절들을 붙여 그 내용을 숙지시키곤 했다. 요즘 많은 사람들이 기독교의 메시지를 전달하는 장신구들을 하고 다닌다. 이런 것들은 개인의 취향이기도 하지만 착용한 사람에게 의미를 상기시켜주는 효과가 있다.

- "또 네 집 문설주와 바깥 문에 기록할지니라"(신 6:9).
이것은 좀 더 공적이고 가시적인 가르침이다. 내가 당신의 집이나 직장을 방문한다면, 벽이나 책장, 냉장고, 사무실에서 얼마나 많은 성구들을 볼 수 있을지 생각해보라. 성경은 우리에게 등불을 말 아래 숨기지 말고 등경 위에 두어 모두에게 비취게 하라고 권면한다.

> 하나님은 늘 틈나는 대로 자녀를 가르치길 원하셨던 것이 분명하다.

교회나 성경 캠프나 보모에게 맡겨두지 말라. 성경을 가르치는 데 이들의 역할도 분명히 소중하다. 하지만 성경을 가르치는 일에는 부모의 역할이 절대적이어야 한다. 경건한 자손을 길러내는 능력은 하나님을 사랑하고 그분의 말씀을 알며 순종하고 경건한 자손을 양육하는 데 마음 깊이 헌신한 부모에게 우선적으로 주어진다.

하나님은 늘 틈나는 대로 자녀를 가르치고 믿음을 개인적으로 드러낼 뿐 아니라 공개적으로 증거할 수 있는 부모가 되길 원하셨던 것이 분명하다. 부모로서 자녀를 가르치는 기회와 영향력을 최대한 확보할 수 있다면 사적으로나, 공개적으로든, 말이나 그 밖의 것으로 자녀와 대화를 시도하고자 최선을 다할 의사가 있는가?

5단계: 자녀들이 예수님을 자신의 구주로 영접하도록 인도하라

어떤 그리스도인 부모에게나 물어보라. 이들에게 가장 감격스러운 순간은 자녀들을 구원의 기도로 이끄는 순간이라고 말할 것이다. "사실 우리는 계단에 앉아 이야기를 나누고 있었어요. 아마 해야 할 말을 다 하지 못했을 거예요. 그럼에도 켈리는 이미 마음의 준비가 되어 있었어요. 그 애는 '예수님을 마음에' 모시고 싶다고 말했어요. 그 아름다운 순간을 결코 잊지 못할 거예요."

첫째 의자의 부모는 성령의 도우심으로 하나님을 인격적으로 만나려고 기다리는 자녀를 위해 안내자나 중재자가 될 준비가 되어 있다. 앞에서도 말했지만, 이런 일은 거의 대부분 사춘기 전에 일어난다.

어떤 부모들은 자녀들의 구원 경험이 정말 믿을 만한 것인지 걱정한다. 특히 자녀가 어린 나이에 이런 경험을 한 경우에 더욱 그렇다. 하지만 "어린 아이들을 용납하고 내게 오는 것을 금하지 말라…"(마 19:14)고 하신 예수님의 말씀을 기억하라. "너희가 돌이켜 어린 아이들과 같이 되지 아니하면 결단코 천국에 들어가지 못하리라"(마 18:3)고 하시면서 우리의 어린 자녀들이 구원의 믿음에 참여할 수 있음을 더욱 분명하게 지적하셨다.

간단한 대화를 통해 당신의 자녀가 하나님의 가족이 되도록 도울 수 있다. 성경의 핵심적인 진리들을 가지고 자녀와 대화를 나누고 그 말씀을 기준으로 어떤 선택을 해야 하는지 도전하라.

- "예수님은 너를 사랑하시고 네가 영원히 그분의 소유가 되길 원하셔."
- "하지만 네가 하는 나쁜 생각과 옳지 않은 행동은 너를 예수님

- "하나님은 너를 정말 사랑하셔서 너를 구원하시려고 이미 그분의 아들을 보내주셨어. 예수님은 완전한 삶을 사셨고, 네 죄를 해결해주시기 위해 십자가에서 죽으셨어."
- "하지만 이 선물은 네가 직접 선택해야 해. 예수님께 네가 지은 죄에 대해 잘못했다고 말씀드리겠니? 너를 용서해주시고, 너의 구주가 되어주시도록 기도드리겠니? 그리고 네가 죽을 때 천국으로 인도해주시도록 기도드리겠니?"
- "함께 예수님께 기도드리자. 내가 먼저 기도할 테니 원하면 따라하렴."
- "이제 너는 예수님의 것이란다. 예수님이 네 모든 죄를 씻어주셨고 네 마음속에 살아 계셔. 앞으로 너는 영원히 예수님과 천국에 살게 될 거야."
- "예수님께 날마다 너의 왕이 되어주시길 기도드리렴. 집에서나 학교에서나 그분만을 섬기려고 노력하렴. 그분은 늘 너와 함께 계셔서 너를 도와주시고 사랑하신단다."

6단계: 자녀들이 하나님을 사랑하고 섬기도록 격려하고 훈련시켜라

궁극적으로 우리 자녀들에 대한 하나님의 목표는 그리스도를 구세주로 알아가는 것만 아니라 그분이 행하신 놀라운 일을 알고 믿고, 그분의 말씀을 알고 순종하며, 자유 의지를 통해 그분을 사랑하고 섬기겠다고 결심하는 데 있다.

지금 이 시대의 가정이 이런 소명 의식을 얼마나 잃어버렸는지 알고 있는가? 우리는 이런 소명 의식 대신 이른바 '무늬만 그리스도인'을 길러내는 데 만족하고 있지는 않은지 돌아보아야 한다. 깔끔하고, 성적도 좋고, 매우 예의 바르며, 무책임한 일로 부모의 체면을 깎지도 않지만 하나님이 쓰시기에는 거의 자격 미달인 자녀로 키우고 있지는 않은가?

하나님은 자녀들을 선물로 주셨다. 우리의 목적은 신앙을 이용해 자녀들에게 안정적이고 안전한 삶의 환경을 마련해주는 것이 아니다. 부모로서 받은 기회를 활용하여 그들을 경건하고 헌신적이며 유용한 하나님의 종으로 키우는 것이다. 그렇지만 우리는 이런 의무를 잊어버린 것 같다.

이 부분은 첫째 의자의 부모와 둘째 의자의 부모를 가르는 중요한 경계선이다. 둘째 의자의 부모에게 교회는 자녀들이 두각을 드러내고 인정을 받을 가장 좋은 기회가 된다. 하지만 첫째 의자의 부모는 하나님이 모든 자녀를 특별한 사명으로 부르셨다는 사실을 항상 잊지 않는다. 직업과 사역의 경계가 거의 없다. 우리의 자녀들은 어디에 있든지 빛을 비추고 있다. 그들이 그 자리에 있는 목적도 바로 이것이다! 첫째 의자의 부모는 매순간 자녀에게 소명을 일깨우는 질문을 던진다. "하나님은 네가 무엇을 하며 살길 원하신다고 생각하니?"

나는 기독교 대학에서 오랫동안 강의를 했다. 하지만 하나님이 인생의 특별한 소명을 주셨음을 깨달았거나, 그러한 소명을 믿는 그리스도인 대학생이 거의 없다는 것을 발견하고 얼마나 슬펐는지 모른다. "자네 전공은 무엇인가? 그 전공을 선택한 목적은 무엇인가?"라고 물어보면 대다수 학생들은 돈과 성공의 기회 때문이라고 대답하거나 "잘 모르겠어요. 그냥 좋아서요"라고 대답한다.

성경은 우리가 노동을 통해 의미 있는 결과를 낳는, 책임 있고 성실하며 고결한 사람이 되어야 한다고 분명히 말한다. 성경이 말하는 또 하나는 우리의 필요를 채워주는 것은 결코 우리의 직업이 아니라 하나님이시라는 것이다. 하나님과 그분의 나라를 가장 효과적으로 섬길 수 있는 방법을 찾아내고자 고민하며 애쓰기보다 오직 생계를 유지하는 데 우리의 선택이 집중된다면 빚에 매이고, 별 의미 없는 행동에 정신을 빼앗기며, 후회하는 인생을 살게 된다.

7단계: 멀리 내다보라

자녀 양육은 자녀가 집을 떠나 독립했다고 끝나지 않는다. 하나님은 우리에게 18세가 될 때까지만 부모 역할을 하라고 말씀하시지 않았다. 하나님은 우리에게 평생의 헌신을 요구하신다. 자녀에 대한 헌신과 관심은 평생토록 감당해야 할 과제이다. 잠언을 읽어보면 연장자들, 특히 연로한 부모의 조언이 더없이 중요하며, 다음 세대를 가르치는 지혜와 교훈의 원천이라고 강조하는 것을 볼 수 있다.

성경이 말하는 것처럼 부모의 역할을 평생 감당할 소명으로 받아들이고 긴 호흡으로 보지 않으면 좌절과 낙심, 심지어 환멸을 자주 경험하게 될 것이다. 자녀가 독립하거나 결혼을 한다고 해서 부모로서의 소명이 사라지는 것이 아니다. 다만 새로운 장이 시작된 것뿐이다. 부모로부터의 독립은 자녀가 건강한 성인이 되기 위해 필요하다. 하지만 그들은 여전히 당신이 필요하며, 이 필요는 그렇게 갑작스럽게 감소하지 않는다.

이제 당신은 자녀의 소중한 멘토이자 친구가 된다. 내 친구가 즐겨 하는 말이 있다. "자녀가 성인이 되면 부모는 무엇을 해야 할지 시키는 대신 자녀에게 무엇을 해주었으면 좋겠느냐고 물어보게 된다." 하지만 그런 종류의 질문을 통해서도 부모는 자녀에게 여전히 큰 영향을 미칠 수 있다.

나는 아들 데이빗이 어느 주일 오후에 내게 조언을 구하려고 전화를 걸었던 순간을 결코 잊지 못할 것이다. 아들은 갓 결혼한 상태였다. 이제 어엿한 한 가정의 가장이 되었는데 부모에게 도움을 구해도 되는 것인지 어색해하는 것이 한눈에 보였다. 아들은 "이제 이런 문제는 혼자서 해결해야 하는데, 그렇죠?"라고 물었다.

나는 웃으면서 말했다. "데이빗, 나도 방금 할아버지와 통화를 했단다. 아직까지 나도 할아버지의 지혜가 절실히 필요하거든." 나는 데이빗에게 이제 그의 모든 결정이 온전히 그의 몫이지만, 그 무거운 짐을 혼자서만 지고 갈 필요는 없다고 말해주었다. 결정할 문제가 있다면 아내와 나는 언제라도 그를 도와줄 준비가 되어 있다.

나의 신학교 은사이신 하워드 헨드릭스(Howard Hendricks) 교수는 늘 "여러분의 손자들이 얼마나 잘 자랐는지를 봐야 여러분의 자녀 양육이 성공적인지 알 수 있습니다"라고 말씀하시곤 했다. 결과적으로 성경은 당신의 자녀들뿐 아니라 당신의 손자들까지 양육의 대상에 포함시키고 있다.

> 부모인 당신은 하나님의 장인(匠人)이다.

자녀들이 멀리 떨어진 곳에 사는, 요즘처럼 복잡하고 바쁜 시대에서 '성인이 되어 자유로운' 자녀들을 양육하는 이 중요한 역할을 감당하기 위해서는 더 큰 결단이 필요하다. 나는 아침마다 손자들의 이름을 부르며 기도한다. 하나님이 원하시는 방법으로 할아버지의 역할을 감당할 수 있는 지혜를 주시기를 간구한다. 세월이 갈수록 대부분 할아버지, 할머니들은 자녀들과 손자들에게 투자할 수 있는 시간이 더 늘어난다. 가치 있는 일은 긴 시간을 두고 가꾸어나갈 수 있다.

자녀들과 손자들에 대해 생각해보고 그들에 대한 당신의 역할과 영향력을 생각해볼 때 다음 세대로 갈수록 '경건의 줄'이 더 튼튼해지고 있는가? 더 약해지고 있는가?

닥 레노를 기억하는가?

레노는 90세라는 나이에도 불구하고 자신이 좋아하는 일을 그만둘 수 없다고 말한다. 그는 "진정한 장인은 연장을 내려놓을 권리가 없다"고 말한다. 그를 보면 300년 전의 바이올린 명장이었던 안토니오 스트라디바리(Antonio Stradivari)를 떠올리게 된다. 이제 전설이 된 그 역시 자신의 이름을 악기에 새겨넣기까지 20년이 넘는 도제 기간이 필요했다.

이제 이해가 되는가? 자녀가 태어난 날부터 부모인 당신은 하나님의 장인(匠人)이다. 당신의 손에 다음 세대가 맡겨져 있다. 사랑과 정성이 담긴 장인의 손길이 스칠 때마다 당신의 자녀는 하나님의 영광을 위한 명품으로 다듬어져가고 있다.

확신의 땅

이 장이 끝나는 지금쯤이면, 당신은 한편으로는 자녀 양육에 대해 새롭게 용기를 얻었지만 다른 한편으로는 낙심한 부분도 있을 것이다. 당신이 부모로서 '옳은' 일을 해온 부분에서는 용기를 얻었을 것이고, 앞으로 해야 할 부분에 대해서는 솔직히 두려움이 앞섰을 수도 있다. 하지만 무슨 일을 하든 간에 이미 지난 일로 인해 좌절해서는 안 된다.

과거는 바꿀 수 없다. 하지만 명품을 만들어내도록 하나님이 허락해주신 작업장인 현재가 있다. 우리의 손끝에는 새로운 방향을 설정하고, 변화를 이루며, 난관을 이겨나갈 기회가 늘 주어져 있다. 그리고 하나님은 매 순간을 우리와 함께하신다.

우리 부부는 우리의 자녀들을 하나님이 찾으시는 경건한 자녀로 키우고 싶은 바람이 간절하다. 하지만 이런 간절한 마음만으로는 온전한 부모가 될 수 없다. 그렇다고 해서 과거를 후회하면서 수렁에 빠져 살거나, 희망이 보이지 않는 어두컴컴한 언덕길을 마냥 오를 필요는 없다. 깊은 확신의 시야가 탁 트인 곳에서 평화롭게 살 길이 우리에게 열려 있기 때문이다. 하나님이 계시하신 방법으로 자녀를 양육할 때, 그분이 베푸실 축복을 의지할 수 있다.

하나님이 한 인간을 온전하게 빚으시는 과정에 우리가 직접, 그것도 깊이 참여할 기회를 주셨다는 것이 정말 놀랍지 않은가?

닥 레노가 가문비나무나 마호가니 나무 한 조각을 깎고, 문지르고, 다듬으며 구슬땀을 흘리는 까닭은 생명의 소리로 호흡하는 명품을 탄생시키기 위한 것이다. 그렇다면 부모로서 당신의 노력은 얼마나 더 소중한 것인지 생각해보라. 당신이 자신에게 맡겨진 역할을 다할 때, 하나님 말씀의 진리로 자녀들을 빚고 그분의 사랑으로 거친 모서리들을 다듬을 때, 당신의 자녀들은 명장의 손에 들린 아름답고 귀중한 악기가 될 것이다.

이 장에 제시된 경건한 자녀 양육의 단계들을 성실히 따라간다면, 당신은 유능한 장인처럼 잠언 22장 6절의 원리를 의지할 수 있다.

> "마땅히 행할 길을 아이에게 가르치라 그리하면 늙어도 그것을 떠나지 아니하리라."

12
자녀의 숨겨진 상처
용서와 치유를 향한 도약

운전을 하다가 포장도로가 끝나고 결국 길마저 끊어지더니 급기야는 아무도 없는 허허들판 같은 곳에서 연료마저 바닥나는 경험을 해본 적 있는가?

자녀와의 관계에서 이와 비슷한 경험을 한 부모들이 있다. 이들은 오랫동안 자녀를 중심으로 살아왔을지 모른다. 하지만 자녀와의 관계에 실패하고 좌절하여 이미 오래전에 막다른 골목에 이르렀다. 더 이상 아무런 노력도 소용이 없다. 더 이상 어떻게 해볼 수도 없다.

내 말이 무슨 뜻인지 이해하는 사람이라면 이 장을 꼭 읽어야 한다.

얼마 전에, 나는 아들 데이빗과 함께 아버지와 아들을 위한 수련회를 인도했다. 수련회장은 다양한 연령의 아버지와 아들들로 가득했다. 아들과 나는 만반의 준비를 다 하고 함께 사역한다는 생각에 흥분되어 있었다.

금요일 밤에 있었던 첫 강의는 성공적이었다. 하지만 무엇인가가 빠진 것 같았다. 하지만 그것이 무엇인지 꼭 집어 말할 수 없었다. 데이빗과 나는 그 문제를 놓고 기도했다. 다음 날 아침, 어제 강연에 대해 평가하는 시간을 가졌다. 남자들은 식사 전에 별로 말이 없는 편이어서 우리의 대화도 오래 걸리지 않았다. "좋았어요"나 "훌륭했어요" 또는 "멋있었어요"와 같은 대답들만 반복되었다. 우리가 괜한 걱정을 하고 있다는 생각이 들었다.

토요일 아침도 시작은 순조로웠다. 체크 무늬 셔츠와 야구 모자를 쓴 남자들이 하나같이 눈을 반짝거리며 흥미로운 표정으로 강의에 집중했다. 하지만 여전히 우리의 마음에 차지 않았다.

이번에는 데이빗과 함께 강의안을 검토했다. 데이빗도 나와 같은 생각을 하고 있었다. 무엇인가 빠진 게 있었다. 그래서 우리는 강연 계획을 재검토했다. 그런 다음 함께 기도하고 고민하면서 어떤 응답을 주실지 기다렸다.

저녁이 되자 누가 먼저랄 것도 없이 우리는 하나님이 우리가 강연 계획에 매이지 않길 원하신다는 것을 알게 되었다. 드디어 강의 시간이 되자 자리에서 일어난 나는 이렇게 말했다. "하나님이 오늘 저녁에 다른 계획을 갖고 계신 것 같습니다. 준비해온 강의는 오늘 저녁에 하지 않겠습니다. 하지만 하나님이 무슨 계획을 갖고 계신지는 아직 잘 모릅니다."

나는 강단에서 내려와 아버지와 아들들이 나란히 앉아 있는 청중석으로 갔다. 실마리를 찾기 위해서였다. 졸고 있는 사람은 한 사람도 없었다. 사실 대부분은 자동차 불빛에 놀란 사슴과 같은 얼굴로 나를 보고 있었다.

그렇게 몇 분이 흘렀다. 마침내 나는 이렇게 말했다. "여러분 가운데 오늘 밤 꼭 해결하고 싶은 큰 문제를 가진 분이 분명히 있을 겁니다. 마음을 열고 모든 사람들 앞에서 저의 도움을 받고 싶은 분이 계시다면 일어나서 앞으로 나와주십시오."

나는 앞줄에서 의자 두 개를 가져다가 강단에 서로 마주 보게 놓았다.

여전히 아무런 반응이 없었다.

"그런 분이 계시다면 자신은 알고 있을 겁니다. 진정으로 도움을 원하신다면 손을 들어주십시오."

바로 그때, 앞쪽에 앉아 있던 붉은 수염의 남자가 손을 들고 큰 소리로 말했다. "접니다!"

"이 모든 분들 앞에서 기꺼이 저의 도움을 받겠습니까?"

그는 고개를 끄덕이더니 강단 위로 올라왔다. 그의 이름은 마이크였다.

나는 마이크를 청중 쪽으로 앉게 하고, 나도 그를 보고 마주 앉았다. 그리고 그에게 물었다.

"무슨 문제가 있습니까?"

"저는 항상 화가 납니다."

"무슨 일에 화가 납니까?"

"모르겠습니다. 그냥 화가 납니다."

나는 부드럽게 다시 물었다. "화가 날 때 폭력적인 행동을 한 적이 있습니까?"

"어떻게 아십니까?" 마이크가 놀라 물었다. "그게 바로 저의 문제점입니다. 화가 나면 뭔가 때려 부수고 싶었습니다."

"하지만 당신의 진짜 문제는 그게 아닙니다. 그건 더 깊은 문제가 밖으로 표출된 것에 지나지 않으니까요. 혹시 그게 무엇인지 알고 계십니까?"

침묵이 흘렀다. 그는 도무지 모르겠다는 듯 고개를 가로저었다.

"당신에게 가장 큰 상처를 준 사람이 누구입니까?"

그는 조금도 주저하지 않고 대답했다. "아버지입니다. 저는 아버지로부터 사랑한다는 말을 들어보지 못했습니다. 단 한 번도요."

마이크는 내게서 시선을 돌려 청중 쪽을 바라보았다. 나는 질문을 계속했다. "그 때문에 큰 상처를 받았습니까?"

> "저는 아버지로부터 사랑한다는 말을 들어보지 못했습니다. 단 한 번도요."

"상처를 받았냐구요? 지금 농담하시는 겁니까?" 그는 다시 내게서 눈을 돌렸다. 그리고 내 오른쪽 어깨를 지나 조금 전과 같은 청중석을 바라보았다. "내 평생에… 아버지는… 단 한 번도 내게 사랑한다고 말하지 않았습니다." 마이크는 겨우 말을 이으면서 치를 떨었고 주먹을 불끈 쥐었다.

하지만 그는 여전히 내가 아닌 다른 곳으로 시선을 피했다. 갑자기 그가 청중 속의 누군가에게 말하고 있다는 생각이 들었다. 천천히 돌아서서 괴로워하는 마이크의 시선을 따라가보았다. 마이크가 앉았던 자리 바로 옆에 백발의 신사가 보였다. 그는 마이크보다 훨씬 더 긴장한 채 괴로워하는 것 같았다.

그에게 말했다. "선생님, 혹시 마이크의 아버님 되십니까?"

모든 사람이 숨을 죽인 채 꼼짝도 하지 않고 있었다. 그들 역시 지목을 당할지 모를 일이었다. 숨소리도 내지 않은 채 시선을 고정하고 있었다. 나를 포함해 어느 누구도 바로 눈앞에서 일어나고 있는 일을 믿을 수가 없었다.

백발의 신사가 자리에서 일어났다. "예. 제가 마이크의 아비입니다."

그날 밤 나 역시 극적인 깨달음을 얻게 되었다. 너무나 많은 그리스도인 가정이 용서하지 못함, 원한, 증오, 복수의 사슬에 매여 있다는 것을 알게 된 것이다. 하나님은 내게, 그리고 그날 밤 그 강당에 모인 모든 사람에게 부모와 자녀 간의 이런 상처가 가족 관계를 얼마나 비참하게 무너뜨리며 영적 성숙을 방해하는지 보여주셨다.

이 부분에서 도움이나 치유가 필요한가? 그렇다면 나의 온 마음과 기도로 당신과 함께하고 싶다. 당신은 부모와 자녀 간의 관계에서 지치고 좌절하며 패배감을 느끼고 있을지 모른다. 길은 끊기고 차에 기름도 떨어져 아무것도 할 수 없는 상황에 있을지 모른다.

그러나 하나님이 여기까지 이 책을 읽게 하셨다면 분명한 이유가 있을 것이다. 그분의 도우심으로 그 이유를 발견하리라 믿는다. 그분이 함께하시면 당신은 당신의 가정에서 결코 잊지 못할 영적 도약을 경험하게 될 것이다.

다시 마이크와 그의 아버지 이야기로 돌아가 그 날 저녁의 놀라운 이야기를 들려주겠다. 그러나 먼저, 앞에서 말한 사슬들이 무엇인지 확인하고 그것을 깨뜨리는 방법을 살펴보고자 한다.

영혼의 상처에 관한 진실

부모와 자녀의 관계를 파괴하는 감정적인 상처들을 살펴보면 다음의 몇 가지를 더 확신하게 된다.

- 그리스도인 가정의 오래된 문제 가운데 압도적 다수는 상처받은 관계에서 비롯된 것이다.
- 경건한 자녀의 양육을 위한 성경적 원리들을 적용해도 아무 효과가 없다면, 대개는 상처받은 관계가 그 원인이다.
- 자녀들이 첫째 의자를 밀어내고, 때로는 완전히 믿음에서 떠나는 경우 역시 상처받은 관계에 그 원인이 있다.

영적 도약을 다루는 이 책에서 위의 내용을 꼼꼼히 살펴볼 필요가 있다. 전체적으로 이러한 결론이 말해주는 것은, 분명하고 끈질긴 영적 문제는 겉으로 드러나지 않으며 뿌리 깊은 감정적 문제에 원인이 있다는 것이다.

> 분명하고 끈질긴 영적 문제는 겉으로 드러나지 않으며 뿌리 깊은 감정적 문제에 원인이 있다.

나는 가족의 마음에 도사린 채 우리를 무기력하게 하는 이러한 상처를 '영혼의 상처'라고 부른다. 영혼의 상처는 눈에 보이지 않고 머리로 설명할 수 없지만 가슴으로 느껴지는 상처이다. 이런 상처는 자녀의 마음에 파괴적인 힘을 행사하며 다른 사람들, 특별히 부모와 장래의 배우자 그리고 하나님과 건강한 관계를 맺을 수 없게 한다.

영혼의 상처가 당신의 자녀에게 어떤 영향을 미칠 수 있는지 다음을 생각해보라. 당신의 팔에 깊은 상처가 났다고 가정해보자. 당신은 그 팔을 보호하려고 신경을 곤두세운다. 엘리베이터에서 꿰맨 상처 부위가 어딘가에 부딪히기라도 하면 당신은 얼굴을 찡그리고 황급히 구석으로 피할 것이다. 누군가 고의적으로 부딪히면 화를 내며 야단칠 것이다. 그 상처가 다른 누군가나 상황 또는 물건 때문이라면 당신은 무슨 일이 있더라도 그 대상을 피할 것이다.

　감정적이고 영적인 상처에도 똑같은 반응이 나타난다. 당신의 자녀가 아버지나 어머니 또는 두 사람 모두로 인해 마음에 상처를 받았다면 그는 마음의 벽을 쌓고 당신이 뭐라 말하든 냉담하게 반응할 것이다. 왜 그런가? 그는 친밀함으로 인한 위험보다는 거리를 유지함으로 얻는 안전을 원하기 때문이다. 그는 갑자기 화를 내기도 하고 다양한 방법으로 과장된 행동을 할지 모른다. 그는 자기 파괴적인 행동에 빠져들 수도 있다.

　그러나 팔과 영혼의 상처는 분명한 차이가 있다. 영혼의 상처는, 종종 위장한 적군처럼 숨어 그 존재를 잘 드러내지 않는다. 그래서 자녀나 부모 모두 그 상처가 있다는 것을 모를 수 있다.

　자녀에게 깊은 상처가 있는데도 상처의 원인은 물론이고 상처의 존재조차 모른다면 나중에 부모가 겪을 좌절감이 얼마나 클지 상상해보라.

- 부모는 애정을 갖고 아들에게 다가가지만, 아들은 핑계를 둘러대거나 다른 데로 관심을 돌려버리고 본능적으로 부모의 관심을 거부한다.
- 부모는 딸에게 합당한 제재나 훈육을 하려 하지만 딸은 욕을 하고 뛰쳐나가버린다.
- 부모는 자신들이 소중히 여기는 경건의 유산을 물려주려고 애쓰지만 자녀는 수동적이 되거나 그 유산을 완강하게 거부한다.

　영혼의 상처를 가진 자녀들에게 공통적으로 나타나는 징후가 있다. 엉뚱한 곳에서 매우 파괴적인 방법으로 자신의 고통을 달래려고 하는 것이다. 더 불행한 일은 자녀의 이런 상처를 전혀 감지하지 못한 부모들이 일반적으로 보이는 반응이다. 그들은 온갖 잘못된 해결책으로 자녀의 보이지 않는 상처에서 비롯된 행동을 '고치려' 한다.

지금쯤 당신은 이렇게 생각하고 있을지 모른다. "저는 한 번도 아들을 욕한 적도 없고 화가 나서 때린 적도 없어요!"

"애들 아버지와 저는 그저 애들을 위해 살아왔을 뿐이에요."

가장 오래가는 상처는 가장 깊이 묻혀 있고 전혀 예상하지 못해 너무나 쉽게 간과될 수 있음을 알아야 한다. 당신의 잘못된 선택이 자녀들에게 어떤 영향을 미치는지 생각해본 적이 있는가? 자녀에게 버림받았거나 방치되었다고 느낄 수 있다. 세상과 타협하며 말과 행동이 다르고 불성실한 부모의 모습은 성장하는 자녀가 겪는 고통스러운 내적 갈등의 원인이 될 수도 있다.

당신의 자녀는 마음 깊숙한 곳에 당신에 대해 용서하지 못하는 마음, 원한, 분노, 숨겨진 증오, 심지어 복수심을 품고 있을지 모른다. 당신의 자녀가 당신을 사랑하지 않는 것은 아니다(하나님은 자녀가 부모를 사랑하고 필요로 하도록 창조하셨다). 하지만 상처를 받고 부모를 미워하기도 한다. 당신이 그 상처를 발견하고 치료하지 않으면 자녀와의 관계에 전혀 진전이 없을 것이다. 하지만 그 상처를 온전히 다룬다면 놀라운 영적 도약이 당신을 기다리고 있다.

이 장을 읽을 때 당신이 부모일 뿐 아니라 한 사람의 자녀라는 사실을 기억하라. 당신의 마음 깊은 곳에 부모로 인한 상처가 숨어 있을 수 있다. 당신 안에 혹시 그런 상처가 있으며 당신이 지금 그 상처를 기꺼이 해결할 마음만 있다면 당신을 혼란과 좌절감에 빠뜨리고 상처를 주던 수많은 것들의 정체가 무엇인지 곧 분명하게 드러날 것이다.

그렇게 소중한 관계에 어떤 상처가 있는지 이야기하는 것이 얼마나 힘들고 고통스러운 일인지 잘 안다. 하지만 당신 앞에는 희망과 온전한 치유가 기다리고 있다. 이 장이 끝나기 전, 당신은 그 상처를 치유하기 위해 해야 할 일이 무엇인지 알게 될 것이다. 당신과 당신의 가족은 눈에 보이지 않던 사슬에서 벗어나게 될 것이다. 또한 당신이 이런 도약을 이루면 다른 도약도 곧 뒤따를 것이다.

영혼의 상처가 생기는 이유

어떤 관계든 영혼의 상처가 생길 수 있다. 심지어 가장 선의의 관계라 해도 마찬가지이다. 아버지가 의욕이 앞선 나머지 아들이 싫어하는 방식으로 동기를 부여하려고 한다. 어머니는 딸에게 최고의 것만 주고 싶지만, 자신의 욕구 불만이 딸과의 관계에 어떤 영향을 미치는지(심지어 왜곡시키고 있는지) 알지 못한다. 첫째 의자의 부모라고 해서 예외는 아니다. 오해가 있을 수 있다. 영적 도약이 필요한 삶의 영역들이 우리에게 여전히 남아 있을지 모른다. 그리고 우리 자녀들은 이런 도약이 없어서 고통을 당하고 있다. 우리는 아직도 불완전한 인간이며 끊임없이 용서가 필요한 존재이다.

그러나 하나님을 공경하는 부모가 의도적으로 자녀에게 상처를 주는 경우는 흔하지 않다고 생각한다. 내 경험으로 볼 때, 자녀가 받는 대부분의 상처는 부모가 하나님을 떠나 살아갈 때 생긴다.

이것을 이 책의 말로 표현해보자면 둘째 의자의 부모가 첫째 의자의 부모보다 자녀들에게 훨씬 많은 상처를 준다고 할 수 있다. 그러나 이것은 그들이 첫째 의자의 부모보다 인격적으로 문제가 있거나 자녀에 대한 사랑이 부족하다거나 2류 인생이기 때문이 아니다. 문제는 이들이 자녀를 양육하면서 어떤 종류의 헌신된 삶을 사느냐에 있다. 둘째 의자의 부모는 헌신이 아닌 타협의 삶을 살아간다. 하나님을 우선하는 삶이 아니라 자기 중심적인 삶을 살아가며, 마음에서 우러나오는 관계가 아니라 형식과 책임에 얽매인 신앙 생활을 한다.

> 갈등은 부모에게서 채워야 하는 자녀의 필요와 개인적인 평안과 즐거움과 재물을 쫓고자 하는 부모의 필요 사이에서 일어난다.

이런 둘째 의자의 삶의 태도는 언제나, 부모가 자녀에게 쏟아야 하는 절대적인 시간과 에너지를 부모 자신을 위해 사용하고자 하는 경향으로 나타난다. 자녀가 상처를 받는 가장 큰 원인은 부모의 이런 모습 때문이다. 갈등은 부모에게서 채워야 하는 자녀의 필요와 개인적인 평안과 즐거움과 재물을 쫓고자 하는 부모의 필요 사이에서 일어난다. 대부분의 경우 부모는 의식하지 못하지만 자녀들의 필요를 외면하고 거부한다. 자신들의 삶을 누리고 성공하는 데 너무 몰두한 나머지, 첫째 의자의 우선순위들을 중시하는 사려 깊은 부모라면 놓치지 않았을 위험 신호를 놓쳐버리고 만다.

둘째 의자의 부모는 자신에 대한 애착이 매우 강하기 때문에 자녀를 자아 실현의 장애물이나 스트레스의 원인으로 바라보기 쉽다. 부모가 자녀보다 자신을 더 중시할 때마다 자녀는 상처를 입는다. "나중에 해줄게", "지금은 너무 피곤해", "다음에는 꼭 갈게", "지금은 안 돼, 야구 보고 있잖아", "꼭 이렇게 성가시게 해야 하니?", "생일 파티에 꼭 가고 싶은데 직장에 일이 생겼단다"라고 말하는 이런 말 하나하나가 자녀의 가슴에 상처를 준다. 어린 시절에는 자녀가 순응하는 것 같다. 하지만 세월이 흐르고 자녀가 자라면서 스스로를 보호하려고 하기 때문에 상처 부위에 두꺼운 딱지가 앉는다. 그러면 자녀는 건전하지 못한 방법으로 상실감을 채우는 법을 배우게 된다. 영혼의 상처가 더욱 깊어지는 것이다.

그렇다면 부모는 왜 이런 상황을 되돌리지 않는가? 자신들이 무엇을 하는지 왜 깨닫지 못하고 있는가?

내가 살펴본 바에 의하면 부모들은 결코 깨달을 수 없다. 진정으로 노력한다 해도 마찬가지이다. 왜 그럴까? 둘째 의자에 앉아 하나님보다 자신에게 더 헌신하는 부모는 죄책감에 휘둘린 상태에서 모든 결정을 내린다. 또한 부모로서 좌절감으로 얼룩진 상태에서 끊임없이 의무감에 시달리며 마지못해 노력한다. 감수성이 예민한 자녀는 자녀를 바로잡아보겠다는 이런 부모의 시도들이 어떤 것인지 곧 본질을 간파한다. 그래서 오히려 더 깊은 상처를 받게 된다.

설사 가족이 화해하고 서로 노력한다 하더라도 그리 오래가지는 않는다. 죄책감에서 비롯된 행동은 실제적인 변화로 이어지는 경우가 거의 없다. 죄책감은 강한 감정이지만 일시적이며 부정적인 감정이다. 이것을 알고 있는가? 죄책감은 문제를 파악할수록, 심지어 그 문제를 해결하겠다는 결심을 하는 것만으로도 바로 사라지고 만다. 실제로 변화가 일어나기도 전에 죄책감은 이미 사라지고 없다. 그리고 달갑지 않은 감정이 사라지면 그 즉시 동기도 사라져버린다. 많은 부모들이 올바른 결심을 할지라도 그 결심을 실천하고 그 결과를 성공적으로 누리지 못하는 까닭은 마음의 근본적인 변화 없이 일시적 죄책감에 기초한 행동을 자녀에게 하기 때문이다.

구약 성경의 마지막 예언은 이 문제를 정확히 다룬다.

> "보라 여호와의 크고 두려운 날이 이르기 전에 내가 선지자 엘리야를 너희에게 보내리니 그가 아버지의 마음을 자녀에게로 돌이키게 하고 자녀들의 마음을 그들의 아버지에게로 돌이키게 하리라 돌이키지 아니하면 두렵건대 내가 와서 저주로 그 땅을 칠까 하노라 하시니라"(말 4:5-6).

이것이 예언이기는 하지만 부모의 마음을 자녀에게로, 자녀의 마음을 부모에게로 돌이켜야 할 필요성을 간과할 수는 없다. 흥미롭게도 이 예언은 세례 요한에게 그대로 적용되어 그 의미가 한층 분명히 드러난다. 천사는 사가랴에게 아들 요한이 탄생할 거라고 예언하면서 그 아들에 대해 다음과 같이 설명했다.

> "이는 그가… 모태로부터 성령의 충만함을 받아 이스라엘 자손을 주 곧 그들의 하나님께로 많이 돌아오게 하겠음이라 그가 또 엘리야의 심령과 능력으로 주 앞에 먼저 와서 아버지의 마음을 자식에게, 거스르는 자를 의인의 슬기에 돌아오게 하고 주를 위하여 세운 백성을 준비하리라"(눅 1:15-17).

이 두 구절 모두, 하나님을 멀리하고 불순종한 조상들의 죄가 그 후손들의 '마음'이 자녀에게서 멀어진 것과 직접적으로 연관되어 있음을 보여 준다.

하나님께 범죄하면 자녀에게 죄를 짓게 된다. 하나님께 마음이 완악하면 자녀들도 마음이 완악해진다. 하나님과 관계가 깨어지면 결국 자녀들과의 관계도 깨어지게 된다. 부모가 하나님과 맺는 관계는 언제나 자녀들과의 관계를 결정하는 가장 큰 요소인 것이다.

말라기 선지자가 경건한 자손을 낳으라고 권면하면서 하나님은 우리의 결혼을 통해 경건한 자손을 찾으시며 당신이 무엇보다도 마음을 지켜야 한다고 말하는 것은 당연한 일이다(말 2:15). 하나님을 향한 우리의 마음을 지키지 않을 때 우리와 우리가 가장 사랑하는 사람들 사이에서 관계적인 폭력이 공통적으로 발생하는 이유를 이제 알 수 있다.

그리스도인들이 첫째 의자의 삶을 이해하고 온전히 받아들이지 않으면 부모라는 역할을 수행하는 데 어려움이 있을 수밖에 없다. 첫째 의자로 자리를 옮기고 자신보다 하나님을 사랑하고 헌신하며 부모의 가장 중요한 역할인 '경건한 자손'의 양육이라는 하나님의 목표를 받아들여야 한다. 그렇지 않으면 늘 마음을 정하지 못해 흔들리고 좌절과 절망에서 영원히 헤어날 수 없을 것이다.

이제 당신과 가족의 영혼을 치유하는 방법을 함께 살펴보자.

자녀가 받은 영혼의 상처 치료하기

두려움과 맞서는 태도와 관련된 옛 중국 속담이 있다. "언제나 용을 향해 달려라." 좀 이상하게 들릴지 모르지만 중국 아이들은 이 속담이 무슨 뜻인지 다 안다. 바로 중국의 설날 축제와 관련이 있기 때문이다. 설날이 되면 아이들은 작은 막대에 종이로 만든 용 모양의 연을 매달고 거리로 몰려든다. 아이들 뒤로는 형형색색의 연들이 바람을 잔뜩 안은 채 줄지어 움직인다. 퍼레이드에서는 젊은이들이 거대한 용 모양의 연을 들고 거리를 내달린다. 이들이 쉬지 않고 달리면 거대한 용은 바람을 잔뜩 안은 채 하늘로 높이 날아오른다. 하지만 이들이 돌아서서 용 쪽으로 돌아서면, 그 즉시 용은 바닥으로 곤두박질쳐 종이 뭉치에 불과하게 된다.

지금 우리 가족을 위협하고 좌절감을 맛보게 하는 영혼의 상처를 어떻게 처리해야 하는가? 마냥 기다리거나 도망가거나 핑계를 대려고 해서는 안 된다. 돌아서라. 상처를 향해 달려가라. 기도하는 마음으로 고통의 원인을 향해 나아갈 때 지금은 너무나 거대하고, 무섭고, 도저히 이길 수 없어 보이는 그것이 퍼덕거리며 바닥으로 떨어지기 시작할 것이다.

하나님의 때가 되면 고통을 준 그 용은 종이 조각과 추억거리에 불과하게 될 것이다. 다음은 자녀가 받은 영혼의 상처를 치유하는 단계들로 바로 당신과 같은 부모들에게 도움이 된다.

1단계: 당신의 마음에 있는 상처부터 치유하라

당신을 향한 하나님의 온전하신 뜻은 자녀들과 깊고 의미 있는 관계를 가지고 그 관계를 통해 자녀들이 경건한 후손으로 자라도록 훈련시키고 돕는 것이다.

당신이 온전하게 되는 것 역시 하나님의 온전하신 뜻이다. 자녀들이 입은 영혼의 상처를 치유하기 위해서는 먼저 당신이 어릴 때 부모와의 관계에서 입은 영혼의 상처를 찾아내어 치유해야 한다.

이러한 치유가 시작될 때 자녀 양육에서 놀라운 영적 도약이 가능해진다. 이 주제로 강의를 하던 날 교회 주차장에서 누군가가 나를 불러 세웠던 적이 있다. 한 어머니와 열여섯 살 된 딸이 내게로 급히 다가왔다.

"꼭 드리고 싶은 말씀이 있어서요. 제가 오늘 아침 예배당에 오면서 딸에게 저의 친정 어머니와 다시 관계를 회복하는 게 불가능한 것 같다고 했었거든요. 그런데 목사님이 바로 그 주제로 강의를 하시리라곤 생각도 하지 못했어요."

그녀는 딸을 쳐다본 다음 다시 나를 보며 이렇게 말했다. "설교를 들으면서 제 마음에 어머니에 대한 증오심이 얼마나 가득한지 깨달았어요. 어머니는 너무나 이기적인 분이셨어요. 제가 필요로 하고 마땅히 받아야 하는 그런 사랑을 단 한 번도 주신 적이 없었어요. 하지만 오늘 어머니에 대한 증오가 바로 제 딸과의 관계도 망가뜨리고 있다는 것을 알았답니다."

> 자녀들이 입은 영혼의 상처를 치유하기 위해서는 먼저 당신이 어릴 때 부모와의 관계에서 입은 영혼의 상처를 찾아내어 치유해야 한다.

그녀는 용기를 내려는 듯 잠시 말을 멈추었다. "그런데 어머니가 자신이 하신 일에 대해 결코 사과하실 분이 아니라는 걸 알았어요." 그녀의 눈에 눈물이 고였다.

"너무나 죄송합니다만…."

나는 시간이 급해서 양해를 구하고 바로 자리를 뜨려 했다.

그러나 그녀는 계속 말을 이었다. "그래서 오늘 오전 예배 후 캘리포니아에 계신 어머니께 전화를 했습니다. 제가 어머니를 용서해야 한다고 말씀드렸습니다. 그리고 어머니가 제게 상처를 준 모든 것들을 말씀드리고 제가 받은 모든 상처에 대해 어머니를 용서했다고 말씀드렸습니다. 다시는 어머니를 미워하지 않겠다고 말씀드렸습니다. '엄마, 엄마를 용서할게요. 엄마가 다시 제게 상처를 주더라도 엄마를 사랑할게요.'"

나는 그녀의 이야기에 감동을 받았다. 그래서 이렇게 물었다.

"그리고 어떻게 되었습니까?" 그러자 그녀는 이렇게 말했다.

"긴 침묵이 흐르더군요. 전화가 끊어진 줄 알았어요. 그런데 마침내 어머니가 이야기를 시작하셨습니다. 지금도 어머니가 하신 말씀이 믿어지지 않습니다. 이렇게 말씀하시더군요. '얘야, 너무나 미안하구나. 날 용서해주렴. 너 때문에 내 마음이 너무 아프구나. 제발 날 보러 와주겠니?'"

이 이야기를 할 때 곁에 서 있던 십대 딸의 뺨에서도 굵은 눈물이 흘러내리고 있었다. "이 길로 딸과 함께 어머니를 찾아뵐 겁니다 우리 셋 다 맺혔던 마음의 응어리를 풀 기회가 될 것 같아요. 그리고 잃어버린 세월을 보상받기 위해 새 출발을 할 겁니다."

하나님의 은혜로 한꺼번에 삼대가 치유받는 놀라운 일이 일어나고 있었다. 알다시피, 부모이자 자녀인 당신의 상처가 치유되면 당신이 두려워하던 상처의 유산은 사랑의 유산으로 변화된다. 당신의 자녀는 당신에게서 고통 대신 축복을 물려받게 되는 것이다.

2단계: 당신이 자녀에게 상처를 입혔다는 것을 인정하라

당신이 고의적으로든 실수로든 간에 자녀에게 상처를 입혀왔다는 사실을 인정하고 받아들여야 한다. 자신을 합리화하거나, 변명하려 들거나, 자녀가 마땅히 받을 벌을 받았다고 생각하지 말라. 당신이 자녀에게 상처를 주었으며 그렇게 하지 말았어야 했다는 것을 온전히 인정하지 않는 이상 다음 단계로 넘어갈 생각은 아예 하지 말아야 한다. 당신의 자녀는 단번에 당신의 둘째 의자를 보게 될 것이다.

3단계: 당신이 느낄 고통에 대비하라

이 일은 당신과 자녀 모두에게 '마음의 수술'과 같다. 당신이 아무리 상처받지 않기를 바란다 해도 이 수술은 당신과 자녀에게 아픔을 줄 것이다. 무엇보다 그 상처들이 아직도 곪아가고 있는 이유는 자녀 역시 어떤 이유에서인지 그 상처를 다룰 수 없을 정도로 힘들어하거나 고통스러워하기 때문일 것이다. 자녀는 그들 나름의 대처 방식을 발전시켜왔다. 그러므로 어쩌면 자녀의 입에서 나오는 첫 마디가 문제가 있다는 사실을 완전히 부정하는 말일지 모른다. 당신이 가장 듣고 싶은 말이 아닌가. 하지만 이 단계들을 다 마치고 하나님이 온전한 진실을 보여주시기 전에는 결코 이 말을 믿어서는 안 된다.

당신이 자녀에게 상처를 준 일이 무엇인지, 그로 인해 자녀가 어떤 영향을 받았는지 생각하며 기도하는 시간을 가지라. 하나님께 그분이 약속하신 깨달음과 지혜를 주시도록 구하라. 자녀의 감정을 깊이 공감하고 존중할 수 있는 마음을 주시도록 기도하라. 정말 후회되고 진정으로 돌이키고 싶은 부분을 발견하지 못했다면, 당신의 마음은 아직 준비가 되지 않은 것이다.

4단계: 시간과 장소를 주의 깊게 선택하라

자녀와 영혼의 상처에 대해 대화한다는 것은 당신의 인생에서 가장 어려운 대화 가운데 하나일 것이다. 적어도 처음 시작할 때는 그렇다.

당신과 자녀 모두에게 편안한 장소를 선택하라. 몸을 움직이는 것이 긴

장을 푸는 데 도움이 된다면 근처 공원을 함께 산책하는 것도 괜찮다. 시야가 트인 곳에서 더 쉽게 이야기를 나눌 수 있다면 시골로 드라이브를 가는 것도 좋을 것이다. 조명이 어두운 레스토랑의 구석진 자리도 무방하다.

> 특별히 자녀의 신체 언어를 읽는 데 세심한 주의를 기울여야 한다.

시간의 제약 없이 편하게 대화할 수 있는 때를 선택하라. 저녁 식사 후 약 8시를 추천하고 싶다. 대부분의 사람들에게 약간 늦은 저녁 시간대가 편안한 마음으로 좀 더 솔직한 대화를 나누기에 적당한 것 같다. 그런 다음에 기도하고 마음의 준비를 하라.

자녀와 대화를 시작하는 이 단계에서는 특별히 자녀의 신체 언어를 읽는 데 세심한 주의를 기울여야 한다. 가능한 한 자녀가 마음 놓고 이야기할 수 있도록 분위기를 조성해야 한다. 성령님이 당신을 도우실 것이다.

때로 대화가 너무 시급해서 가장 좋은 시간과 장소를 찾을 수 없을 때도 있다. 그럴 때는 바로 그 순간 대화로 들어가야 한다. 서부의 뜨거운 태양 아래 흙먼지 날리던 어느 날, 목장 난간에 기대어 젊은 카우보이와 깊은 대화를 나누었던 때가 기억난다. 방금 그를 만났지만 나는 그가 인생의 방향을 잃고 낙담에 빠져 있다는 것을 알 수 있었다. 조금 후에 그가 아버지에게 깊은 상처를 받았다는 것을 알았다. 이것을 계기로 믿을 수 없을 정도로 놀라운 일들이 연이어 일어났다. 그는 아버지를 용서했으며, 집으로 돌아가 부모와 화해하기로 결심했다. 온 가족이 그 일로 완전히 바뀌었다. 지금 그는 행복하고 안정된 결혼 생활을 누리고 있으며, 장래도 밝고 탄탄하다. 그 모든 것은 난간에 기대어 나눈 몇 마디 대화로 시작되었다. 아직도 뜨거운 태양 아래서 맡았던 마굿간 냄새와 윙윙거리던 파리 소리가 선하다. 우리 두 사람에게 약속하시었던 그 하나님은 당신과 당신의 자녀에게도 동일하게 약속하실 것이다.

5단계: 개인적인 대화를 나눌 수 있는지 자녀에게 묻고 동의를 구하라

자녀와 대화를 나누기 위해 당신은 몇 시간, 며칠, 심지어 몇 주일을 준비하고 다짐해왔다. 당신은 이 힘든 길을 가겠다고 결심했다. 하지만 당신의 자녀는 이런 상황을 전혀 모르고 있다. 개인적이면서 어쩌면 다루기 힘든 일에 대해 대화를 나눌 수 있는지 자녀에게 분명하고도 간단하게 물어보라. 자녀의 의사를 물어본 다음에는 장황하게 설명하려 들지 말고 조용히 기다리고 자녀에게 대답할 기회를 주라.

자녀가 수락한다면 당신에게 조금이나마 마음을 연 것이다. 이제 당신은 다음 단계로 넘어가도 좋다. 바로 이 순간에 생각해둔 시간과 장소를 자녀에게 제안하라.

혹시 자녀가 거절한다 해도 실망한 모습을 보이거나 논쟁하려 하지 말라. 왜 준비가 안 되었냐고 절대 이유를 묻지 말라. 환하게 웃는 얼굴로 괜찮다고 말하라. 그리고 이 문제가 너무나 중요하기 때문에 다음에 다시 부탁을 하겠다고 말하라. 그리고 화제를 돌리라.

6단계: 당신이 자녀에게 상처를 입혔다는 사실을 이야기하라

당신이 선택한 대화 장소에 자녀와 단 둘이 있게 되었다면 자녀가 느끼고 궁금해하는 것에 대화의 초점을 맞추어라. 부모가 자녀와의 관계에서 갖게 된 고통이나 실패에 대해 대화를 나누고 싶어할 때, 대부분의 아이들은 위협을 받는다고 생각하거나 적어도 본능적으로 움츠러들 것이다.

당신이 나누고 싶은 대화의 주제를 자녀에게 소개할 때 명심해야 할 것이 있다. 당신이 자녀에게 상처를 주었고 지금도 여전히 상처를 주고 있을지 모른다고 말하고, 그 점에 대해 매우 미안하게 생각하고 있으며 이제는 이 부분을 고치고 싶다고 이야기하는 것이다.

당신이 자녀에게 상처를 입혔다고 인정하면 자녀는 크게 놀라고 당혹스러워할지도 모른다. 당신의 말이 곪은 상처를 다시 칼로 찌르는 것 같아서 자녀가 아파하고 불안해하며 움츠릴 수도 있다. 자녀는 다음의 세 가지 중 하나의 반응을 보일 것이다.

- 그 자리에서 바로 눈물을 흘리면서 당신이 자신에게 상처를 입혔다는 데 동의한다.
- 무뚝뚝한 표정으로 거부감을 나타내며 침묵을 지킨다.
- 그런 일은 없었고 있을 수도 없다며 격렬하게 부인한다.

> 자녀가 어떤 반응을 보이건 간에, 당신은 이야기를 계속해야 한다.

자녀가 어떤 반응을 보이건 간에, 당신은 이야기를 계속해야 한다. 자신의 마음을 자녀에게 솔직히 터놓고 이야기하라. 그리고 당신이 그에게 상처를 입힌 데 대해 얼마나 가슴이 아프고 미안한지 이야기하라.

7단계: 당신이 준 상처에 대해 일일이 자녀에게 용서를 구하라

자녀의 마음속에서 곪고 있는 상처는(나이에 상관없이) 자녀가 구체적으로 상처를 드러내고 당신을 용서할 때에만 깨끗이 치료될 수 있다. 당신이 자녀에게 "네게 상처를 줘서 미안하구나. 날 용서해주겠니?"라고 말하면 자녀는 당신을 용서해주겠다고 말할지 모른다. 하지만 이것만으로는 큰 변화가 일어나지 않을 것이다.

5장에서 살펴보았던 영혼의 상처를 치유하는 단계가 기억나는가? 상처는 구체적이다. 그러므로 용서 또한 구체적이어야 한다. 수많은 상처를 한 번에 하나씩 다루어야 한다는 생각으로 자녀와 대화를 진행해야 한다.

이런 상황에서 부모는 어떻게 해야 하는가?

- 비난하지 말라. 설명하거나 변명하지 말라. 장황하게 말하거나 설교하려 들지 마라. 자녀 대신 결론을 내리거나 자녀가 어떤 기분일지 지레짐작하지 말라.
- 자녀의 눈을 보면서 간단하고 솔직하게 이야기하라. 부모로서의 역할에 대해 책임을 지라.
- 자녀의 말을 경청하라. 하나님의 인도하심에 귀를 기울이라. 자녀가 하는 말을 피상적으로만 듣지 말고, 자녀가 그것을 통해 정말 말하려고 애쓰는 것에 귀를 기울이라.

다음과 같은 말로 시작하라. "회사일 때문에 바빠서 너의 생일 때 아빠가 참석하지 못한 게 너무나 미안하구나! 그 일로 많이 속상했지? 아빠(엄마)를 용서해주겠니?" 자녀의 대답을 기다렸다가 다음 상처로 넘어가라.

처음 용서를 구할 때는 당신과 자녀 모두 매우 힘들지 모른다. 인내심을 가져라. 무감각, 상처, 또는 망각의 껍질이 벗겨지면서, 용서의 윤활유가 흐르기 시작하고 두 사람의 마음은 서로에게 더 많이 열릴 것이다.

자녀를 양육하면서 이런 '마음의 치유'가 단 한 번이라도 필요하지 않은 가정은 드물다. 때로는 상처가 드러나기도 한다. 하지만 많은 경우 상처는 감정이라는 딱지 밑에 숨어 있어 드러나지 않는다. 그러므로 상처가 다 나으려면 이 딱지도 반드시 떨어져 나가야 한다.

큰딸 제니퍼에게 오후에 드라이브를 가자고 했던 날이 기억난다. 내가 제니퍼에게 상처를 주었다는 것을 깨닫고나서였다. 이제 그 상처를 보듬어주어야 했다.

처음 몇 마디가 왜 그렇게도 어렵던지! 내가 정말 사랑하는 사람에게 상처를 입혔다고 인정하는 것은 참으로 쉽지 않은 일이다. 우리의 대화는 동네를 몇 바퀴나 돌면서 한 시간 이상 계속되었다. 나는 내가 잘못한 일을 하나하나 이야기하면서 딸에게 용서를 구했다. 딸에게 준 상처를 이야기할 때마다 우리는 함께 눈물을 흘렸다. 하지만 집에 돌아왔을 때 우리의 마음은 치유되고 있었다.

그로부터 여러 해가 지났다. 돌이켜보면 그때가 내게 가장 중요한 드라이브 가운데 하나였다. 내가 꿈꾸던 그 이상으로 우리 부녀 사이가 가까워진 것이 정말 감사하다. 상처를 드러내고 보듬을 때 우리는 서로 껴안을 수 있다. 제니퍼 덕분에 더욱 실감하게 된 사실이다.

8단계: 상처를 준 것이 더 이상 생각나지 않을 때는 자녀에게 "또 없니?"라고 물으라

당신이 자녀에게 준 상처를 다 기억하거나 알 수 있는 방법은 없다. 그러나 당신의 자녀는 알고 있다. 자녀가 당신에게 받은 상처는 비록 그가 입 밖으로 표현하지 않는다 해도 살아가면서 기억 속 어딘가에 차곡차곡 저장되고 있을 것이다. 당신은 자녀가 마음을 열도록 도와야 할 책임이 있다.

당신이 자녀에게 주었다고 생각한 상처를 다 털어놓았다고 생각되더라도 "이것 말고도 아빠(엄마)가 네게 상처를 준 일이 있을 거야. 너를 정말 괴롭혀온 상처가 있다면 이야기해주겠니?"라고 말하라.

자녀가 어떻게 반응하건, 다른 상처가 있는 것은 분명한 사실이다. 아무 반응이 없다면 당신이 정말 뉘우치고 용서를 구한다는 것을 자녀가 알도록 솔직히 털어놓으라. 같은 질문을 다시 하라. 마침내 다른 상처들이 드러날 것이다. 변명하려고 하지 말라. 자녀의 가슴에 남아 있는 상처는 진짜 상처이며 당신의 사과만이 그 상처를 치유할 수 있다.

이런 단계를 거치는 가운데 당신과 자녀는 함께 눈물을 흘리며 슬픔을 맛볼 것이다. 용서하는 사람과 용서받는 사람이 다 같이 치유를 경험하게 될 것이다.

> 자녀가 당신에게 받은 상처는 비록 그가 입 밖으로 표현하지 않는다 해도 살아가면서 기억 속 어딘가에 차곡차곡 저장되고 있을 것이다.

대화를 끝내면서 자녀에게 감사하라. 그를 사랑한다고 되풀이하여 말하라. 그리고 이렇게 물어라. "다시 마음을 열고 그간 쌓았던 벽을 허물어주겠니?" 자녀가 당신에게 마음을 열고 쌓았던 벽을 허물 때, 당신과 당신의 자녀는 동화책에서나 가능하다고 생각했던 놀라운 관계를 누리게 될 것이다.

고통스러운 시작과 멋진 결말

마이크와 그의 아버지 사이에 무슨 일이 일어났는가? 앞에서 나는 마이크가 화가 난 표정으로 강단에 앉아 있고, 백발의 아버지가 하얗게 질린 얼굴로 청중석에 서 있는 장면까지 이야기했었다.

나는 마이크를 강단에 그대로 둔 채 중앙 통로를 걸어서 그 아버지에게로 다가갔다. "선생님, 이 상처가 치유되길 원하십니까?"

그는 고개를 끄덕였다.

"그럼 저와 함께 앞으로 나와주시겠습니까?" 이렇게 말한 다음 그와 함께 앞으로 나갔다. 그리고 내가 앉았던 의자에 그를 앉게 했다. 나는 하나님의 즉각적인 인도하심과 분별력과 영적 민감성을 구했다. 그러나 마음 깊은 곳에서 하나님이 주관하고 계시며 그분은 온전히 신뢰할 수 있는 분이라는 확신이 있었다.

이제 마이크와 그의 아버지가 청중 앞에 나와 있다. 나는 두 의자를 돌려 서로 마주보게 했다. 두 사람은 겨우 몇십 센티미터 정도의 거리를 두고 앉아 있었고, 청중은 그들의 옆모습을 보고 있었다. 나는 두 사람 옆에 무릎을 꿇고 앉아 그의 아버지에게 물었다. "선생님, 아드님에게 사랑한다는 말을 평생 한 번도 안 하신 게 사실입니까?"

그는 감정이 북받친 모습으로 고개를 끄덕였다.

"지금 그 모든 걸 되돌리고 싶으십니까?"

그는 다시 고개를 끄덕였다. 그리고 내게로 몸을 숙이더니 쉰 목소리로 "이런 날이 오리라고 한 번도 생각하지 못했습니다"라고 속삭였다.

"선생님, 양손을 아드님의 어깨에 올려놓고 사랑한다고 말씀하십시오." 그가 아들의 넓은 어깨에 양손을 올려놓았다. 마이크의 눈에서는 눈물이 흘러내렸다.

그는 "아들아, 널 사랑한다"라고 말했다. 그러나 그의 말은 너무나 공허하게 들렸다. 마이크는 온몸으로 마치 "못 믿겠어요!"라고 고함치는 듯 일그러진 표정을 지었다. 청중도 같은 느낌이었다.

"선생님, 선생님이 제 아버지이고 저에게 그렇게 희미한 소리로 날 사랑한다고 하셨다면 저라도 믿지 않았을 겁니다. 다시 한 번 해주시면 안 될까요? 진심에서 우러나오는 말로 말씀해주시기 바랍니다."

아버지는 심호흡을 했다. "마이크… 내 아들아…." 그는 입이 떨어지지 않는지 겨우 말문을 열었다. 익숙하지 않은 말과 감정을 깊숙한 곳에서 힘들게 끌어내고 있는 것이 보였다. "정말로 너를 사랑한단다."

마침내 긴 세월 꼼짝도 하지 않던 벽이 흔들리더니 무너지기 시작했다. "잘 하셨습니다. 이제 다시 한 번 진심으로 말씀해주시길 부탁드립니다. 이번에는 아드님의 눈을 보고 가슴에 와닿도록 말씀해주셨으면 좋겠습니다."

이번에는 마치 오래된 댐이 무너지듯이, 그의 낡고 막힌 가슴에서 사랑이 터져 나오기 시작했다. 아버지와 아들은 서로를 끌어안았고 그 자리에 모인 모든 아버지와 아들이 이 거룩한 순간을 지켜보았다.

나는 마이크에게 "이제 아버님이 당신을 사랑하신다는 것을 믿습니까?"라고 물었다.

마이크는 고개만 끄덕일 뿐 말을 하지 못했다. 그의 두 뺨과 수염을 타고 눈물이 흘러내렸다.

다시 그의 아버지에게 말했다. "선생님, 이제 다시 아드님의 어깨에 두 손을 올려놓고 축복해주시겠습니까? 바로 지금 여기, 믿음의 형제들이 보는 앞에서 아드님에 대한 선생님의 희망과 꿈을 말씀하십시오. 하나님이 지금 아드님의 인생에서 하고 계신 일과, 앞으로 하실 일들에 대해 확신하고 인정하십시오. 예수님의 이름으로 아드님을 축복해주십시오. 할 수 있는 가장 좋은 말로 축복해주시겠습니까?"

> 예수님의 이름으로 아드님을 축복해주십시오. 할 수 있는 가장 좋은 말로 축복해주시겠습니까?

마이크의 아버지가 했던 말을 당신도 들었어야 했다. 오랫동안 단념했던 꿈이 말로 살아나고 금방이라도 현실로 이루어질 것 같았다.

아버지의 감동적인 축복이 끝나자 나는 마이크를 보며 물었다. "마이크, 이제 마음의 상처가 치유된 것 같습니까?" 그가 대답을 하기 전 나는 다시 한 번 확인하듯 물었다. "내 말은 아직도 화를 내거나 폭력을 휘두를 이유가 있다고 생각하느냐 하는 겁니다."

바로 그때였다. 그곳에 모인 아버지들과 아들들은 한 사람의 깊은 영혼의 상처가 아무는 장면을 지켜보았다. 마이크는 자신을 괴롭히던 분노가 아내나 자녀들이 아니라 바로 그의 아버지에 대한 것이었음을 깨달았다. 그리고 마이크의 아버지 역시 침묵과 어색함의 감옥에서 자유를 얻게 되었다. 굳어 있던 두 사람의 얼굴은 한결 부드러워지고 환해졌다. 두 사람은 변화되었고 10년은 더 젊어진 것 같았다. 두 사람이 손을 잡고 강당을 내려갈 때 청중이 일제히 자리에서 일어나 우레와 같은 박수를 보냈다.

하지만 사람들이 다시 자리에 앉았을 때 하나님이 여기서 끝내서는 안 된다고 말씀하시는 것이 느껴졌다. 청중의 얼굴을 둘러본 나는 모두에게 비슷한 아픔이 있다는 것을 느꼈다. 하나님의 은혜를 구하는 기도를 드린 후에 청중을 향해 이렇게 말했다. "여러분 가운데 아버지에게서 받은 영혼의 상처 때문에 지금까지 절름발이 인생을 살아왔다고 생각하는 분이 계십니까? 손을 들어보십시오."

거의 모든 사람이 손을 들었다. 여기저기서 조용한 신음소리가 들렸다.

그날 밤 숙소로 천천히 걸어가면서 데이빗과 나는 은혜와 자비를 베풀어주신 하나님께 벅찬 마음으로 감사를 드렸다. 우리의 마음에 역사하셔서 벽들을 무너뜨리시고, 수많은 가족들을 치유하시며, 새롭게 해주신 하나님의 말씀과 성령의 놀라운 능력에 감사했다.

생각해보라. 하나님의 말씀의 진리는 대단히 강한 능력이 있다. 그러므로 우리가 그 진리를 그대로만 따르면 우리의 가족을 그분에게로 돌이킬 수 있는 도약을 경험할 수 있다.

당신에게 영혼의 상처가 있는가? 아니면 당신이 자녀에게 영혼의 상처를 주었는가? 아니면 둘 다인가?

용기를 내라. 사랑하고 용서하며 하나님의 말씀의 진리를 말한다면 하나님은 말로 표현할 수 없는 영적 도약의 기쁨을 당신에게 허락하실 것이다.

맺음말

영적 도약이 계속되는 삶을 살라

나는 지금도 화난 그 기자의 얼굴이 생생하다. 그는 덩치가 큰데다가 눈매가 아주 무서웠다. 내가 디트로이트 실버돔의 기자회견실로 들어서자 그는 불쑥 마이크를 내밀었다.

"윌킨슨 박사님. 이 사람들이 내일이면 달라질 거라고 말씀하시지는 않겠죠?" 그는 거의 소리치듯이 물었다.

그의 뒤로 수천 명의 사람들이 자신의 자리를 찾아가고 있는 모습이 보였다. 이들은 약속을 지키는 사람들 회원들이었다. 그들은 운동 경기장을 빌려 컨퍼런스를 주최할 정도로 이 책의 메시지에 열렬히 호응했다. 그 기자의 양쪽에서 다른 기자들도 밀고 들어왔다.

그 기자가 계속해서 물었다. "이 모든 사람이 앞으로 나갔다니 정말 감동적이고 대단합니다만, 서약을 하고 자기 자리를 찾아가고 있는 이 사람들이 결국 모두 변화된 삶을 살 거라고 생각하시는 건 아니시겠죠?" 그 기자는 설마 이런 질문을 피해갈 수 있겠느냐는 의기양양한 표정으로 내 대답을 기다렸다. 다른 기자들도 질세라 내 쪽으로 마이크를 내밀며 내 입에서 과연 어떤 대답이 나올지 일제히 주시했다.

순간 나는 아무런 생각도 나지 않았다. 눈앞이 캄캄했다. 하지만 신속하게 하나님께 도움을 구하는 기도를 드렸다. 하나님은 바로 대답할 말을 알려주셨다.

"기자님, 질문에 감사드립니다. 정말 좋은 질문입니다. 하지만 저도 질문을 하나 드리겠습니다. 혹시 기자님은 교회에서 결혼하셨습니까?"

이번에는 그 기자가 당황하는 표정을 지었다. "예. 그렇습니다만…."

"그때 식장에 걸어들어가면서 감격스러우셨습니까?"

"예. 그랬지요." 그 기자가 어리둥절한 표정으로 대답했다.

"주례자가 서 있는 곳으로 가면서 남은 인생을 바꿀 만한 어떤 결심을 하지는 않으셨습니까?"

"예, 그랬습니다만."

"그런 결심이 당신에게 효과가 있었다면, 여기 모인 수많은 사람들에게도 마찬가지일 겁니다. 그렇지 않나요?"

그 자리에 있던 사람들이 모두 웃음을 터뜨렸다. 그 기자도 웃었.

한 번의 선택으로 인생을 바꿀 수 있는가? 물론이다.

그 기자가 놓치고 있었던 것은 우리의 삶이 처음부터 끝까지 헌신의 연

속이라는 것이다. 바로 지금 당신의 인생을 되돌아보면 오늘 당신이 있기까지 수많은 전환점이 있었음을 알게 될 것이다. 당신은 오른쪽을 선택하지 않고 왼쪽을 선택하고, "아니오"라고 말하는 대신 "예"라고 말했다. 수십 가지 고상한 선택들을 뒤로하고 한 가지 길을 선택했다.

이와 마찬가지로, 당신의 삶은 또한 영적 도약의 총체이기도 하다. 지금쯤 이 책을 다시 살펴보면서 많은 영적 도약을 발견할 수 있기를 바란다. 그런 체험들이 있다면 이미 각각의 도약은 당신의 삶에서 변화를 일으키고 있을 것이다.

"하지만 이제, 영적 도약을 지속적으로 이루려면 어떻게 해야 합니까?"라고 물을 사람도 있을 것이다.

나의 조언은 간단하다. 때로 대가를 치를 각오를 해야 하는 매우 중요한 조언이므로 귀담아듣기 바란다. 당신은 계속 결단하는 삶을 살아야 한다. 계속해서 강단으로 나아가며, 자기 중심적인 것과 부차적인 것과 죄악된 것을 철저히 버려야 한다. 첫째 의자의 인생이라는 철저하고 복된 선택을 하라. 선택은 항상 당신에게 달렸다(그리고 하루 동안에는 수많은 선택의 기회가 주어진다).

이러한 선택을 회개의 생활이라고 생각하라. 다시 말해, 당신은 대부분의 사람들이 충동적이고 너무나 자연스럽게 선택하는 것을 계속적인 의지를 가지고 거부해야 한다. 그렇지 않으면 하나님이 당신에게 주길 원하시는 최고의 것으로 삶을 채울 수 없다. 회개의 삶은 즉각적으로 하나님께 잘못을 인정하고, 신속하게 잘못을 고치며, 떠났던 자리로 용기 있게 돌아오는 것이다. 또한 당신의 영적 도약이 계속해서 더해지며 하나님의 은혜와 능력이 삶 속에 점점 더 풍성하게 흘러 넘치는 것을 뜻한다.

이러한 회개의 삶이 당신이 이루어야 할 가장 중요한 과제이다. 신약 성경의 표현을 빌리면 자신을 "산 제물"(롬 12:1)로 드리라는 것이다. 초대 교회의 교인들은 성전 제사에 매우 익숙했기 때문에 이 말이 무슨 뜻인지 잘 알았다. 제사는 종교적 제물로 죽임을 당한 짐승을 드리는 것이었다.

그러나 바울이 "산"과 "제물"라는 두 단어를 연결했다는 사실에 주목하기 바란다. 알다시피 매우 실제적인 의미에서, 당신이 하나님의 나라를 위해 세상에 감화를 주는 것은, 당신이 그리스도 안에서 새로운 피조물이 된 순간부터 영원히 그리스도 앞에 나아갈 때까지의 기간뿐이다. 그 기간이 길든 짧든 간에, 하나님은 당신이 그분의 산 제물로 이 땅을 살아가길 원하신다. 당신이 자아에 대해 죽고, 당신의 개인적인 모든 권리를 포기하며, 모든 거짓을 버리고, 당신의 모든 필요와 희망과 꿈을 완전히 하나님께 맡기길 원하신다.

이것이 하나님이 지금 당신에게 제안하고 계시는 도약의 삶이며, 하나님의 영광을 위하는 삶이다.

산 제물.

돌아서서 결단하고 헌신하는 삶을 선택하라.

기쁜 마음으로, 기대감을 가지고 헌신의 보좌를 향해 나아가자.

> "그러므로 형제들아 내가 하나님의 모든 자비하심으로 너희를 권하노니 너희 몸을 하나님이 기뻐하시는 거룩한 산 제물로 드리라 이는 너희가 드릴 영적 예배니라 너희는 이 세대를 본받지 말고 오직 마음을 새롭게 함으로 변화를 받아 하나님의 선하시고 기뻐하시고 온전하신 뜻이 무엇인지 분별하도록 하라"(롬 12:1-2).

영적 도약의 경험

1쇄 인쇄 2010년 11월 8일
1쇄 발행 2010년 11월 22일

지은이 브루스 윌킨슨
옮긴이 김진선
펴낸곳 주)도서출판 디모데 〈파이디온 선교회 출판 사역 기관〉

등록 2005년 6월 16일 제 319－2005－24호
주소 서울 강남구 개포동 1164-21
전화 마케팅실 02) 574-2630
팩스 마케팅실 02) 574-2631
홈페이지 www.timothybook.com

값 13,000원
ISBN 978-89-388-1498-2
Copyright ⓒ 주)도서출판 디모데 2010 〈Printed in Korea〉